"十二五"职业教育国家规划教材
经全国职业教育教材审定委员会审定

U0610249

企业会计核算

QIYE KUAIJI HESUAN

主　编　兰丽丽　喻　炼
副主编　童其慧　于丽荣
编　者　张建清　胡春萍　罗惠玲
　　　　陈　健　梁健秋

北京出版集团公司
北京出版社

内容简介

本书是普通高等教育"十二五"国家级规划教材（高职高专教育）。

本书以财政部颁布的《企业会计准则——基本准则》、具体会计准则及应用指南为依据，全面、系统地阐述了财务会计的基本理论、基本方法和基本技能。本书共分为 15 个单元，内容包括：企业会计认知、货币资金、交易性金融资产、应收及预付款、存货、长期股权投资、固定资产、无形资产、流动负债、非流动负债、所有者权益、收入、费用、利润的核算和财务报表编制。

本书可作为高职高专院校、成人高等院校、本科院校举办的高等职业技术学院、五年制高职院校会计专业的教学用书，也可作为在职会计人员的岗位培训教材。

图书在版编目（CIP）数据

企业会计核算 / 兰丽丽，喻炼主编. -- 北京：北京出版社，2014.5

ISBN 978-7-200-10567-4

Ⅰ. ①企… Ⅱ. ①兰… ②喻… Ⅲ. ①企业管理—会计 Ⅳ. ① F275.2

中国版本图书馆 CIP 数据核字（2014）第 099495 号

企业会计核算
QIYE KUAIJI HESUAN

主　编：兰丽丽　喻　炼	
出　版：北京出版集团公司	
北 京 出 版 社	
地　址：北京北三环中路 6 号	
邮　编：100120	
网　址：www.bph.com.cn	
总发行：北京出版集团公司	
经　销：新华书店	
印　刷：定州市新华印刷有限公司	
版　次：2014 年 5 月第 1 版　2017 年 1 月修订　2017 年 1 月第 2 次印刷	
开　本：787 毫米 × 1092 毫米　1/16	
印　张：21.25	
字　数：504 千字	
书　号：ISBN 978-7-200-10567-4	
定　价：45.00 元	

质量监督电话：010-82899187　010-58572750　010-58572393

编写说明

为贯彻落实《国家中长期教育改革和发展规划纲要（2010—2020年)》和《教育部关于推进高等职业教育改革创新引领职业教育科学发展的若干意见》（教职成〔2011〕12号）等文件的精神，我们依据教育部最新颁布的《高等职业学校专业教学标准（试行)》、会计行业相关职业资格标准和会计从业资格考试大纲，以及用人单位对会计专业人才的需求，结合目前各高职院校会计专业的课程现状，在市场调研和专家论证的基础上编写了本套教材。

一、教材整体编写特色与创新

1. 以市场需求为引领，明确会计人才培养目标

国家经济结构的调整，中小微企业的大力发展，势必带来会计需求的变化、会计岗位内涵的变化、会计专项人才需求向会计复合型人才需求转化，本套教材定位与会计人才培养目标一致。

2. 突出会计职业特点，紧扣行业标准

会计职业的特点之一是政策性非常强。本套教材内容的编写依据会计法、会计准则、会计规章及相关的经济法律制度。部分教材设计专栏链接相关法律规范、行业标准，引导教材使用者在工作中知法、守法，在日常行为中养成良好的职业习惯。

3. 教材内容与相关会计资格考试的内容相衔接

会计专业的相关资格考试，主要有会计从业资格考试，全国会计专业技术初、中、高级资格考试，注册会计师考试等。教材编写时，考虑到高职学生的学力情况，特意将相关课程的内容与会计从业资格考试和会计专业技术资格考试的内容相衔接，以满足学生参加相关职业资格证书考试的需要。

4. 基于学生的认知规律，根据课程类型的不同设置编写体例

本系列教材基于学生对事物的认知规律，根据课程类型的不同，将教材编写分为三种形式，核心课教材采用任务引领编写模式，突出实践操作技能；基础课教材部分采用理论知识够用为度的教材编写模式，实训类教材采用理实一体化的编写模式，强化实训。

5. 设计工作情境，运用教学载体承载三维目标

学习在本质上是具有情境性的，情境决定了学习内容与性质，建构知识与理解的关键是参与实践。因此，教材内容的展开通过工作情境、教学载体来完成，学生在完成实践任务的过程中获得职业能力的发展。让学生在真实的或模拟的工作环境中通过参与工作过

程，完成典型的工作任务，并在完成任务的过程中，在与师傅、同伴的相互作用的过程中，实现三个目标，即情感、态度、价值观。

6.基于丰富课堂教学和课后导学的目的，采用多种媒介结合的呈现方式

教材许多内容用文字方式记录并不能很好描述和传递信息，而通过提供教材配备的光盘，采用视频、音频、图片等形式，利用网络、多媒体现代技术手段则能更好地传递信息，帮助学生学习。我们在编写本套教材的同时还创建专门的网站，提供课件、试题库、配套案例及素材等，实现教师和学生在更大范围内的教与学互动，及时解决教学过程中遇到的问题。

总之，本套教材突破传统教学模式，依据现行最新的政策法规，以中小型企业基本经济业务为背景，立足于中小型企业常见的经济业务处理，紧密结合实际，以任务形式进行编写。教材注重以学生为主、教师指导为辅的教学方式，适用于"做中学、做中教"的"教、学、做"合一的学习方法，充分调动学生自主学习、合作学习的积极性。

二、编写队伍

本套教材编写人员产、学、研人才相结合，以职业院校会计专业教师为教材编写主体，同时吸收既有会计实践工作经验，又有会计理论水平的行业及企业实务专家，保证了教材既符合职业教育规律，又贴近理论和实践的前沿。

为保证教材编写质量，经过严格筛选，组建了一支由教授、副教授、高级会计师、中级会计师等20多人组成的编写队伍。其中会计专业教师中"双师型"教师比例为82%，省部级教学名师和优秀教师各1人，省部级拔尖人才和中青年骨干教师5人，专业带头人4人。他们熟知行业标准、企业标准和会计职业标准，熟悉企业工作业务内容和业务流程，以及会计凭证的传递程序，他们了解职业教育的特点和学生状况，因此在深入企业调查研究、收集材料等工作过程中得心应手，在教材内容设计、工作流程设计、原始凭证设计和制作上能够做到既切合实际，又符合政策、规范和管理的要求。参与本套教材编写工作的作者均有丰富的教材写作经验。

此外，北京财贸职业学院立信会计学院为会计专业教材编写的牵头学校。该校是全国高职百所示范校之一，立信会计学院是全国职业教育先进单位，会计专业已建设成为专业教学体系完整、教学设施一流、教学改革创新明显的国家级重点示范专业，在北京乃至全国高职会计专业中处于领先地位。

前　言

　　《企业会计核算》一书是普通高等教育"十二五"国家级规划教材（高职高专教育），也是北京市精品教材重点立项项目。本教材以财政部颁布的《企业会计准则——基本准则》、具体会计准则及应用指南为指导，从我国企业实际出发，系统地阐述了企业会计的基本理论、基本方法和会计业务的具体操作流程。

　　与同类教材相比，此次编写的《企业会计核算》具有以下特点：

　　1. 编写体系。本教材按照会计要素的内在关系，确定企业会计核算中的典型工作任务，结合会计信息的提供方式，以财务报表的信息提供顺序为主线编排本教材的内容和顺序，本教材共分为15个学习单元，每个单元分为若干个学习项目，每个学习项目中所要完成的各项会计工作任务，按照"工作过程系统化"的思路，系统讲解会计人员在处理各类业务中应具备的知识和技能，突出职业技能的培养。

　　2. 编写体例。本教材每个单元均有单元教学目标，单元中各学习项目均由基础理论和工作任务两部分内容组成，工作任务中涉及的若干个子任务，按照会计业务流程，采用工作资料、工作过程和工作结果的模式讲解，可以有效地实现"教、学、做"合一，非常便于读者自学。

　　3. 编写方法。遵循阐述简明、方法实用的原则，对会计基本方法的介绍，强调与实际工作及后续课程的联系；对会计基本理论的介绍符合高职高专的培养目标，既考虑会计理论的连贯性，又强调其实用性与应用性。同时在内容的表现形式上，本教材对各项经济业务的业务流程以及会计账务处理方法等内容以直观的方法进行系统描述，主要经济业务以仿真原始凭证的形式表现，突破现有教材以文字表述经济业务，可以增强学生对会计工作的感性认识。本教材符合高职教育的培养目标，对高职教学和会计工作本身具有较强的指导性，为学生走向工作岗位及继续学习奠定坚实的基础。

　　由于近年我国会计理论、会计相关法规及新的会计准则不断变革、更新，本教材以最新颁布的会计法规、会计准则为依据，介绍会计的基本理论，并结合我国企业的实际情况，介绍采用最新的会计处理方法，充分体现新意。

　　本教材可作为高职高专院校、成人高等院校、本科院校举办的高等职业技术学院、五年制高职院校会计专业的教学用书，也可作为在职会计人员的岗位培训用书。

　　由于作者水平有限，加之编写时间紧迫，错误和遗漏之处在所难免，恳请读者海涵，并多提宝贵意见。

作　者
2014年5月

目 录

单元一　企业会计核算认知

学习目标

● **知识目标**

　理解企业会计的含义和企业会计的目标

　了解社会经济关系对企业会计的影响

　掌握企业会计的特征

　掌握企业会计的基本假设和会计基础

　掌握会计信息的质量要求

　掌握会计要素的含义及其确认条件

　了解我国的会计准则体系及会计法规体系的构成

● **能力目标**

　能够正确运用权责发生制

　能够按照会计信息质量要求进行会计事项的处理

　能准确把握会计要素的含义，正确进行会计确认

　　众所周知，每个企业都有其特定的生产经营活动内容和生产经营活动的组织方式，这些具体的活动决定了一个企业所处的经济领域、生产经营特点和服务特点。然而，无论处于哪个经济领域，怎样组织其经济活动，企业都以商品交易为其存在的基础，也都以向社会提供商品（或服务）为其表现形式，这是市场经济体制中一切企业的基本经济特征。作为一般等价物的货币是衡量商品价值的基本尺度，自然成为衡量生产经营活动价值投入与价值产出的标准计量依据。会计的主要计量手段为货币，以企业的生产经营活动全过程为自己的计量和反映的对象，因而，在企业管理中也自然地占据了核心性的基础地位。

项目一　企业会计认知

一、企业会计的含义

企业会计，即人们通常所说的财务会计，它既是一种经济管理活动，也是一个管理信息系统。企业会计借助它所特有的工作程序和专门方法，通过定期的财务报告，向与企业有利害关系的各方提供有关企业过去和现在的经济活动情况及其结果的会计信息，为其作出正确的经营决策提供依据。

从不同的角度观察，企业会计有不同的表现形式。从企业会计的工作性质看，它是一项服务性活动：会计要向各有关方面提供定量化的财务信息，满足有关人员了解经济资源的取得、投放与使用情况及其结果的需要，以便做出恰当的决策。从企业会计使用的技术方法上看，它是一门记述与分析相结合的学科：会计以货币为基本计量手段，对所发生的经济活动进行系统性的记录并分类汇总，把具体、零散的经济活动结果转化为条理清晰、易于理解和使用的会计信息。从企业会计工作的产出结果看，它是一个信息系统：每条会计记录都有它的数据来源依据，各类会计数据都遵循一定的规范化数据处理规则进行记录和汇总，最终以会计报表的形式提供会计信息。按规范操作形成的会计信息具有覆盖面广、数据连续且具有严格的内部钩稽关联关系、可追溯到具体经济事项原始记录、易于在不同管理分析方面使用等特点。会计信息具有的这些特点，决定了会计信息系统在整个管理信息系统中的基础和核心地位。从企业会计工作必须遵循有关法律法规、准则、管理制度规定的角度看，会计的日常工作包含大量的规章制度和内部管理要求的执行性内容，如凭证的审核、各类开支和耗费的额度控制等，这些工作本身就是管理活动，是经营管理活动的重要组成部分。尽管从不同角度看，企业会计有不同的表现形式，但这只是观察角度上的区别，所观察的只有会计这一个对象，所以，把上面各个不同角度的观察结果有机地结合起来，才能比较完整地认识和理解会计。

二、企业会计的目标

企业会计的目标是向企业会计报告使用者提供与企业财务状况、经营成果和现金流量等有关会计信息，反映企业管理层受托责任履行情况，有助于企业会计报告使用者作出经济决策。

注意：企业会计目标包括以下两层内容：其一，向企业会计报告使用者提供决策有用的信息。企业会计的最终成果是提供企业会计报告，编制企业会计报告的目的是为了满足其使用者的信息需要，有助于企业会计报告的使用者作出正确的经济决策。因此，向企业会计报告使用者提供决策有用的会计信息是企业会计的基本目标。其二，反映企业管理层受托责任的履行情况。在现代企业制度下，所有权和经营权相分离，企业管理当局是受委托人之托经营管理企业及其各项资产，有责任妥善保管并合理、有效地运用这些资产。

因此，向投资者及债权人反映企业管理层受托责任履行情况，以帮助其评价企业经营管理责任和资源使用的有效性，也是企业会计的目标。

企业会计报告的使用者都是企业利益的相关者，主要包括所有者、债权人、政府机构、管理人员、职工以及其他相关单位或人员。不同的利益相关者对企业会计信息有不同的要求，而且随着社会经济管理体制的变化和利益相关者与企业经济关系的变化，这些要求也会发生变化。企业会计不可能针对每一利益相关者的个别需要，分别提供系统性的企业会计信息，必须综合各类利益相关者对企业会计信息的基本要求，以常规的综合的信息提供方式，向利益相关者提供信息。各类利益相关者所需作出的经济决策各不相同，其所关注的企业会计信息也不同。

三、社会经济环境对企业会计的影响

一定时期的会计目标和相应的会计实践，必然要适应该时期的总体经济环境。对企业会计来说，社会经济环境包括国家的经济发展状况、经济管理体制、法律法规体系、企业规模及其组织形式，以及加工处理会计数据的能力等各类因素。当这些环境因素发生了变化，企业的利益相关者对企业会计信息的需求就会随之变动，于是，企业会计也必须根据这些变化，调整修改自己的目标，以适应所出现的新的需求。

（一）经济环境对会计目标的影响

在十一届三中全会以前，我国实行的是高度集中的中央计划管理体制，企业的所有权和经营权两权合一，没有明确区分。因此，企业会计根据日常核算结果所提供的报告，也没有对内报告和对外报告之分。在这种经济管理体制中，会计除应依法向国家税务机构和银行等金融机构提供一般性的企业会计报告外，还要向企业的所有者——上级单位和财政部门——提供大量的生产经营活动内部报告，以满足所有者直接决定企业生产经营活动的需要。十一届三中全会后，随着社会经济体制的变化，我国对企业会计制度进行了多次改革调整，也取得了一定的成效。但由于调整活动是在原有体系上进行的，企业会计信息与企业利益相关者在市场环境下对信息的需求矛盾依然很大。

党的十四大明确指出现阶段我国的经济管理体制是社会主义市场经济体制后，各项社会经济政策及其发展方向，都是要推动企业进入市场，让企业在市场中学会生存、学会捕捉发展的机遇。因此，1993 年实施的《企业会计准则》，成为企业会计的工作基准，明确了企业会计的主要目标是应当符合国家宏观经济管理的要求，满足有关各方了解企业财务状况和经营成果的需要，满足企业加强内部管理的需要。1997 年 7 月，东南亚各国发生了波及世界范围的金融危机，随着人们对这场金融危机的认识和理解，企业的利益相关者对企业货币资金的流动情况日益关注。我国财政部及时发布了《企业会计准则——现金流量表》这个具体准则，要求企业对外公布其货币资金的流量情况，以便企业会计报告的使用者能够更加清楚地了解企业的财务状况，对企业的现状和可能的发展趋势做出更准确的估计和评价。近几年来，我国企业改革持续深入，产权日益多元化，资本市场快速发展，机构投资者和其他投资者队伍不断壮大，对会计信息的要求日益提高，投资者更加关心其投

资的风险和报酬，需要通过会计信息帮助其作出决策。因此，财政部于 2006 年对 1992 年发布的《企业会计准则》作了重大修订和调整，对企业会计的目标进行了明确的定位，将保护投资者利益、满足投资者信息需求放在了突出的位置，突显了投资者的地位。

（二）经济环境对会计程序和会计方法的影响

社会经济环境发生的变化，不仅影响到投资者等与企业利益相关者对企业会计信息的需求，还影响到企业会计提供信息的能力。为适应国家经济政策的变动和日益复杂的经济关系变动，企业会计用来加工会计信息的工作程序和技术方法也必须改进，随着经济环境的发展演变而不断进化。

比如，在科技水平发展缓慢、经济管理要求不高的时期，把固定资产的直线折旧法应用于各类固定资产，不会在价值反映上产生明显的不合理现象。然而，当社会进入科技水平快速发展时期，企业使用的固定资产，特别是那些受科技发展影响较大的生产设备，其实际价值在固定资产使用期内会大幅度贬值，从而引起折旧方法的变革：在一定范围内引入加速折旧方法，以便使固定资产的账面价值接近其实际价值。

虽然我国的资本市场还很不发达，企业在资本市场中直接的长期或短期投融资活动还不频繁，但资本市场已经存在，市场中交易的证券价格受多种因素影响而不断波动，由此引起了证券资产期末价值的计价问题。于是，在过去一直使用的"成本法"以外，还要引入"成本与市价孰低法"，以使这个计价问题能够得到妥善的处理。

随着电子计算机软硬件技术的飞速发展，企业会计的"电算化"进程也在日新月异地前进着。有了电子计算机和不断完善的电算化软件的支持，过去在手工记账系统中为提高工作效率而采用的一些简化了的数据处理程序，以及为防止手工记账失误而提出的同一科目多套账簿数据相互核对的方法，都在电算化会计"只有一套基础数据"这个技术保障条件下失去了存在的必要。优秀的电算化会计软件为企业会计的基础核算数据提供了很好的技术保护，在很大程度上降低了恶意篡改会计数据的可能，相应提高了企业会计核算数据的可信度。此外，随着企业内部网络和外部因特网的发展，企业内部各不同管理层次间的核算数据传递时间大为缩短，利用企业会计核算数据动态地监控企业经营活动过程已成为现实。

（三）经济环境对会计内容的影响

社会经济环境发生的变化，还会影响到企业会计的核算内容。改革之前的几十年中，出于集中计划管理的需要，我国企业之间的经济关系非常简单，基本上是按上级下达的计划完成购销任务，并依据计划规定的价格进行结算。社会经济体制改革，引起了企业间经济关系的重大变化：同一所有制和不同所有制企业间的相互投资、不断出现的新型购销关系（如融资租赁等）、股票和债券等资本资产的交易、结算方法的增加和商业信用票据化的发展等等，不断地丰富着会计内容。同时，已经消亡了的那些经济关系和经济现象，也会从会计的核算范围中消失。

随着社会经济环境的变化，每当有新的经济关系和经济现象出现，企业会计就要将这些变化纳入自己的核算范围，研究如何反映这些经济关系和经济现象，怎样客观地计量它们，怎样说明它们才能让财务报告的使用者准确了解它们的影响。如 1998 年发布并于 2001 年、2006 年修订的《企业会计准则——债务重组》，1999 年发布并于 2001 年、2006 年修订的《企业会计准则——非货币性交易》，2006 年发布的《企业会计准则第 22 号——金融工具确认和计量》等若干具体准则的发布与实施，都是对经济环境变化的适应。

2014 年为了适应社会主义市场经济发展需要，进一步完善企业会计准则体系，并保持我国企业会计准则与国际财务报告准则的持续趋同，提高企业财务报表质量和会计信息透明度，财政部又先后修订和制定了财务报表列报、职工薪酬、长期股权投资、合并财务报表、金融工具列报、公允价值计量、合营安排、在其他主体中权益的披露等 8 个企业会计准则，修订完善企业会计准则一个核心的背景是 2008 年国际金融危机和之后的欧洲主权债务危机，其目的是根据国际金融危机和欧洲主权债务危机中暴露的有关会计问题，从会计规范的角度来寻求防范、化解和管理金融风险之策；并结合我国当前财政金融新形势，尤其是当前金融创新日益复杂、资产负债表外业务大幅增加、地方债务风险有所累积等情况，修订和制定了相关会计准则。这些准则均对相关核算和风险披露做出了较为严格的规范，对于我国建立及时高效的风险预警、衡量、揭示、反应和处理机制，积极主动防范和管控金融风险，必将发挥积极的作用。

可见，企业会计的核算内容不是一成不变的，它必然要适应经济环境的变化调整其具体内容，以满足社会各界对企业会计信息的需求。

四、企业会计的特点

企业会计与单纯为企业内部经营管理工作服务的管理会计相比，有如下几个突出的特点：

1. 企业会计以企业外部的会计信息使用者为主要的信息提供对象。尽管在利益相关者的范围内，包含了企业管理者在内，但其他利益相关者对企业的日常经营管理工作的细节并不关心。综合各类利益相关者对会计信息的需要，企业会计以会计报表形式，报告企业的基本经济状况。所需报告的企业会计信息主要集中于企业在报告编制日的财务状况（资产负债表）、一定期间的经营成果（利润表）、财务状况变动情况（现金流量表）和所有者权益的增减变动及其原因（所有者权益变动表）这四种会计报表中，由不同的利益相关者根据自己的需要，从这四种企业会计报表中了解所需的会计信息。

2. 企业会计根据已经发生的经济事项为基本记录依据，它提供的信息基本上是企业过去已发生的或现在正处于的经济情况及其结果。除极少数经济事项外，企业会计对未来可能发生的情况不做任何预计性记录。无论企业生产经营活动的自然周期长短，企业会计都要定期提供反映企业整体经济状况的会计信息。

3. 企业会计有一套比较科学、相对统一、比较定型的数据分类加工处理方法和手续制度管理控制方法。借助这一整套会计核算与管理技术方法，在很大程度上保证了企业会计数据的一致性和可比性，对企业会计信息的使用者来说，这是非常重要的。

4. 企业会计必须在其工作中遵循外部统一制定的各项规范。企业会计信息的使用者以外部使用者为主，为保障信息使用者的利益，企业会计必须保证其所提供的信息达到一定的质量要求。为此，国家制定了一套企业会计的规范体系，并为推行企业会计规范化和保护企业会计人员，相应制定了一系列的法律法规。

5. 在符合会计准则和行业会计制度等会计规范要求的前提下，每个企业都要根据本企业的特点和管理要求，具体制定本企业的企业会计制度，明确规定本企业所使用的各项会计方法和适用范围，确定处理各类经济业务的手续制度和要求，以规范的方式处理日常发生的各项经济业务。

 企业会计的目标是什么？经济环境变化为什么会影响企业会计的目标？

项目二　企业会计的基本假设与会计基础

一、企业会计的基本假设

企业会计的基本假设，又称为企业会计基本前提，是对会计核算所处时间、空间环境等所作的合理设定，是构建企业会计理论大厦的基础。企业会计的基本假设包括会计主体、持续经营、会计分期和货币计量。

（一）会计主体

所谓会计主体，指会计为之服务的特定经济单位。是指企业会计确认、计量和报告的空间范围。明确会计主体，就是要解决为谁提供会计服务，它是会计人员开展会计工作的必要前提：会计人员只为特定的会计主体进行会计工作。每个会计主体不仅与其他会计主体相互区别，也独立于该主体的所有者之外。如对一个私营业主来说，他所拥有的一家企业是一个会计主体，这个会计主体不包含业主个人的财务活动。会计主体所确定的，是会计人员的会计专业工作范围。

注意：会计主体不一定就是法律主体。

一个企业集团在编制合并报表时，要把下属企业多个法律主体单位的会计数据加以合并，这时，集团是一个会计主体；每个独立核算的企业也是一个独立的会计主体；为强化内部核算管理，分车间、部门甚至班组进行相对独立的核算，也可以把每个车间、部门或班组看作是一个业务范围较小的会计主体。在一般意义上，人们把独立核算并编制独立会计报表的单位，看作是会计主体。

（二）持续经营

所谓持续经营，指一个会计主体的经营活动将按目前的方式进行下去，在可以预见的将来不会破产清算。这既是对正常生存企业情况的直接描述，也是一系列企业会计技术方法得以成立的必要前提。持续经营前提是企业会计确认、计量和报告的理论依据，如历史成本计价、计提固定资产折旧、累计摊销等。

注意：当企业进入清算阶段时，持续经营这个前提就不再成立，这时，会计将把数据的处理基础由持续经营转到清算基础上来，不再以持续经营为数据处理的理论依据了。

（三）会计分期

会计分期是指将一个企业连续不断地生产经营活动人为划分为一个个连续的、长短相同的期间。它是持续经营前提的必然伴生结果。持续经营前提假定了企业在可预见的未来不会消亡，但会计不能到企业清算时才提供其汇总性信息。为了使企业会计信息的使用者及时了解企业的情况，必须定期反映企业的财务状况和经营成果，这就需要人为地将企业漫长的生存期划分为一段段相对较短、每段时间基本相等的时间区间。

注意：由于有了会计分期，才产生了当期与以前期间、以后期间的差别，才使不同类型的会计主体有了记账的基础，才有了折旧、摊销和递延等会计处理方法。

企业应当划分会计期间，分期结算账目和编制企业会计报告。会计期间通常分为年度和中期。中期是指短于一个完整的会计年度的报告期间。《中华人民共和国会计法》（以下简称《会计法》）规定，我国境内的企业都要用日历年度为会计年度，即以每年的 1 月 1 日为会计年度的起点，以 12 月 31 日为会计年度的止点。在一个会计年度内，企业可以根据法律法规的规定和自身的管理需要，进一步将会计年度划分为半年度、季度和月度，以满足不同方面对会计信息的需要。

（四）货币计量

货币计量是指会计主体在企业会计确认、计量和报告时以货币计量，反映会计主体的生产经营活动。

货币是会计对经济活动进行计量的主要尺度，也是会计核算管理与其他管理工作的主要区别所在。使用货币为主要计量尺度，可以将多种多样、错综复杂的经济活动以价值形式统一地加以描述。货币在为会计计量方面提供了便利之时，也带来了一些问题。作为一般等价物的货币，其价值并非固定不变，但会计用货币单位计量经济活动时，一般不考虑货币购买力的变化，即假定币值不变。当货币购买力变动不大时，这样的假定不会对会计数据的可靠性产生多少影响。可是，当货币购买力变动幅度较大时，如发生显著的通货膨胀现象时期，按币值不变假定将各期会计记录汇集起来的会计数据，就难以反映经济事项的真实价值。尽管币值并不稳定，会计依然使用币值不变假定处理日常经济业务。

注意：货币计量这个前提还有一层含义：必须确定记账本位币。所谓记账本位币，指按哪种货币作为基本计量单位，来记录和反映企业的财务状况与经营成果。

我国的《企业会计准则》规定，在我国境内登记注册的企业，应以人民币作为记账本位币。业务收支以外币为主的企业，也可以选择某种外币为记账本位币，但所编制的会计报表应当折算为人民币反映。此外，境外企业向国内有关部门编报的会计报表，也应折算为人民币反映。

二、企业会计的基础

企业会计的确认、计量和报告应当以权责发生制为基础。权责发生制是以收入和费用的归属期作为确认本期收入和费用的基础，也称为应收应付制。

权责发生制基础要求：凡在本期产生经济利益流入的项目，不论其款项是否于本期收到，均作为本期收入；凡在本期引起经济利益流出的项目，不论其款项在本期支出与否，均作为本期费用。

权责发生制引入了一系列应计、递延、待摊等会计上的技术方法，有利于正确地报告企业财务状况和经营成果。但是，权责发生制也引起了会计确认的收支与同期实际货币收支不一致的现象。

收付实现制是与权责发生制相对应的一种会计基础，它是以实际收到或支付现金作为确认收入和费用等的依据。目前，我国的行政单位以及事业单位的非经营业务采用收付实现制。

 企业会计的基本假设有哪些？它们起什么作用？

项目三　企业会计的信息质量要求

为了实现企业会计的目标，除了设定企业会计的基本前提和会计基础，还必须从会计所提供信息的角度，对会计信息应达到的质量等方面制定出相应的规范，以满足会计信息使用者对会计信息的基本要求。财政部2006年新修订的《企业会计准则——基本准则》中，对会计的信息质量要求明确了以下八个特征：可靠性、相关性、可理解性、可比性、实质重于形式、重要性、谨慎性和及时性。正确理解这八个特征，对提高会计信息质量，有着重要的意义。

一、可靠性

可靠性要求企业应当以实际发生的交易或者事项为依据进行会计确认、计量和报告，如实反映符合确认和计量要求的各项会计要素及其他相关信息，保证会计信息真实可靠、内容完整。具体包括以下要求：

1. 企业应当以实际发生的经济业务为依据，如实反映企业的财务状况和经营成果。会计人员在确认、计量经济业务时，必须忠实地反映经济业务本身的实际情况，不得以虚构的交易或事项作为会计确认、计量和报告的依据。

2. 企业应当在符合重要性和成本效益原则下，保证会计信息的完整性。编制的会计报表和附注内容等应保持完整，应予披露的信息不得遗漏或减少，与报表使用者决策相关的信息应当充分披露。

二、相关性

相关性要求企业提供的会计信息应当与企业会计报告使用者的经济决策需要相关，有助于企业会计报告使用者对企业过去、现在或者未来的情况作出评价或者预测。

会计信息的有用性表现在其与使用者的决策是否相关，是否有助于会计信息的使用者作出正确的决策和判断。相关性要求会计所提供的信息对信息使用者来说，具有说明企业现实情况和可用于预测企业未来情况的性质。

满足相关性要求，需要企业在确认、计量和报告会计信息的过程中，充分考虑使用者的决策模式和信息需要。但是，相关性是以可靠性为基础的，即会计信息在可靠性的前提下，尽可能做到相关，满足报表使用者的决策需要。

三、可理解性

可理解性要求企业提供的会计信息应当清晰明了，便于企业会计报告使用者理解和使用。企业提供会计信息的目的在于使用，而要提高会计信息的有效使用，就要求会计人员所做的会计记录和所提供的会计报表中的内容，具有清晰明了、准确扼要的特点，以利于对这些资料的阅读和理解，便于查询。

四、可比性

可比性要求企业提供的会计信息应当相互可比。具体包括两层含义：

1. 纵向可比。即同一企业不同时期发生的相同或者相似的交易或者事项，应当采用一致的会计政策，不得随意变更。确需变更的，应当在附注中说明。

2. 横向可比。即不同企业发生的相同或者相似的交易或者事项，应当采用规定的会计政策，确保会计信息口径一致、相互可比。

可比性是保证会计信息在经营管理和分析中的有效性的重要保障。

五、实质重于形式

实质重于形式要求企业应当按照交易或者事项的经济实质进行会计确认、计量和报告，不应仅以交易或者事项的法律形式为依据。

企业发生的交易或事项通常与其法律形式是一致的，但是有些情况下也会出现不一致，如融资租入固定资产，虽然从法律形式上讲，企业在租赁期内不拥有所有权，但从其经济实质看，企业能够控制融资租入资产所带来的未来经济利益，按照实质重于形式要求，企业在进行会计确认、计量和报告时，应将融资租入的固定资产视为企业的资产，反映在企业的资产负债表中。

六、重要性

重要性要求企业提供的会计信息应当反映与企业财务状况、经营成果和现金流量等有关的所有重要交易或者事项。

会计事项的重要与否，需要企业根据其所处的环境和实际情况，从项目的性质和金额大小两方面来判断。如果一项会计信息的省略或错报，会影响财务报表的使用者据此作出判断和决策，该信息就具有重要性。重要性要求会计人员对重要的经济业务单独进行反映，对不重要的事项可以采用简化的方法进行处理。凡是对会计信息使用者的决策有明显影响的业务和项目，应当作为会计核算和报告的重要业务和项目；对其他业务和项目则可采用适当简化的核算程序进行处理，在报表中也不必详细列示。

七、谨慎性

谨慎性要求企业对交易或者事项进行会计确认、计量和报告应当保持应有的谨慎，不应高估资产或收益、低估负债或费用。

在市场经济中，企业的经济活动面临着许多不确定性因素和风险性，如应收账款的可收回性、固定资产的使用寿命、无形资产的使用寿命等。

 注意：根据谨慎性要求，当企业面临不确定性和风险时，应保持应有的谨慎，充分估计各种风险和损失，既不高估资产和收益也不低估负债和费用。同时，谨慎性不意味着会计人员可以随意压低企业收入、任意抬高成本费用，它必须在有关法律法规和政府政策允许的范围内运用。

八、及时性

及时性要求企业对于已经发生的交易或者事项，应当及时进行会计确认、计量和报告，不得提前或延后。

会计信息的有用性受制于会计信息的时效性，即使会计信息可靠、相关，但如果不及时提供，就失去了时效性，对信息使用者的效用就大大降低，甚至不再具有意义。及时性包括三个方面：一是，信息收集要及时，即交易或事项发生后，及时地收集、整理证明交易或事项发生或完成的证据（原始凭证）；二是，信息处理要及时，会计人员应及时地对会计事项进行确认和计量，并编制出财务报表；三是，信息传递要及时，企业编制的财务报表因按照国家规定的时限，及时传递给财务报表的使用者，保证会计信息的时效，以利于会计信息的使用者根据所提供的信息作出有效的决策。

为什么要强调会计信息的质量？应从哪几个方面衡量会计信息的质量？

项目四 企业会计要素及其确认和计量

一、企业会计要素

会计要素是指按照交易或者事项的经济特征对企业会计对象所作的基本分类。根据我国《企业会计准则》的规定，企业会计的基本要素包括资产、负债、所有者权益、收入、费用和利润六个项目。

会计六要素可以分为两大类：一类是反映企业财务状况即资产负债表的构成要素，包括资产、负债和所有者权益；一类是反映企业经营成果即利润表的构成要素，包括收入、费用和利润。

（一）资产

1. 资产的定义

资产是指企业过去的交易或者事项形成的、由企业拥有或者控制的、预期会给企业带来经济利益的资源。根据资产的定义，一项资源要作为企业的资产，必须同时具备三个特征：（1）企业过去的交易或者事项形成的，包括购买、生产、建造行为或其他交易或者事项。预期在未来发生的交易或者事项不形成资产。（2）由企业拥有或者控制的，指企业享有某项资源的所有权，或者虽然不享有某项资源的所有权，但该资源能被企业所控制。（3）预期会给企业带来经济利益的，指直接或者间接导致现金和现金等价物流入企业的潜力。

2. 资产的确认条件

将一项资源确认为资产，首先需要符合资产的定义，并且在同时满足以下条件时，可以确认为资产：

（1）与该资源有关的经济利益很可能流入企业。能够带来经济利益是资产的一个重要特征，但与资源有关的经济利益能否流入企业，这在市场经济环境下存在着诸多的不确定性因素。因此，资产的确认要与经济利益流入的可能性结合起来。如果与资源有关的经济利益很可能流入企业，则该资源应作为企业的资产予以确认；反之，则不能确认为资产。

（2）该资源的成本或者价值能够可靠地计量。可计量性是资产确认的重要前提，只有当一项资源的成本或价值能够可靠地计量，该资源才能作为资产予以确认。如人力资源很可能为企业带来经济利益，但人力资源的成本往往无法可靠地计量，因此，在我国人力资源通常不确认为资产。

（二）负债

1. 负债的定义

负债是指企业过去的交易或者事项形成的、预期会导致经济利益流出企业的现时义务。根据负债的定义，一项义务要作为企业的负债，必须同时具备三个特征：（1）该义务是企业承担的现时义务，现时义务即指企业在现行条件下已承担的义务。未来发生的交易或者事项形成的义务，不属于现时义务，不应当确认为负债。（2）该义务是企业过去的交易或者事项形成的，包括购买货物、接受劳务、向银行贷款或其他交易或者事项等。预期在未来发生的承诺、签订的合同等交易或者事项不形成负债。（3）该义务的履行预期会导致经济利益流出企业。预期会导致经济利益流出企业是负债的本质特征，如果一项现时义务不会导致经济利益流出企业，则不符合负债的定义。

2. 负债的确认条件

将一项义务确认为负债，首先需要符合负债的定义，并且在同时满足以下条件时，可以确认为负债：

（1）与该义务有关的经济利益很可能流出企业。预期会导致经济利益流出企业是负债的一个本质特征，但与履行义务有关的经济利益能否流出企业，存在着不确定性。因此，负债的确认要与经济利益流出的可能性结合起来。如果与履行现时义务有关的经济利益很可能流出企业，则该现时义务应作为企业的负债予以确认；反之，则不能确认为负债。如某企业涉及一项未决诉讼，如果该诉讼很可能败诉，则意味着履行赔偿义务会导致经济利益很可能流出企业，则应将该未决诉讼确认为一项负债。

（2）未来流出的经济利益的金额能够可靠地计量。可计量性也是负债确认的重要前提，只有当一项现时义务的金额能够可靠地计量，该义务才能作为负债予以确认。如企业发生的未决诉讼、未决仲裁等现时义务，即使其很可能败诉从而引起资源外流，但如果其赔偿金额无法可靠地估计，则不能确认为负债。

（三）所有者权益

1. 所有者权益的定义

所有者权益是指企业资产扣除负债后由所有者享有的剩余权益。反映企业在某一特定日期股东（投资者）拥有的净资产的总额。所有者权益的来源包括所有者投入的资本、直接计入所有者权益的利得和损失、留存收益等。

2. 所有者权益的确认条件

所有者权益体现的是所有者在企业中的剩余权益。因此，所有者权益的确认主要依赖于其他会计要素，尤其是资产和负债的确认；所有者权益金额的确定也主要取决于资产和负债的计量。

（四）收入

1. 收入的定义

收入是指企业在日常活动中形成的、会导致所有者权益增加的、与所有者投入资本无关的经济利益的总流入。因日常活动所产生的收入主要包括销售商品（产品）收入和提供咨询服务、代客户开发软件、提供安装服务等劳务收入。通常，收入表现为资产的增加或负债的减少。

2. 收入的确认条件

企业收入的来源形式多种多样，不同方式下形成的收入的特征有所不同，其收入确认条件也有所差别。但总体而言，收入只有在经济利益很可能流入企业，从而导致企业资产增加或者负债减少、且经济利益的流入额能够可靠计量时才能予以确认。

（五）费用

1. 费用的定义

费用是指企业在日常活动中发生的、会导致所有者权益减少的、与向所有者分配利润无关的经济利益的总流出。因日常活动产生的费用主要包括销售成本、销售费用、管理费用、财务费用等营业性费用。此外，企业为获取净利润就必须依法缴纳所得税，构成一项经济利益流出，因此，所得税也是一项费用。通常，费用表现为资产的减少或负债的增加。

2. 费用的确认条件

费用的发生及支付形式多种多样，不同方式下发生的费用的特征有所不同，其费用确认条件也有所差别。但一般而言，费用只有在经济利益很可能流出企业，从而导致企业资产减少或者负债增加、且经济利益的流出额能够可靠计量时才能予以确认。需要注意的是，企业向所有者分配利润虽然会导致经济利益流出企业，但它是所有者权益的抵减项目，不能作为费用确认。

（六）利润

1. 利润的定义

利润是指企业在一定会计期间的经营成果，包括收入减去费用后的净额、直接计入当期利润的利得和损失等。利润是评价企业管理层业绩的一个重要指标，也是财务报告使用者进行决策时的重要参考依据。

2. 利润的确认条件

利润的确认取决于收入和费用、直接计入当期利润的利得和损失的确认。利润在每个会计期间表现为收入减去费用、利得减去损失的差额，是一项对比计算的结果，本身不需要特别的计量方法进行计量。

二、企业会计要素的计量属性

会计计量是指把符合确认条件的会计要素登记入账并列示于财务报表而确定其金额的过程。会计计量属性是指用货币对会计要素进行计量时所采用的标准。

会计计量属性主要包括：

1. 历史成本。在历史成本计量下，资产按照购置时支付的现金或者现金等价物的金额，或者按照购置资产时所付出的对价的公允价值计量。负债按照因承担现时义务而实际收到的款项或者资产的金额，或者承担现时义务的合同金额，或者按照日常活动中为偿还负债预期需要支付的现金或者现金等价物的金额计量。历史成本是我国会计核算的一个基本计量属性。

2. 重置成本。在重置成本计量下，资产按照现在购买相同或者相似资产所需支付的现金或者现金等价物的金额计量。负债按照现在偿付该项债务所需支付的现金或者现金等价物的金额计量。重置成本一般应用于盘盈固定资产的计量。

3. 可变现净值。在可变现净值计量下，资产按照其正常对外销售所能收到现金或者现金等价物的金额扣减该资产至完工时估计将要发生的成本、估计的销售费用以及相关税费后的金额计量。在我国，可变现净值应用于存货资产减值的情况。

4. 现值。在现值计量下，资产按照预计从其持续使用和最终处置中所产生的未来净现金流入量的折现金额计量。负债按照预计期限内需要偿还的未来净现金流出量的折现金额计量。在我国，现值应用于非流动资产的可收回金额的确定和以摊余成本计量的金融资产价值的确定。

5. 公允价值。在公允价值计量下，资产和负债按照在公平交易中，熟悉情况的交易双方自愿进行资产交换或者债务清偿的金额计量。在我国，公允价值主要应用于交易性金融资产和可供出售金融资产、以权益结算的股份支付等会计业务的计量中，此外投资性房地产、非货币性资产交换等业务也有限制地采用公允价值。

企业在对会计要素进行计量时，一般应当采用历史成本，采用重置成本、可变现净值、现值、公允价值计量的，应当保证所确定的会计要素金额能够取得并可靠计量。

 什么是会计要素？各个会计要素该如何确认？

项目五 会计准则与会计法规体系

一、会计准则

（一）会计准则的产生和发展

会计准则是随着市场经济的发展演化而产生的。一般认为，作为企业会计规范的会计准则首先出现在美国。20世纪初，股份公司形式的企业在美国发展迅速，公司的股东、债权人、政府税务机关、企业管理当局等企业的利益相关者都要求定期得到真实可靠的企业会计报表，以便正确了解企业状况，作出恰当的决策。这在客观上提出了会计信息规范化和标准化的需求。1917年，美国联邦储备委员会制定了关于财务报表标准化程序的备忘录，并专门印制了名为《统一会计》的小册子，1929年，以《财务报表的验证》为名，出版了修订本。这是在市场经济环境中，统一规范会计处理方法和程序的一次重要的早期尝试。1929年爆发了大规模经济危机，美国公众对会计实务处理上的随意性表示不满，对会计提供的报表数据缺乏信任。1933年和1934年，美国国会通过了证券法和证券交易法，以法律形式规定所有证券上市公司必须执行统一的会计程序方法，并授权证券交易委员会负责制定统一的会计原则。该委员会在1937年以后，将制定会计原则的权限转而授予美国会计师协会。从1938年起，美国会计师协会下属的会计程序委员会负责制定并颁布权威性的会计原则。通常认为，这标志着美国公认会计原则已开始正式形成。到1973年，成立了一个相对独立的财务会计准则委员会，承担颁发财务会计准则的具体职责。此后，美国的会计准则以各种方式逐渐影响到其他国家。

随着跨国公司和国际资本市场的发展，要求会计信息在国际范围内要有一定的规范和标准。于 1973 年 6 月 29 日一些较发达国家的职业会计团体发起成立了国际会计准则委员会，在 1982 年 11 月又对该组织的协议和章程进行了修订。该组织的功能是制定和发布国际会计准则，用以协调各国的会计准则。到目前为止，国际会计准则委员会共制定和发布了 41 项国际会计准则。国际会计准则的产生和发展，顺应了世界经济形势的发展，对促进各国在国际市场上的竞争，发挥了重大的作用。

（二）我国的会计准则

1. 我国会计准则的建立与发展

会计准则的研究与起草在我国起步较晚。随着改革开放的进程，中国会计师学会于 1987 年成立了"会计基本理论与会计准则研究组"，并在 1989 年 1 月举办了第一次会计准则的专题研讨会。财政部会计事务管理司于 1988 年成立了会计准则课题组，并于 1991 年 11 月提出了基本准则的草案，在全国广泛征求意见。经反复论证后，财政部于 1992 年 11 月 30 日以部长令的形式，正式发布《企业会计准则》共 10 章 66 条，从 1993 年 7 月 1 日起正式实施。此后，财政部会计司又拟订了若干项具体准则征求意见稿，并在 1995 年 5 月 1 日印发，向社会广泛征求意见。自 1997 年 5 月 22 日颁布《企业会计准则——关联方关系及其交易的披露》这个具体准则起，至 2001 年陆续发布和实施了 16 项具体准则。2006 年 2 月 15 日，财政部以部长令的形式修订发布了《企业会计准则——基本准则》，并在此基础上制定了 38 项具体准则，于 2007 年 1 月 1 日起实施。2014 年，财政部又印发了 3 项新具体准则，修订了 5 项具体准则，并再次修订了《企业会计准则》——基本准则。

2. 我国会计准则体系及内容

（1）会计准则体系构成。我国的会计准则体系由三部分构成，具体内容见图 1-1。

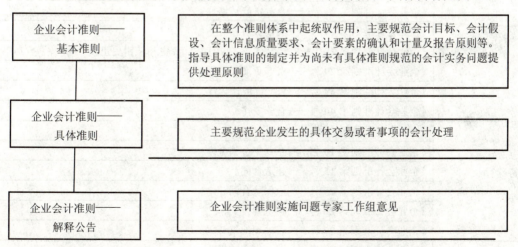

企业会计准则——基本准则　在整个准则体系中起统驭作用，主要规范会计目标、会计假设、会计信息质量要求、会计要素的确认和计量及报告原则等。指导具体准则的制定并为尚未有具体准则规范的会计实务问题提供处理原则

企业会计准则——具体准则　主要规范企业发生的具体交易或者事项的会计处理

企业会计准则——解释公告　企业会计准则实施问题专家工作组意见

图 1-1

（2）具体准则的分类。我国已发布实施的 41 项具体会计准则可分为四大类，具体分类及内容见表 1-1。

表 1-1

类别	具体准则名称
一般业务准则	《企业会计准则第 1 号——存货》
	《企业会计准则第 2 号——长期股权投资》
	《企业会计准则第 3 号——投资性房地产》
	《企业会计准则第 4 号——固定资产》
	《企业会计准则第 6 号——无形资产》
	《企业会计准则第 7 号——非货币性资产交换》
	《企业会计准则第 8 号——资产减值》
	《企业会计准则第 9 号——职工薪酬》
	《企业会计准则第 11 号——股份支付》
	《企业会计准则第 12 号——债务重组》
	《企业会计准则第 13 号——或有事项》
	《企业会计准则第 14 号——收入》
	《企业会计准则第 16 号——政府补助》
	《企业会计准则第 17 号——借款费用》
	《企业会计准则第 18 号——所得税》
	《企业会计准则第 19 号——外币折算》
	《企业会计准则第 20 号——企业合并》
	《企业会计准则第 21 号——租赁》
	《企业会计准则第 22 号——金融工具确认和计量》
	《企业会计准则第 23 号——金融资产转移》
	《企业会计准则第 24 号——套期保值》
	《企业会计准则第 28 号——会计政策、会计估计变更和差错更正》
	《企业会计准则第 29 号——资产负债表日后事项》
	《企业会计准则第 39 号——公允价值计量》
	《企业会计准则第 40 号——合营安排》
特殊行业业务准则	《企业会计准则第 5 号——生物资产》
	《企业会计准则第 10 号——企业年金基金》
	《企业会计准则第 15 号——建造合同》
	《企业会计准则第 25 号——原保险合同》
	《企业会计准则第 26 号——再保险合同》
	《企业会计准则第 27 号——石油天然气开采》
信息列报与披露准则	《企业会计准则第 30 号——财务报表列报》
	《企业会计准则第 31 号——现金流量表》
	《企业会计准则第 32 号——中期财务报告》

续表

类别	具体准则名称
	《企业会计准则第 33 号——合并财务报表》
	《企业会计准则第 34 号——每股收益》
	《企业会计准则第 35 号——分部报告》
	《企业会计准则第 36 号——关联方交易》
	《企业会计准则第 37 号——金融工具列报》
	《企业会计准则第 41 号——在其他主体中权益的披露》
政策衔接准则	《企业会计准则第 38 号——首次执行企业会计准则》

二、我国的会计法规体系

市场经济是法制经济，在市场经济体制下发展企业会计，也要在法律的约束下进行。我国会计法规体系的基本构成如下：

（一）会计法律

会计法律是指由全国人民代表大会及其常委会经过一定立法程序制定的有关会计工作的法律。如 1999 年 10 月 31 日九届全国人大常委会第十二次会议修订通过的《中华人民共和国会计法》。它是会计法律制度中层次最高的法律规范，是制定其他会计法规的依据，也是指导会计工作的最高准则。

（二）会计行政法规

会计行政法规是指由国务院制定并发布，或者国务院有关部门拟订并经国务院批准发布，调整经济生活中某些方面会计关系的法律规范。会计行政法规的制定依据是《中华人民共和国会计法》。如国务院发布的《企业财务会计报告条例》《总会计师条例》。

（三）会计部门规章

会计部门规章是根据《中华人民共和国立法法》规定的程序，由财政部制定，并由财政部部长签署命令予以公布的制度办法。如 2001 年 2 月 20 日以财政部第 10 号令形式发布的《财政部门实施会计监督办法》、2014 年 7 月 23 日以财政部第 76 号令形式发布的修订后的《企业会计准则——基本准则》。

（四）会计规范性文件

会计规范性文件是指主管全国会计工作的国务院财政部门以文件形式印发的制度办法。如 2006 年 2 月至今财政部印发的《企业会计准则第 1 号——存货》等 41 项具体准则及应用指南，由财政部发布的《企业会计制度》《金融企业会计制度》《会计基础工作规范》《会计从业资格管理办法》《小企业会计准则》，以及财政部与国家档案局联合发布的《会计档案管理办法》等。会计规范性文件的制定依据是会计法律、会计行政法规和会计部门规章。

企业进行各项会计活动必须遵循上述会计法规制度。但会计法规制度不可能将所有可能发生的经济业务——加以规范，特别是企业会计准则在很多会计事项的处理中给了企业备选的方法。因此，企业应在会计法规制度的基础上，根据自身业务经营的特点以及核算和管理工作的实际需要，结合内部管理规章制度，进行会计政策的选择，编写企业自己的会计核算管理制度，对各类经济业务的处理制定出明确的规定和操作要求，规范企业会计人员的业务处理行为，提高企业会计信息的真实性和可靠性，同时尽可能地支持管理会计工作对各类信息的需要，充分发挥会计信息在经营管理工作中的基础信息作用。

注意： 为了规范小企业会计核算行为，促进小企业可持续发展，发挥小企业在国民经济和社会发展中的作用，自 2013 年 1 月 1 日起，在小企业范围内实施《小企业会计准则》，同时废止《小企业会计制度》。

单元二 货币资金的核算

- **知识目标**

  熟悉现金管理制度

  掌握库存现金的核算和清查方法，熟悉银行结算方法

  掌握银行存款的核算和清查方法

  熟悉其他货币资金的内容

- **能力目标**

  能对库存现金和银行存款的收支进行账务处理

  会登记库存现金日记账和银行存款日记账

  能够对库存现金和银行存款进行清查

货币资金是指企业生产经营过程中处于货币形态的资产，包括库存现金、银行存款和其他货币资金。

项目一 库存现金的核算

库存现金是指存放于企业财会部门由出纳人员经管的货币，它是企业流动性最强的一项资产。

相关知识

企业应当严格遵守国家有关现金管理制度，正确进行现金收支的核算，监督现金使用的合法性和合理性。

根据国务院发布的《现金管理暂行条例》的规定，现金管理制度主要包括以下内容：

（一）现金的使用范围

现金的使用范围是指按照国家规定可以使用现金进行结算的范围。现金的使用范围主要有以下几方面：

1. 职工工资、各种工资性津贴；

2. 个人的劳务报酬，包括如设计费、装潢费、安置费、制图费、化验费、测试费、法律服务费、技术服务费、代办服务费及其他劳务费费用等；

3. 根据国家规定颁发给个人的科学技术、文化艺术、体育等各种奖金；

4. 各种劳保、福利费用以及国家规定的对个人的其他现金支出，如退休金、抚恤金、学生助学金、职工生活困难补助等；

5. 收购单位向个人收购农副产品和其他物资的价款，如金银、工艺品、废旧物资等的价款；

6. 出差人员必须随身携带的差旅费；

7. 结算起点以下的零星支出，按规定结算起点为 1 000 元，超过结算起点的，应实行银行转账结算；

8. 中国人民银行确定需要支付现金的其他支出。

除上述情况可以用现金支付外，其余款项的支付应通过银行转账结算。

（二）库存现金限额

库存现金限额是指为了保证企业日常零星开支的需要，允许单位留存现金的最高数额。这一限额由开户行根据单位的实际需要核定，一般按照单位 3～5 天日常零星开支所需确定。边远地区和交通不便地区的开户单位的库存现金限额，可按多于 5 天、但不得超过 15 天的日常零星开支的需要确定。经核定的库存现金限额，开户单位必须严格遵守，超过部分应于当日终了前存入银行。需要增加或者减少库存现金限额的，应当向开户银行提出申请，由开户银行核定。

（三）现金收支的规定

1. 开户单位现金收入应当于当日送存开户银行，当日送存确有困难的，由开户银行确定送存时间；

2. 开户单位支付现金，可以从本单位库存现金限额中支付或从开户银行提取，不得从本单位的现金收入中直接支付，即不得"坐支"现金，因特殊情况需要坐支现金的，应当事先报经有关部门审查批准，并在核定的坐支范围和限额内进行，同时，收支的现金必须入账；

3. 开户单位从开户银行提取现金时，应如实写明提取现金的用途，由本单位财会部门负责人签字盖章，并经开户银行审查批准后予以支付；

4. 因采购地点不确定、交通不便、抢险救灾以及其他特殊情况必须使用现金的单位，应向开户银行提出书面申请，由本单位财会部门负责人签字盖章，并经开户银行审查批准后予以支付。

此外，不准用不符合国家统一的会计准则制度的凭证顶替库存现金，即不得"白条顶库"；不准谎报用途套取现金；不准用银行账户代替其他单位和个人存入或支取现金；不准用单位收入的现金以个人名义存入储蓄；不准保留账外公款，即不得"公款私存"，不得设置"小金库"等。银行对于违反上述规定的单位，将按照违规金额的一定比例予以处罚。

工作任务

库存现金的会计处理

（一）科目设置

为了总括地反映企业库存现金的收入、支出和结存情况，企业应当设置"库存现金"科目，借方登记企业库存现金的增加，贷方登记企业库存现金的减少，期末借方余额反映期末企业实际持有的库存现金的金额。

企业应当设置库存现金总账和库存现金日记账，分别进行库存现金的总分类核算和明细分类核算。

（二）账务处理

1. 库存现金的总分类核算

（1）库存现金收入的核算

库存现金收入是企业在其生产经营和非生产经营业务中取得的库存现金。收取现金时，借记"库存现金"科目，贷记有关科目。

【任务 2-1】　库存现金收入业务

※工作资料

2012 年 8 月 3 日北京开丽有限公司开出现金支票提取备用现金 35 000 元。

※工作行动

根据现金支票存根，编制记账凭证并由出纳登记"库存现金日记账"和"银行存款日记账"。

※工作成果

借：库存现金　　　　　　　　　　　　　　　　　　　　35 000

　　贷：银行存款　　　　　　　　　　　　　　　　　　　　　35 000

（2）库存现金支出的核算

库存现金支出是指企业在其生产经营和非生产经营业务中向外支付的库存现金。企业应当严格按照国家有关现金管理制度的规定，在允许的范围内，办理现金支出业务。企业按照现金开支的范围支付现金时，借记有关科目，贷记"库存现金"科目。

【任务 2-2】　库存现金支出业务

※工作资料

2012 年 3 月 23 日北京开丽有限公司支付现金 900 元购买办公用品。（发票略）

※工作行动

（1）企业支付现金购买办公用品，取得购货发票。

（2）根据审核无误的原始凭证编制记账凭证。购买办公用品属于企业的管理费用，应记入"管理费用——办公用品费"科目，贷记"库存现金"科目。

（3）根据记账凭证，登记"管理费用"明细账，由出纳登记"库存现金日记账"。

※**工作成果**

借：管理费用   900

    贷：库存现金   900

2. 库存现金的明细分类核算

为了全面、系统、连续、详细地反映企业现金的收支结存情况，企业应设置"现金日记账"。现金日记账由出纳人员根据审核无误的收付款凭证，按照业务发生的先后顺序逐日逐笔登记。每日终了，应当计算现金收入合计、现金支出合计及现金结余数，并将结余数和实际库存现金数进行核对，保证账款相符。如果发现账款不符，应及时查明原因，并进行处理。月份终了，现金日记账的余额应与现金总账的余额核对，做到账账相符。

（三）库存现金的清查

为了保证现金的安全完整，企业应当按规定对库存现金进行定期和不定期的清查，一般采用实地盘点法，对于清查的结果应当编制现金盘点报告单。如果有挪用现金、白条顶库的情况，应及时予以纠正；对于超限额留存的现金应及时送存银行。如果账款不符，发现的有待查明原因的现金短缺或溢余，应先通过"待处理财产损溢"科目核算。按管理权限经批准后，分以下情况处理：

1. 如为现金短缺，属于应由责任人赔偿或保险公司赔偿的部分，计入其他应收款；属于无法查明的，计入管理费用。

2. 如为现金溢余，属于应支付给有关人员或单位的，计入其他应付款；属于无法查明原因的，计入营业外收入。

【任务 2-3】 库存现金盘盈业务

※**工作资料**

北京开丽有限公司 2012 年 3 月 30 日盘点现金，现金盘盈 200 元，无法查明原因。经批准进行相应账务处理。

表 2-1

库存现金盘点报告表

2012 年 3 月 30 日

实存金额	账存金额	实存与账存对比		备注
		长款	短款	
31 800	31 600	200		无法查明原因，转作"营业外收入"

盘点人签章：   出纳员签章：

※**工作行动**

（1）将库存现金数额与现金日记账余额进行核对，根据清查结果编制现金盘点报告表。

（2）根据现金盘点报告表进行账务处理，调整库存现金的账面数，先通过"待处理财产损溢"科目核算。

（3）按管理权限经批准后，进行相应账务处理。

※**工作成果**

借：库存现金		200
贷：待处理财产损溢		200
借：待处理财产损溢		200
贷：营业外收入		200

【任务 2-4】 库存现金盘亏业务

※**工作资料**

北京开丽有限公司 2012 年 5 月 31 日盘点现金，现金盘亏 100 元，经查，上述现金短缺属于出纳员刘林的责任，应由该出纳员赔偿。（库存现金盘点报告表略）

※**工作行动**

（1）将库存现金数额与现金日记账余额进行核对，根据清查结果编制现金盘点报告表。

（2）根据现金盘点报告表进行账务处理，调整库存现金的账面数，先通过"待处理财产损溢"科目核算。

（3）按管理权限经批准后，进行相应账务处理。

※**工作成果**

借：待处理财产损溢		100
贷：库存现金		100
借：其他应收款——刘林		100
贷：待处理财产损溢		100

现金的适用范围有哪些？其库存限额是如何确定的？

项目二 银行存款的核算

银行存款是企业存放在银行或其他金融机构的货币资金。企业应当根据业务需要，按照规定在其所在地银行开设账户，运用所开设的账户，进行存款、取款以及各种收支转账业务的结算。银行存款的收付应严格执行银行结算制度的规定。

相关知识

（一）银行账户种类

银行账户是指办理支付结算业务的存款人在经办银行开立的存款账户。根据规定，银行账户分为基本存款账户、一般存款账户、临时存款账户和专用存款账户四类。

基本存款账户是指存款人办理日常转账结算和现金收付的账户，是存款人在银行的主要存款账户。存款人的工资、奖金等现金的支取，只能通过基本存款账户办理。

一般存款账户是指存款人在基本存款账户以外的银行借款转存、与基本存款账户的存款人不在同一地点的附属非独立核算单位开立的账户。存款人可以通过该账户办理转账结算和现金缴存，但不能办理现金支取。

临时存款账户是指存款人因临时经营活动需要开立的账户。存款人可以通过该账户办理转账结算和根据国家现金管理的规定办理现金收付。

专用存款账户是指存款人因特定用途需要开立的账户。

（二）银行账户管理的基本原则

根据《银行账户管理办法》的规定，银行账户管理应遵守以下原则：

（1）一个基本存款账户原则。即企业只能选择一家银行的一个营业机构开立一个基本存款账户，不得在多家银行机构开立基本存款账户。企业在其账户内应有足够的资金保证支付。企业在银行开立基本存款账户，实行由中国人民银行当地分支机构核发开户许可证制度。

（2）自愿选择原则。即企业可以自主选择银行开立账户，银行也可以自愿选择存款人为其开立账户。任何单位和个人不得干预企业和银行开立或使用银行账户。

（3）存款保密原则。即银行应依法为存款人（企业）保密，维护企业资金的自主支配权，除国家法律、行政法规另有规定外，银行不得代任何单位和个人查询、冻结、扣划企业账户内存款。

（三）银行结算纪律

企业办理银行结算必须遵守国家的有关法律、法规和《支付结算办法》的各项规定。企业收入的款项，除国家另有规定，必须当日解缴银行；企业支出的款项，除按规定可以用现金支付之外，均应通过银行办理转账结算；企业支付款项时存款账户必须有足够的资金，不准签发空头支票和远期支票；企业在银行开立的账户只供本单位业务范围内的资金收付，不准出租、出借或转让给其他单位或个人使用；不准套用银行信用。

（四）银行存款的收付手续

企业将款项送存银行时，应填制"进账单"，连同现金或结算凭证送交银行，根据"进账单"回单联编制记账凭证；如果是通过银行转账结算增加的银行存款，则根据银行转来的收账通知编制记账凭证。

企业从银行提取现金或支付款项时，应签发支票或其他结算凭证，也可以由银行直接办理付款，企业根据支票存根或其他付款凭证作为入账依据。

企业对支票及各种结算凭证，应指定专人保管，领用支票时要按编号顺序登记，在支票上写明收款单位、签发日期、款项用途和大小写金额。

企业在银行开立账户，要送存单位及有关人员印章，签发各种结算凭证时，必须加盖预留银行的印章，印章应由专人保管。

工作任务

银行存款的会计处理

（一）科目设置

为了总括反映银行存款的收付、结存情况，企业应当设置"银行存款"科目，借方登记银行存款的增加数，贷方登记银行存款的减少数，期末余额在借方，反映企业期末银行存款的金额。

（二）账务处理

企业应当设置银行存款总账和银行存款日记账，分别进行银行存款的总分类核算和明细分类核算。

1. 银行存款的总分类核算

（1）银行存款收入的核算

企业向银行或其他金融机构存入款项时，借记"银行存款"科目，贷记有关科目。

【任务 2-5】 银行存款收入业务

※工作资料

2012 年 1 月 26 日，北京开丽有限公司收到宏达有限责任公司偿付货款的银行存款 100 000 元。

※工作行动

（1）收到银行进账单，根据进账单编制记账凭证。企业收到债务人偿付货款，应借记"银行存款"科目，贷记"应收账款"科目。

（2）根据记账凭证，由出纳登记银行存款日记账，会计登记应收账款明细账。

※工作成果

借：银行存款　　　　　　　　　　　　　　　　　　　　100 000
　　贷：应收账款——宏达有限责任公司　　　　　　　　　　100 000

（2）银行存款支出的核算

企业从银行提取或支出款项时，借记有关科目，贷记"银行存款"科目。

【任务 2-6】 银行存款支出业务

※工作资料

2012 年 6 月 9 日，北京东易制衣有限公司从北京东华纺织公司购进毛涤面料 2 500 米，单价 58 元，货款计 145 000 元，增值税进项税额 24 650 元，款项以转账支票支付，货物已验收入库。（发票、收料单、支票存根略）

※工作行动

（1）对北京东华纺织公司开具的"增值税专用发票"、仓库转来的"收料单"及出纳员填制的"支票存根"所记载的内容进行审核。

（2）根据审核无误的上述原始凭证编制记账凭证。根据"收料单"记载的材料实际成本，借记"原材料"科目，根据"增值税专用发票"税额栏的金额，借记"应交税费——应交增值税（进项税额），同时，根据"支票存根"，贷记"银行存款"科目。

（3）根据记账凭证登记"银行存款"日记账及相关账簿。

※工作成果

借：原材料	145 000
应交税费——应交增值税（进项税额）	24 650
贷：银行存款	169 650

2. 银行存款的明细分类核算

为了全面、系统、连续、详细地反映有关银行存款收支、结存的情况，企业应当按照开户银行、存款种类等，分别设置"银行存款日记账"。银行存款日记账由出纳人员根据审核无误的银行存款收付款凭证，按照业务发生的先后顺序逐日逐笔登记。每日终了时应计算银行存款收入合计、支出合计及结余数。银行存款日记账应定期与银行转来的对账单进行核对，至少每月核对一次。

（三）银行存款的清查

银行存款的清查是通过将银行存款日记账与开户银行转来的对账单进行核对，以查明银行存款的实有数额。在同银行核对账目之前，应先详细检查本单位银行存款日记账的正确性和完整性，发现有错记或者漏记的，应及时更正、补记。然后与从银行取来的对账单逐笔核对。核对的内容包括：收、付款金额，结算凭证的种类和号数，收入的来源，支出的用途，发生时间以及存款余额等。如发现本单位记账有错误，应及时更正；如发现银行记账有错误，应及时通知银行查明更正。但即使双方记账均无错误，也会出现企业银行存款日记账余额与银行对账单余额不一致的情况。这是因为存在未达账项。所谓未达账项是指在企业和银行之间，由于结算凭证传递的时间差，造成的一方已经入账，而另一方因未收到结算凭证，尚未入账的款项。未达账项有以下四种情况：

（1）企业已收入账，银行尚未收款入账。如企业将销售商品收到的转账支票存入银行，根据银行盖章退回的"进账单"回联已登记银行存款增加；而银行尚未登记入账。

（2）企业已付入账，银行尚未付款入账。如企业开出一张转账支票购办公用品，企业根据支票存根、发货票及入库单等原始凭证，已记银行存款减少；而银行此时尚未收到付款凭证尚未登记减少。

（3）银行已收入账，企业尚未收款入账。如外地某单位以汇兑方式支付企业销货款，银行收到汇款后已登记企业存款增加；而企业因未收到汇款凭证而尚未登记银行存款增加。

（4）银行已付入账，企业尚未付款入账。如银行受委托代企业支付电费，银行已取得支付电费的凭证，已减少了企业的存款；而企业因未到银行取支付电费凭证而尚未登记银行存款减少。

上述任何一种情况的发生，都会使企业和银行之间账簿记录不一致。因此，在核对账目时必须注意有无未达账项。如果有未达账项，应编制"银行存款余额调节表"，进行检查核对，如果没有记账错误，调节后双方的账面余额应相等。

银行存款余额调节表的编制主要采用余额调节法进行。余额调节法是指编制调节表时，在企业和其开户行现有银行存款余额的基础上，各自加减未达账项进行调节的方法。用公式表示如下：

企业银行存款日记账余额＋银行已收企业未收款－银行已付企业未付款＝

银行对账单余额＋企业已收银行未收款－企业已付银行未付款

经调整后，双方余额相等，说明双方记账相符，否则说明记账有错误应予以更正；调整后的余额是企业当时实际可以动用的存款数额。

注意："银行存款余额调节表"只起对账作用，不能作为调节银行存款日记账账面余额的凭证。对于银行已记录、企业未记的未达账项应待有关结算凭证到达后，再据以编制记账凭证予以记录；但是，企业对于存在的长期未达账项应及时查明原因，予以解决。

【任务 2-7】 银行存款清查业务

※**工作资料**

北京开丽有限公司 2012 年 9 月 30 日银行存款日记账账面余额为 51 300 元；银行对账单余额为 53 000 元。经查对发现有以下未达账项：

（1）29 日企业存入银行一张转账支票，金额 3 900 元，银行尚未入账；

（2）29 日银行收取企业借款利息 400 元，企业尚未收到付款通知；

（3）30 日企业委托银行收款 4 100 元，银行已入账，企业尚未收到收款通知；

（4）30 日企业开出转账支票一张，金额 1 900 元，持票单位尚未到银行办理手续。

※**工作行动**

（1）将银行存款日记账与银行对账单进行核对，找出未达账项。

（2）分析未达账项的种类，编制银行存款余额调节表。

※**工作成果**

表 2-2

银行存款余额调节表

2012 年 9 月 30 日
单位：元

项目	金额	项目	金额
银行对账单余额	53 000	企业银行存款日记账余额	51 300
加：企业已收银行未收款	3 900	加：银行已收企业未收款	4 100
减：企业已付银行未付款	1 900	减：银行已付企业未付款	400
调整后余额	55 000	调整后余额	55 000

银行存款日记账与银行对账单之间出现不一致的原因有哪些？应如何进行处理？

项目三　其他货币资金的核算

其他货币资金是指企业除现金、银行存款以外的其他各种货币资金，主要包括银行汇票存款、银行本票存款、信用卡存款、信用证保证金存款、存出投资款、外埠存款等。

相关知识

1. 银行汇票存款

银行汇票是指由出票银行签发的，由其在见票时按照实际结算金额无条件支付给收款人或者持票人的票据。银行汇票的出票银行为银行汇票的付款人。单位和个人各种款项的结算，均可使用银行汇票。银行汇票可以用于转账，注明"现金"字样的银行汇票也可以用于支取现金。

申请人使用银行汇票，应向出票银行填写"银行汇票申请书"，填明收款人名称、汇票金额、申请人名称、申请日期等事项并签章，签章为其预留银行的签章。出票银行受理银行汇票申请书，收妥款项后签发银行汇票，并用压数机压印出票金额，将银行汇票和解讫通知一并交给申请人。申请人应将银行汇票和解讫通知一并交付给汇票上记明的收款人。收款人受理申请人交付的银行汇票时，应在出票金额以内，根据实际需要的款项办理结算，并将实际结算的金额和多余金额准确、清晰地填入银行汇票和解讫通知的有关栏内，到银行办理款项入账手续。收款人可以将银行汇票背书转让给被背书人。银行汇票的背书转让以不超过出票金额的实际结算金额为准。未填写实际结算金额或实际结算金额超过出票金额的银行汇票，不得背书转让。银行汇票的提示付款期限为自出票日起一个月，持票人超过付款期限提示付款的，银行将不予受理。持票人向银行提示付款时，必须同时提交银行汇票和解讫通知，缺少任何一联。银行不予受理。

银行汇票丧失，失票人可以凭人民法院出具的其享有票据权利的证明，向出票银行请求付款或退款。

2. 银行本票存款

银行本票是指银行签发的，承诺自己在见票时无条件支付确定的金额给收款人或者持票人的票据。单位和个人在同一票据交换区域需要支付的各种款项，均可使用银行本票。银行本票可以用于转账，注明"现金"字样的银行本票也可以用于支取现金。

银行本票分为不定额本票和定额本票两种。定额本票面额为 1 000 元、5 000 元、10 000 元和 50 000 元。银行本票的提示付款期限为自出票日起最长不得超过两个月。在有效付款期内，银行见票付款。持票人超过付款期限提示付款的，银行不予受理。

申请人使用银行本票，应向银行填写"银行本票申请书"。申请人或收款人为单位的，不得申请签发现金银行本票。出票银行受理银行本票申请书，收妥款项后签发银行本票，在本票上签章后交给申请人。申请人应将银行本票交付给本票上记明的收款人。收款人可以将银行本票背书转让给被背书人。

银行本票丧失，失票人可以凭人民法院出具的其享有票据权利的证明，向出票银行请求付款或退款。

3. 信用卡存款

信用卡存款是指企业为取得信用卡而存入银行信用卡专户的款项。信用卡是银行卡的一种。

凡在中国境内金融机构开立基本存款账户的单位可申领单位卡。单位卡可申领若干张，持卡人资格由申领单位法定代表人或其委托的代理人书面指定和注销。单位卡账户的资金一律从其基本存款账户转账存入，不得交存现金，不得将销货收入的款项存入其账户。持卡人可持信用卡在特约单位购物、消费，但单位卡不得用于 10 万元以上的商品交易、劳务供应款项的结算，不得支取现金。特约单位在每日营业终了，应将当日受理的信用卡签购单汇总，计算手续费和净计金额，并填写汇（总）计单和进账单，连同签购单一并送交收单银行办理进账。

信用卡按是否向发卡银行交存备用金分为贷记卡、准贷记卡两类。贷记卡是指发卡银行给予持卡人一定的信用额度，持卡人可在信用额度内先消费、后还款的信用卡。准贷记卡是指持卡人须先按发卡银行要求存交一定金额的备用金，当备用金账户余额不足支付时，可在发卡银行规定的信用额度内透支的信用卡。

准贷记卡的透支期限最长为 60 天，贷记卡的首月最低还款额不得低于其当月透支余额的 10%。

4. 信用证保证金存款

信用证保证金存款是指采用信用证结算方式的企业为开具信用证而存入银行信用证保证金专户的款项。企业向银行申请开立信用证，应按规定向银行提交开证申请书、信用证申请人承诺书和购销合同。

5. 存出投资款

存出投资款是指企业已存入证券公司但尚未进行投资的资金。

6. 外埠存款

外埠存款是指企业为了到外地进行临时或零星采购，而汇往采购地银行开立采购专户的款项。企业将款项汇往外地时，应填写汇款委托书，委托开户银行办理汇款。汇入地银行以汇款单位名义开立临时采购账户，该账户的存款不计利息、只付不收、付完清户，除了采购人员可从中提取少量现金外，一律采用转账结算。

工作任务

其他货币资金的会计处理

（一）科目设置

为了反映和监督其他货币资金的收支和结存情况，企业应当设置"其他货币资金"科目，借方登记其他货币资金的增加数，贷方登记其他货币资金的减少数，期末余额在借方，反映企业实际持有的其他货币资金。本科目应按其他货币资金的种类设置明细科目进行明细核算。

（二）账务处理

1. 银行汇票存款

企业填写"银行汇票申请书"，将款项交存银行时，借记"其他货币资金——银行汇票"科目，贷记"银行存款"科目；企业持银行汇票购货、收到有关发票账单时，借记"材料采购"或"原材料""库存商品""应交税费——应交增值税（进项税额）"等科目，贷记"其他货币资金——银行汇票"科目；采购完毕收回剩余款项时，借记"银行存款"科目，贷记"其他货币资金——银行汇票"科目。企业收到银行汇票、填制进账单到开户银行办理款项入账手续时，根据进账单及销货发票等，借记"银行存款"科目，贷记"主营业务收入""应交税费——应交增值税（销项税额）"等科目。

2. 银行本票存款

企业填写"银行本票申请书"、将款项交存银行时，借记"其他货币资金——银行本票"科目，贷记"银行存款"科目；企业持银行本票购货、收到有关发票账单时，借记"材料采购"或"原材料""库存商品""应交税费——应交增值税（进项税额）"等科目，贷记"其他货币资金——银行本票"科目。企业收到银行本票、填制进账单到开户银行办理款项入账手续时，根据进账单及销货发票等，借记"银行存款"科目，贷记"主营业务收入""应交税费——应交增值税（销项税额）"等科目。

申请人因银行本票超过提示付款期限或其他原因要求退款时，应将银行本票提交到出票银行并出具单位证明。根据银行盖章退回的进账单第一联，借记"银行存款"科目，贷记"其他货币资金——银行本票"科目。出票银行对于在本行开立存款账户的申请人，只能将款项转入原申请人账户；对于现金银行本票和未到本行开立存款账户的申请人，才能退付现金。

3. 信用卡存款

企业办理信用卡存款时，应填制"信用卡申请表"，连同支票和有关资料一并送存发卡银行，根据银行盖章退回的进账单第一联，借记"其他货币资金——信用卡"科目，贷记"银行存款"科目；企业用信用卡购物或支付有关费用，收到开户银行转来的信用卡存款的付款凭证及所附发票账单，借记"管理费用"等科目，贷记"其他货币资金——信用卡"科目；企业信用卡在使用过程中，需要向其账户续存资金的，应借记"其他货币资金——信用卡"科目，贷记"银行存款"科目；企业的持卡人如不需要继续使用信用卡时，应持信用卡主动到发卡银行办理销户。销户时，信用卡余额转入企业基本存款账户，不得提取现金，借记"银行存款"科目，贷记"其他货币资金——信用卡"科目。

4. 信用证保证金存款

企业填写"信用证申请书"，将信用证保证金交存银行时，应根据银行盖章退回的"信用证申请书"回单，借记"其他货币资金——信用证保证金"科目，贷记"银行存款"科目；企业接到开证行通知，根据供货单位信用证结算凭证及所附发票账单，借记"材料采购"或"原材料""库存商品""应交税费——应交增值税（进项税额）"等科目，贷记"其他货币资金——信用证保证金"科目；将未用完的信用证保证金存款余额转回开户银行时，借记"银行存款"科目，贷记"其他货币资金——信用证保证金"科目。

5. 存出投资款

企业向证券公司划出资金时，应按实际划出的金额，借记"其他货币资金——存出投资款"科目，贷记"银行存款"科目；购买股票、债券等时，借记"交易性金融资产"等科目，贷记"其他货币资金——存出投资款"科目。

6. 外埠存款

企业将款项汇往外地开立采购专用账户时，根据汇出款项凭证，编制付款凭证，借记"其他货币资金——外埠存款"科目，贷记"银行存款"科目；收到采购人员转来供应单位发票账单等报销凭证时，借记"材料采购"或"原材料""库存商品""应交税费——应交增值税（进项税额）"等科目，贷记"其他货币资金——外埠存款"科目；采购完毕收回剩余款项时，根据银行的收账通知，借记"银行存款"科目，贷记"其他货币资金——外埠存款"科目。

【任务 2-8】 银行汇票存款业务

※工作资料

2012 年 6 月 4 日，北京东易制衣有限公司从天津大华纺织品有限公司购进毛涤面料 5 500 米，单价 56 元，货款计 308 000 元，增值税进项税额 52 360 元，款项以银行汇票支付，货物已验收入库。

※工作行动

（1）对天津大华纺织品有限公司开具的"增值税专用发票"、仓库转来的"收料单"及出纳员填制的"银行汇票存根"所记载的内容进行审核。

（2）根据审核无误的上述原始凭证编制记账凭证。根据"收料单"记载的材料实际成本，借记"原材料"科目，根据"增值税专用发票"税额栏的金额，借记"应交税费——应交增值税（进项税额）"科目，同时，根据"银行汇票存根"，贷记"其他货币资金——银行汇票存款"科目。

（3）根据记账凭证登记"其他货币资金——银行汇票存款"日记账及其他相关账簿。

※工作成果

借：原材料——毛涤面料　　　　　　　　　　　　　　　308 000
　　应交税费——应交增值税（进项税额）　　　　　　　 52 360
　贷：其他货币资金——银行汇票存款　　　　　　　　　　360 360

 什么是其他货币资金？包括哪些内容？

单元三 交易性金融资产的核算

- **知识目标**

  理解交易性金融资产的概念

  掌握取得交易性金融资产时初始入账成本的确认方法

  掌握持有交易性金融资产期间现金股利和利息的处理方法

  熟悉交易性金融资产的期末计量

  熟悉交易性金融资产处置的处理方法

- **能力目标**

  能根据企业持有的目的划分交易性金融资产

  会进行交易性金融资产的会计处理

金融资产是实物资产的对称，指单位或个人所拥有的以价值形态存在的资产，是一种索取实物资产的无形的权利；是一切可以在有组织的金融市场上进行交易、具有现实价格和未来估价的金融工具的总称。金融资产的最大特征是能够在市场交易中为其所有者提供即期或远期的货币收入流量。

项目一 交易性金融资产认知

一、金融资产的概念和分类

金融资产主要包括库存现金、应收账款、应收票据、贷款、垫款、其他应收款、应收利息、债券投资、股权投资、基金投资、衍生金融资产等。

企业应当结合自身业务特点和风险管理要求，将取得的金融资产在初始确认时分为以下四类：

（1）以公允价值计量且其变动计入当期损益的金融资产，包括交易性金融资产和指定为以公允价值计量且其变动计入当期损益的金融资产；

（2）持有至到期投资；

（3）贷款和应收款项；

（4）可供出售金融资产。

上述分类一经确定，不得随意变更。

二、交易性金融资产的认定条件

满足下列条件之一的金融资产，应当划分为交易性金融资产：

（1）取得该金融资产的目的，主要是为了近期内出售。如企业以赚取差价为目的从二级市场购入的股票、债券、基金等。

（2）属于进行集中管理的可辨认金融工具组合的一部分，且有客观证据表明企业近期采用短期获利方式对该组合进行管理。在这种情况下，即使组合中有某个组成项目持有的期限稍长也不受影响。

（3）属于衍生工具。但是，被指定为有效套期工具的衍生工具、属于财务担保合同的衍生工具、与在活跃市场中没有报价且其公允价值不能可靠计量的权益工具投资挂钩并须通过交付该权益工具结算的衍生工具除外。其中，财务担保合同是指保证人和债权人约定，当债务人不履行债务时，保证人按照约定履行债务或者承担责任的合同。

上述三个条件表明，交易性金融资产具有以下两个特征：

（1）企业持有的目的是短期性的，即在初次确认时即确定其持有目的是为了短期获利。根据旧准则对长短期的划分，此处的短期也应该是不超过一年（包括一年）；

（2）该金融资产具有活跃的市场，其公允价值能够通过活跃市场获取。

根据这两个特征可以看出，如果持有金融资产仅仅是为了随时通过出售获利，则应当属于交易性金融资产。因此，交易性金融资产主要是指企业为了近期内出售而持有的金融资产，如企业以赚取差价为目的从二级市场购入的股票、债券、基金等。

 企业持有交易性金融资产的目的是什么？

项目二　交易性金融资产的核算

相关知识

交易性金融资产是企业以进行交易为目的而持有的，在交易前发生的公允价值变动会直接影响交易性金融资产的价值。

工作任务

交易性金融资产的会计处理

（一）科目设置

为了核算交易性金融资产的取得、收取现金股利或利息、处置等业务，企业应当设置

"交易性金融资产""公允价值变动损益""投资收益"等科目。

　　"交易性金融资产"科目，属于资产类科目，核算企业以交易为目的所持有的股票投资、债券投资、基金投资等交易性金融资产的公允价值。"交易性金融资产"科目的借方登记交易性金融资产的取得成本、资产负债表日其公允价值高于账面余额的差额等；贷方登记资产负债表日其公允价值低于账面余额的差额，以及企业出售交易性金融资产时结转的成本和公允价值变动损益。企业应当按照交易性金融资产的种类和品种，分别设置"成本"和"公允价值变动"等明细科目进行明细核算。交易性金融资产属于企业的流动资产，在资产负债表上，以"交易性金融资产"项目列示于流动资产项目内。

　　"公允价值变动损益"科目，属于损益类科目，核算企业交易性金融资产等由于公允价值变动而形成的应计入当期损益的利得或损失，贷方登记资产负债表日企业持有的交易性金融资产等的公允价值高于账面余额的差额；借方登记资产负债表日企业持有的交易性金融资产等的公允价值低于账面余额的差额。

　　"应收股利"科目，属于资产类科目，核算企业因股权投资而应收取的现金股利。企业应收其他单位的利润，也在本科目核算。该科目的借方登记购入股票实际支付的价款中包含的已宣告但尚未领取的现金股利以及股权投资应分得的现金股利或利润；贷方登记收到的现金股利或利润；期末借方余额，反映企业尚未收回的现金股利或利润。本科目应按被投资单位设置明细账，进行明细核算。

　　"应收利息"科目，属于资产类科目，核算企业因债权投资而应收取的利息。"应收利息"科目的借方登记购入债券实际支付的价款中包含的已到付息期但尚未领取的债券利息，以及购入分期付息、到期还本的债券已到付息期而应收未收的利息；贷方登记实际收到的应收利息；期末借方余额，反映企业尚未收回的利息。本科目应按债权种类设置明细账，进行明细核算。

　　"投资收益"科目，属于损益类科目，核算企业持有交易性金融资产等期间取得的投资收益以及处置交易性金融资产等实现的投资收益或投资损失，贷方登记企业出售交易性金融资产等实现的投资收益；借方登记企业出售交易性金融资产等发生的投资损失。

（二）账务处理

1. 取得交易性金融资产

　　企业取得交易性金融资产时，应当按照该交易性金融资产取得时的公允价值作为其初始确认金额，也就是将该交易性金融资产的购买价格作为其入账成本，记入"交易性金融资产——成本"科目。取得交易性金融资产所发生的相关交易费用应当在发生时计入投资收益。交易费用是指可直接归属于购买、发行或处置金融工具新增的外部费用，包括支付给代理机构、咨询公司、券商等的手续费和佣金及其他必要支出。

　　注意：企业取得交易性金融资产时实际支付的价款中包含了已宣告但尚未发放的现金股利或已到付息期但尚未领取的债券利息，不构成交易性金融资产的入账成本，应当单独确认为应收项目，记入"应收股利"或"应收利息"科目。

【任务 3-1】 取得交易性金融资产（股票）业务

※工作资料

2011 年 2 月 16 日鹏飞有限责任公司从开户银行向平安证券交易所划入准备投资的资金 10 000 000 元。

2011 年 2 月 21 日鹏飞有限责任公司以赚取差价为目的委托平安证券交易所购入华能国际的股票 500 000 股，公司将其划归为交易性金融资产。该股票买价为每股 8.17 元。另支付相关交易费用为 21 130 元。（转账支票存根略）

表 3-1

证券交易结算资金存管、转账业务申请表

填表日期：2011 年 2 月 16 日

申请人全称：鹏飞有限责任公司				
银行账号/个人卡号：5655836				
券商名称：平安证券交易所北京月坛北街证券营业部				
资金账号：3036116				
币　　种：	√人民币	□港币		□美元
存管业务	营业部名称：			
	业务类型：	√第三方存管	□集中式银证转账	□融资融券存管
	个人　证件类型：	□居民身份证	□军人身份证	□护照　□其他
	证件号码：			
	机构　证件类型及号码：（可选填，内容须与证券公司一致）	√营业执照　110000005066371　□机构代码证		
	经办人证件类型：	□居民身份证　□军人身份证　□护照　□其他		
	经办人证件号码：			
	银行转账证券日累计限额：			
	电话：　　　手机：			
	新银行账号/个人卡号：（变更填写）			
自助渠道申请	□个人网银　□电话银行　□自助终端　□对公网银			
转账业务	业务类型：√银行转账业务　□证券转银行　□资金账户余额查询　□签约关系查询　□管理账户查询			
	金额（大写）：人民币壹千万元整		金额（小写）：¥10 000 000.00	
备注：				
机构经办人签字：杨杨		个人客户签字：		
机构公章：		机构客户印鉴：		
		签章日期：2011 年 2 月 16 日		
经办人员签章：张力		网点签章：		

中国工商银行北京分行营业部 2011.02.16 转讫

财务专用章

表 3-2

中国工商银行（北京分行）记账回执　　QFAB

接收机构：110100	回单编号：08061016	回单类型：第三方存管	状态：允许打印
		业务类型：PA	业务编号：0

付款人账号：5655836　　　　　　　　　　　　付款人地址：

付款人名称：鹏飞有限责任公司

报文编号：　　　　　　　发报行号：　　　　　　　发报行名：

收款人账号：310068900729　　　　　　　　收款人地址：

收款人名称：平安证券交易所

货币、金额：CNY10 000 000.00

金额（大写）：壹仟万圆整

附言：

摘要：银转证 34230

票据日期：20110216　　　　票据号码：

交易代码：474660　　　　借贷标志：借方　　　复核柜员：　　　销账编号：

入账日期：20110216　　　会计流水：11050030003　　记账柜员：1105003　　记账机构：110100

打印日期：20110216　　　打印机构：110100　　　打印员：1105043　　　打印次数：1

（中国工商银行北京分行 营业部 2011.02.16 转讫）

（银行盖章）

此记账回执加盖我行业务公章后方有效

表 3-3

证券交易成交报告单

户　　名：	鹏飞有限责任公司	成交日期时间：	2011-2-21
证券交易账号：	123456	成交编号：	100037
资金账号：	3036116	成交数量：	500,000
成交前证券余额：	0	成交价格：	8.17
成交前资金余额：	10,000,000.00	成交金额：	4,085,000.00
成交后证券余额：	500,000	佣金：	15,000.00
成交后资金余额：	5,893,870.00	过户费：	5.00
买卖证券代码：	600011	印花税：	6,125.00
买卖证券名称：	华能国际	收付金额：	-4,106,130.00
申报日期时间：	2011 年 2 月 21 日	交易行为：	买入
申报编号：	13165		

（平安证券交易所 2011.2.21 转讫）

通 知 联

※工作行动

（1）按照内部资金使用规定，将资金划入证券户。

（2）根据转账支票存根和证券户收账通知单，编制记账凭证并登记"银行存款"日记账和"其他货币资金——存出投资款"明细账。

（3）取得证券交易成交报告单并对报告单进行审核。并据以编制记账凭证。交易性金融资产取得时应以公允价值作为其初始确认金额，即以购买价格作为其入账成本，因此该笔业务中交易性金融资产的入账成本为 4 085 000 元（500 000×8.17）。取得交易性金融资产所发生的相关交易费用（如印花税、过户费、佣金等），应当在发生时计入当期投资收益。

（4）根据审核无误的记账凭证，登记"交易性金融资产"明细账及其他相关账薄。

※工作成果

（1）2011 年 2 月 16 日，将资金划入证券户

借：其他货币资金——存出投资款　　　　　　　　　　　　　　　　10 000 000

　　贷：银行存款　　　　　　　　　　　　　　　　　　　　　　　　　10 000 000

（2）2011 年 2 月 21 日，购入华能国际股票

借：交易性金融资产——成本　　　　　　　　　　　　　　　　　　4 085 000

　　投资收益　　　　　　　　　　　　　　　　　　　　　　　　　　21 130

　　贷：其他货币资金——存出投资款　　　　　　　　　　　　　　　　4 106 130

注意：假定本业务中企业取得该股票时实际支付的价款中包含已宣告但尚未发放的现金股利 0.5 元/每股，该现金股利 250 000 元（500 000×0.5）不构成交易性金融资产的入账成本，应当单独确认为应收项目，记入"应收股利"科目。

【任务 3-2】　取得交易性金融资产（债券）业务

※工作资料

2011 年 1 月 9 日，宏达公司以赚取差价为目的开出转账支票购入翔宇公司发行的公司债券，该债券于 2010 年 1 月 1 日发行，面值为 2 000 000 元，票面利率为 5%，三年期，每年年末付息一次，到期还本。宏达公司将其划归为交易性金融资产，共支付价款 2 200 000 元，其中包括交易费用 30 000 元。款项均用银行存款支付。2011 年 1 月 26 日，宏达公司收到取得该项交易性金融资产时实际支付的价款中包含的已到付息期但尚未领取的债券利息。

※工作行动

（1）出纳开出转账支票支付债券买价和交易费用，取得转账支票存根。

（2）根据审核无误的原始凭证编制记账凭证。本业务中实际支付的价款中包含了已到付息期但尚未领取的债券利息 100 000 元（2 000 000×5%），不构成交易性金融资产的入账成本，应当单独确认为应收项目，记入"应收利息"科目。因此交易性金融资产的初始入账金额为 2 070 000 元（2 170 000-100 000）。

（3）根据记账凭证，登记"银行存款"日记账、"交易性金融资产"明细账、"应收利

息"明细账以及"投资收益"明细账。

（4）取得银行收账通知。根据银行收账通知编制记账凭证，实际收到债券利息时，借记"银行存款"科目，贷记"应收利息"科目。

（5）登记"银行存款"日记账和"应收利息"明细账。

※**工作成果**

（1）2011年1月9日，购入公司债券

借：交易性金融资产——成本		2 070 000
应收利息		100 000
投资收益		30 000
贷：银行存款		2 200 000

（2）2011年1月26日，公司收到购买价款中包含的已到付息期但尚未领取的债券利息

借：银行存款	100 000
贷：应收利息	100 000

2. 持有交易性金融资产期间现金股利和利息

企业持有交易性金融资产期间对于被投资单位宣告发放的现金股利或在资产负债表日按分期付息、一次还本债券投资的票面利率计算的利息收入，应作为交易性金融资产持有期间实现的投资收益，确认为应收项目，记入"应收股利"或"应收利息"科目，并计入投资收益。

【任务 3-3】　被投资单位宣告发放现金股利业务

※**工作资料**

承【任务 3-1】，2011年4月9日，华能国际宣告发放每股0.45元的现金股利，鹏飞公司持有华能国际的股票500 000股，应收现金股利225 000元。该现金股利于2011年4月26日实际收到，存入公司银行账户。（进账单略）

表3-4

华能国际股份有限公司 2010 年度分红派息公告

股票代码：600011　　　　股票简称：华能国际　　　　公告编号：[hngj]2011-015

★

本公司董事、监事、高级管理人员保证公告内容的真实、准确、完整，对公告的虚假记载、误导性陈述或者重大遗漏负连带责任。

一、通过分红派息方案的股东大会届次和日期

华能国际股份有限公司2010年度分红派息方案已获2011年4月9日召开的2010年年度股东大会审议通过，决议公告刊登在2011年4月10日的《中国证券报》《上海证券报》《证券时报》上。

续表

二、分红派息方案

本公司 2010 年度分红派息方案为：每 10 股派现金 5 元（含税，扣税后，A 股个人股东及投资基金实际每 10 股派发现金红利 4.50 元人民币）。

三、股权登记日与除息日

股权登记日：2011 年 4 月 25 日

除息日：2011 年 4 月 26 日

四、分红派息对象

截止 2011 年 4 月 25 日下午上海证券交易所收市后，在中国证券登记结算有限责任公司上海分公司登记在册的本公司全体 A 股股东。

五、分红派息方法

1. 无限售条件 A 股现金红利于 2011 年 4 月 26 日通过股东托管证券商直接划入其资金账户。

2. A 股有限售条件股东持有（包含高级管理人员锁定股份）的现金红利由公司直接派发。

六、有关咨询办法

公司财务管理部/董事会秘书办公室

咨询地址：北京市西城区复兴门南大街丙 2 号（天银大厦 C 段西区）

咨询联系人：谷碧泉

咨询电话：010-66491999　010-66491851　传真电话：010-66491888　010-66491860

七、备查文件

公司 2010 年年度股东大会决议及公告。

华能国际股份有限公司董事会
二零一一年四月九日

表 3-5

应收股利计算表

2011 年 4 月 9 日

股票数额	每股现金股利	应收股利
华能国际 500 000 股	0.45	225 000
合计		225 000

主管：李莉　　　审核：李曼　　　制单：刘小宁

※工作行动

（1）取得华能国际股份有限公司 2010 年度分红派息公告，编制应收股利计算表。

（2）根据应收股利计算表编制记账凭证。企业持有交易性金融资产期间对于被投资单位宣告发放的现金股利，应作为交易性金融资产持有期间实现的投资收益，确认为应收项目，借记"应收股利"科目，同时计入当期损益，贷记"投资收益"科目。根据记账凭证登记相关明细账。

（3）取得银行收账通知并与应收股利计算表核对，并据以编制记账凭证。实际收到现金股利时，借记"银行存款""其他货币资金"等科目，贷记"应收股利"科目。并登记相关明细账。

※工作成果

（1）2011年4月9日，华能国际宣告发放现金股利

借：应收股利——华能国际   225 000

  贷：投资收益   225 000

（2）2011年4月26日，收到华能国际发放的现金股利

借：银行存款   225 000

  贷：应收股利——华能国际   225 000

【任务 3-4】 取得债券利息业务

※工作资料

承【任务 3-2】，2011年12月31日，宏达公司确认持有的翔宇公司的公司债券利息收入。2012年1月28日，宏达公司收到该项债券利息。（进账单略）

表 3-6

应收债券利息计算表

2011 年 12 月 31 日

债券名称	企业债券	发行单位	翔宇公司
债券面值	1 000 元	债券数量	2 000 张
票面利率	5%	计息时间	2011 年 1 月—12 月
应收利息	人民币大写：壹拾万元整	¥100 000.00	
债券损益	人民币大写：壹拾万元整	¥100 000.00	

财务盖章：   复核：李云   制表：张新

※工作行动

（1）2011年12月31日，编制应收债券利息计算表。

（2）根据应收债券利息计算表编制记账凭证。在资产负债表日按分期付息、一次还本债券投资的票面利率计算的债券利息，应作为交易性金融资产持有期间实际实现的投资收益，确认为应收项目，借记"应收利息"科目，贷记"投资收益"科目。登记相关明细账。

（3）取得银行收账通知，据以编制记账凭证。实际收到债券利息时，借记"银行存款"科目，贷记"应收利息"科目。登记相关明细账。

※工作成果

（1）2011年12月31日，宏达公司确认翔宇公司的公司债券利息收入

借：应收利息——翔宇公司   100 000

  贷：投资收益   100 000

（2）2012年1月28日，宏达公司收到该项债券利息

借：银行存款   100 000

  贷：应收利息——翔宇公司   100 000

取得交易性金融资产时初始入账成本如何确定？

3. 交易性金融资产的期末计量

在资产负债表日，交易性金融资产应当按照公允价值计量，应按交易性金融资产的公允价值对其账面价值进行调整，公允价值与账面余额之间的差额计入当期损益。具体处理时，如果交易性金融资产的公允价值高于其账面价值，应按照交易性金融资产公允价值高于其账面价值的差额调整交易性金融资产的账面价值，一方面增加交易性金融资产的账面价值，另一方面确认由于交易性金融资产公允价值高于账面价值产生的公允价值变动收益；如果交易性金融资产的公允价值低于其账面价值，应按照交易性金融资产公允价值低于其账面价值的差额调整交易性金融资产的账面价值，一方面减少交易性金融资产的账面价值，另一方面确认由于交易性金融资产公允价值低于账面价值产生的公允价值变动损失。

其会计处理是：交易性金融资产公允价值高于其账面价值时，应按其差额借记"交易性金融资产——公允价值变动"科目，贷记"公允价值变动损益"科目；交易性金融资产公允价值低于其账面价值时，应按其差额借记"公允价值变动损益"科目，贷记"交易性金融资产——公允价值变动"科目。

【任务 3-5】　交易性金融资产（股票）期末计价业务

※工作资料

承【任务 3-1】，假定 2011 年 6 月 30 日，鹏飞公司购买的该笔华能国际的股票市价为 4 100 000 元；2011 年 12 月 31 日，鹏飞公司购买的该笔股票的市价为 4 060 000 元。

表 3-7

交易性金融资产账面价值与公允价值比较表

2011 年 6 月 30 日

种类	账面价值	公允价值	变动损益
华能国际	4 085 000.00	4 100 000.00	15 000.00
合计	4 085 000.00	4 100 000.00	15 000.00

表 3-8

交易性金融资产账面价值与公允价值比较表

2011 年 12 月 31 日

种类	账面价值	公允价值	变动损益
华能国际	4 100 000.00	4 060 000.00	−40 000
合计	4 100 000.00	4 060 000.00	−40 000

※工作行动

（1）取得该支股票 6 月 30 日证券市场的公允价值，编制"交易性金融资产账面价值与公允价值比较表"，并据以编制记账凭证。2011 年 6 月 30 日，该笔股票的公允价值为 4 100 000 元，账面价值为 4 085 000 元，公允价值高于其账面价值 15 000 元，因此按差额增加交易性金融资产的账面价值，并作为公允价值变动收益记入"公允价值变动损益"科目的贷方。根据审核无误的记账凭证登记"交易性金融资产"明细账和"公允价值变动损益"明细账。

（2）取得该支股票 12 月 31 日证券市场的公允价值，编制"交易性金融资产账面价值与公允价值比较表"，并据以编制记账凭证。2011 年 12 月 31 日，该笔股票的公允价值为 4 060 000 元，账面价值为 4 100 000 元，公允价值低于其账面价值 40 000 元，因此按差额减少交易性金融资产的账面价值，并作为公允价值变动损失记入"公允价值变动损益"科目的借方。根据审核无误的记账凭证登记"交易性金融资产"明细账和"公允价值变动损益"明细账。

※工作成果

（1）2011 年 6 月 30 日，确认该笔股票的公允价值变动损益

借：交易性金融资产——公允价值变动　　　　　　　　　　　　　　　　15 000

　　贷：公允价值变动损益　　　　　　　　　　　　　　　　　　　　　　15 000

（2）2011 年 12 月 31 日，确认该笔股票的公允价值变动损益

借：公允价值变动损益　　　　　　　　　　　　　　　　　　　　　　　40 000

　　贷：交易性金融资产——公允价值变动　　　　　　　　　　　　　　　40 000

 资产负债表日，交易性金融资产为何选用公允价值计量？

4. 交易性金融资产的处置

企业处置交易性金融资产时，其损益得以实现。出售交易性金融资产的处置收入与其账面价值的差额，以及原已作为公允价值变动损益入账的金额，均应作为投资收益入账。即企业出售交易性金融资产时，应将该交易性金融资产出售时实际取得的出售收入与其账面价值之间的差额确认为投资收益，同时调整公允价值变动损益。

其会计处理是：企业应按实际收到的金额，借记"银行存款"等科目，按该金融资产的账面余额，贷记"交易性金融资产"科目，按其差额，贷记或借记"投资收益"科目。同时，将原计入该金融资产的公允价值变动转出，借记或贷记"公允价值变动损益"科目，贷记或借记"投资收益"科目。

如果企业是部分处置交易性金融资产的，对于账面价值和原已作为公允价值变动损益入账的金额，均应按出售比例计算结转。

【任务 3-6】 出售交易性金融资产（股票）业务

※工作资料

承【任务 3-1】、【任务 3-5】，假定 2012 年 4 月 6 日，鹏飞公司将持有的华能国际股票

全部出售，实际收到出售价款 4 160 000 元。

※工作行动

（1）取得证券交易成交报告单并对报告单进行审核。

（2）根据证券交易成交报告单编制记账凭证。企业应按实际收到的金额，借"其他货币资金"科目，按该项交易性金融资产的初始入账成本，贷记"交易性金融资产——成本"科目，按该项交易性金融资产的公允价值变动借记"交易性金融资产——公允价值变动"科目，按出售收入与其账面价值的差额贷记"投资收益"科目。同时，原已作为公允价值变动损失入账的金额，借记"投资收益"科目，贷记"公允价值变动损益"科目。

（3）根据审核无误的记账凭证，登记"交易性金融资产"明细账、"其他货币资金——存出投资款"明细账以及"投资收益"明细账。

※工作成果

借：其他货币资金——存出投资款 　　　　　　　　　　　　　　　 4 160 000

　　交易性金融资产——公允价值变动 　　　　　　　　　　　　　　　 25 000

　　贷：交易性金融资产——成本 　　　　　　　　　　　　　　　 4 085 000

　　　　投资收益 　　　　　　　　　　　　　　　　　　　　　　　 100 000

同时：

借：投资收益 　　　　　　　　　　　　　　　　　　　　　　　　　 25 000

　　贷：公允价值变动损益 　　　　　　　　　　　　　　　　　　　 25 000

以上两笔分录反映了出售该项交易性金融资产实际实现投资收益 75 000 元，即该项交易性金融资产的购买成本为 4 085 000 元，出售收入为 4 160 000 元，因此实际实现投资收益 75 000 元。在会计处理上，这 75 000 元的投资收益由两部分构成，一是出售交易性金融资产的处置收入高于账面价值的差额 100 000 元；二是原来已经作为公允价值变动损益入账在本期确认的投资亏损 25 000 元。

 出售交易性金融资产所实际实现的损益包括哪些方面？

单元四　应收及预付款的核算

学习目标

● **知识目标**

了解应收票据的概念

掌握应收票据的会计处理

了解应收账款的概念

掌握应收账款的会计处理

掌握预付账款和其他应收款的会计处理

理解应收款项减值

掌握应收款项减值的会计处理

● **能力目标**

能熟练进行应收票据、应收账款、预付账款和其他应收款项的会计处理

能正确进行应收款项减值的会计处理

应收款项从本质上讲属于金融资产范畴，但由于实务中其会计处理的经常性、普遍性，以及与其他金融资产会计核算的差异性，故本单元单独介绍。

项目一　应收款项认知

应收款项是指在活跃市场中没有报价、回收金额固定或可确定的非衍生金融资产。包括企业在销售商品或提供劳务过程中所形成的应收款项和企业持有的其他企业的债权（不包括在活跃市场中没有报价的债务工具），具体包括应收票据、应收账款、长期应收款、其他应收款等。预付账款因不符合应收款项的定义，不应作金融工具核算，但实务中仍将其作为应收款项。

企业的应收款项中大部分是由经营活动所形成的，随着我国市场经济的不断发展，商业信用活动也会不断扩大。为了保证企业经营资金的需要，保护企业资产的完整性，企业应当加强对应收款项的管理与核算，及时清理债务，防止坏账损失的发生，有效地利用资金。

项目二 应收票据的核算

相关知识

票据的概念有广义、狭义之分。广义的票据泛指各种有价证券和商业活动中的各种单据，包括汇票、本票、支票、提单、保单、股票、债券等。狭义的票据仅指汇票、本票和支票。人们通常所说的票据，大都是指狭义的票据，它是证明债权债务信用契约的存在而依一定的形式作成的书面文件。应收票据是企业因销售商品或提供劳务而收到票据形成的债权。在我国实务中，由于大部分票据都是即期票据（即见票即付），持票人可以即刻收款或存入银行成为货币资产，不需要作为债权核算，因此应收票据主要指因收到商业汇票而形成的应收款。

工作任务

应收票据的会计处理

（一）科目设置

应收票据的核算应通过设置"应收票据"科目进行。该科目属资产科目，企业因销售商品、提供劳务等而收到开出、承兑的商业汇票时，按其票面金额记入本科目借方；商业汇票贴现、转让或到期时，按商业汇票的票面金额记入其贷方，余额在借方反映企业持有的商业汇票的票面金额。应收票据可按开出、承兑商业汇票的单位进行明细核算。

为了加强对应收票据的管理，企业可设置"应收票据备查簿"，逐笔登记应收票据的种类、号码、出票日期、票面金额、交易合同号和付款人、承兑人、背书人的姓名或单位名称、到期日、背书转让日、贴现日、贴现率及收款日和收回金额、退票情况等资料。应收票据的票款结清后或退票后，应在备查簿内逐笔注销。

（二）应收票据的确认和计量

根据企业会计准则的规定，企业成为金融工具合同的一方时，应确认为一项金融资产。具体到应收票据的确认，当企业销售商品、提供劳务等而收到开出经过承兑的商业汇票时确认为应收债权。

根据企业会计准则的规定，金融资产应按公允价值进行初始计量，具体到应收票据，应按收到的商业汇票的票面金额进行初始计量。

（三）账务处理

1. 取得应收票据的账务处理

企业取得应收票据的原因不同，其会计处理有所区别。

（1）企业销售商品或提供劳务收到商业汇票时，借记"应收票据"科目，贷记"主营业务收入""应交税费——应交增值税（销项税额）"等科目。

【任务 4-1】 销售商品取得应收票据业务

※工作资料

甲企业销售一批商品给乙企业，商品已经发出，增值税专用发票上注明的商品价款为300 000 元，增值税税额为 51 000 元。当日收到乙企业签发并承兑的商业承兑汇票一张，该票据的期限为 3 个月。该销售符合收入确认条件。（原始凭证略）

※工作行动

甲企业会计根据增值税专用发票记账联、商业承兑汇票等原始凭证编制记账凭证，将商业承兑汇票的票面金额借记"应收票据"账户，将增值税专用发票金额栏的数额贷记"主营业务收入"账户，将税额栏的数贷记"应交税费——应交增值税（销项税额）"账户，并由会计据以登记相关账户的明细账及总账。

※工作成果

借：应收票据——乙企业	351 000
贷：主营业务收入	300 000
应交税费——应交增值税（销项税额）	51 000

（2）因债务人抵偿前欠货款而取得应收票据时，借记"应收票据"科目，贷记"应收账款"科目。

【任务 4-2】 抵偿债务取得应收票据业务

※工作资料

甲公司收到丁公司交来 3 个月期的商业承兑汇票一张，票据的票面金额为 260 000 元，抵付其前欠的购货款。（原始凭证略）

※工作行动

甲公司会计根据商业承兑汇票等编制记账凭证，并由会计据以登记"应收票据""应收账款"等账户的明细账及总账。

※工作成果

借：应收票据——丁公司	260 000
贷：应收账款——丁公司	260 000

2. 转让应收票据的账务处理

在会计实务中，企业可以将自己持有的商业汇票通过办理背书手续后进行转让。背书是指在票据背面或粘单上记载有关事项并签章的票据行为。企业将持有的商业汇票背书转让以取得所需物资时，按应计入取得物资成本的金额，借记"材料采购"或"原材料""库存商品"等科目，按增值税专用发票上注明的可抵扣增值税，借记"应交税费——应交增值税（进项税额）"科目，按商业汇票的票面金额，贷记"应收票据"科目，如有差额，借记或贷记"银行存款"科目。

【任务 4-3】 转让应收票据业务

※工作资料

承【任务 4-2】假定甲公司将持有的丁公司开出的商业汇票，背书转让给丙公司，以取得生产经营所需的材料，取得该批材料的金额为 240 000 元，增值税为 40 800 元。余款以转账支票支付。(原始凭证略)

※工作行动

甲公司会计根据取得的增值税专用发票、支票存根等编制记账凭证，将金额栏的数额借记"材料采购"账户，将税额栏的数借记"应交税费——应交增值税（进项税额）"账户，根据支票存根作"银行存款"减少处理，同时冲减"应收票据"账户，并由会计据以登记相关账户的明细账及总账，出纳登记"银行存款日记账"。

※工作成果

借：材料采购	240 000
应交税费——应交增值税（进项税额）	40 800
贷：应收票据——丁公司	260 000
银行存款	20 800

3. 应收票据贴现的账务处理

应收票据贴现是指企业把持有的未到期的票据转让给银行，银行按票据的票面金额扣除一定期间利息后的余额付给企业的融资行为。因此，企业在资金周转紧张时，可将持有的未到期的应收票据向银行贴现，以支付一定利息的方式获取现款。票据贴现时，应办理背书手续。

票据贴现净额的计算按以下三个步骤进行：

（1）第一步计算贴现期：

贴现期是指票据贴现日至票据到期前一日的期限。如果贴现日和到期日是对日，贴现期可按月计算；如果贴现日和到期日不是对日，则贴现期应按实际贴现天数计算，算头不算尾，也可以按票据有效天数减去企业持有天数计算。

（2）第二步计算贴现息：

$$贴现息=票面金额×贴现率×贴现期$$

贴现率未作任何说明，一般是指年利率。贴现率通常高于同期信用贷款利率。

（3）第三步计算贴现净额：

$$贴现净额=票面金额-贴现息$$

应收票据贴现根据风险是否转移分为两种情况，即带追索权和不带追索权两种。这两种方式下的会计处理不尽相同。

① 不带追索权。

在不带追索权方式下，背书人（贴现企业）将票据的权益转让给被背书人（贴现银行）

的同时，也向对方转嫁了票据的全部风险，如果出票人在票据到期时不能偿付款项，背书人并不负连带责任。因此，应收票据一经贴现，即可按票面金额冲减"应收票据"科目，按实际收到的贴现净额，借记"银行存款"科目；按贴现息部分，借记"财务费用"。

【任务 4-4】 应收票据贴现业务（不带追索权）

※工作资料

甲企业于 2006 年 4 月 20 日将持有的出票日为 2006 年 3 月 1 日，面值为 50 000 元，期数为 90 天的商业承兑汇票一张，向银行申请贴现，银行已受理，贴现率为 6%。（原始凭证略）

※工作行动

甲企业出纳填制票据贴现凭证，到银行办理贴现业务，银行受理后，会计根据票据贴现凭证编制记账凭证，将实际得到的贴现额借记"银行存款"科目，将贴现利息借记"财务费用"科目，同时冲减"应收票据"科目，并由会计据以登记相关账户的明细账及总账，出纳登记"银行存款日记账"。

贴现期=90 - 50=40（天）

贴现息=50 000×6%× $\dfrac{40}{360}$ =333.33（元）

贴现净额=50 000 - 333.33=49 666.67（元）

※工作成果

借：银行存款   49 666.67

    财务费用   333.33

  贷：应收票据   50 000

② 带追索权。

在票据贴现交易中，大部分都是带有追索权的。当出票人在票据到期不能偿付款项时，背书人（贴现企业）在法律上负有连带责任。就是说应收票据贴现后，对背书人来说形成了一项负债。

注意： 对有追索权的贴现业务，会计准则规定，在票据贴现时不冲销应收票据，而是按票据的票面金额确认短期借款。

票据到期时，贴现银行如期收到票款，则借记"短期借款"科目，贷记"应收票据"科目。

【任务 4-5】 应收票据贴现业务（带追索权）

※工作资料

沿用【任务 4-4】，甲企业于 2006 年 4 月 20 日将持有的出票日为 2006 年 3 月 1 日，面值为 50 000 元，期数为 90 天的商业承兑汇票一张，向银行申请贴现，银行已受理，贴现率为 6%。

※工作行动

甲企业出纳填制票据贴现凭证，到银行办理贴现业务，银行受理后，会计根据票据贴现凭证编制记账凭证，将实际得到的贴现额借记"银行存款"科目，将贴现利息借记"财务费用"科目，同时作"短期借款"增加处理，并由会计据以登记相关账户的明细账及总账，出纳登记"银行存款日记账"。

※工作成果

借：银行存款　　　　　　　　　　　　　　　　　　　49 666.67
　　财务费用　　　　　　　　　　　　　　　　　　　　　333.33
　　贷：短期借款　　　　　　　　　　　　　　　　　　50 000

4. 应收票据到期的账务处理

应收票据到期收回票款时，按实际收到的金额，借记"银行存款"科目，按商业汇票的票面金额，贷记"应收票据"科目。

【任务 4-6】　应收票据到期业务

※工作资料

承【任务 4-1】，应收乙企业的票据到期，收回票面金额 351 000 元，存入银行。

※工作行动

甲企业收到开户银行收账通知后，会计根据银行存款收款结算凭证编制记账凭证，并由会计据以登记"银行存款""应收票据"等账户的明细账及总账，出纳登记"银行存款日记账"。

※工作成果

借：银行存款　　　　　　　　　　　　　　　　　　　351 000
　　贷：应收票据——乙企业　　　　　　　　　　　　351 000

　银行汇票属于应收票据核算范围吗？为什么？

项目三　应收账款的核算

相关知识

应收账款是企业因销售商品或提供劳务等经营活动而形成的应收款项。它是建立在买卖双方信用的基础之上，由于赊销业务而产生的。应收账款不同于其他应收款项，判别的标准是其是否由主要经营业务所引起，并采用了非票据化形式。

应收账款的会计处理

（一）科目设置

应收账款的核算是通过设置"应收账款"科目进行，它是资产类科目，借方登记已确认的应收账款发生数，贷方登记应收账款的收回数，借方余额反映应收而未收回的数额；期末如为贷方余额，反映企业预收的账款。应收账款应按债务人名称进行明细核算。

企业代购货单位垫付的包装费、运杂费也记入本科目。

（二）应收账款的确认与计量

前已述及，当企业成为金融工具合同的一方时，应确认为一项金融资产。应收账款作为一项金融资产，其确认应满足上述要求。但会计实务中，应收账款的确认，与商品销售收入的确认密切相关，因为应收账款是由赊销业务产生的，所以当商品销售成立时，既确认了销售收入，又确认了应收账款。关于收入的确认将在以后单元中介绍。

应收账款通常应按从购货方应收的合同或协议价款作为初始确认金额。但在不同的商品交易条件下，应收账款的入账价值有所不同。

（三）账务处理

1. 基本业务

在会计实务中，大多数情况下，应收账款以其成交价格计量，即以交易发生日的实际发生额入账。它包括发票金额和代客户垫付的运杂费两个部分。

【任务 4-7】 应收账款增加的业务

※**工作资料**

甲商业企业向乙企业销售商品一批，货款计 30 000 元，增值税率为 17%，发出商品时以支票垫付运杂费 1 000 元，款项采用托收承付结算方式结算。（原始凭证略）

※**工作行动**

甲企业销售商品后，会计根据销售发票的记账联、托收承付结算凭证回单、代垫费用单据及支票存根编制记账凭证，并由会计据以登记相关账户的明细账及总账，出纳登记"银行存款日记账"。

※**工作成果**

借：应收账款——乙企业   36 100
 贷：主营业务收入   30 000
  应交税费——应交增值税（销项税额）   5 100
  银行存款   1 000

2. 销售折扣

销售折扣是指企业为了推销商品和及早收回货款而给予购货方的一种利益。销售折扣分为商业折扣和现金折扣，在商业信用中由于存在商业折扣和现金折扣，所以，具体确定应收账款入账价值时还需考虑这些因素。

（1）商业折扣。商业折扣通常是销售方在商品价目表上根据批发、零售、特约经销等不同销售对象给予的一定幅度的折扣，是销货方对购货方在价格上的优惠。由于商业折扣一般在交易发生时即已确定，此时，企业只需按扣除商业折扣后的实际成交价格确认收入即可。

【任务 4-8】

※工作资料

甲商业企业向丙公司销售 A 商品 500 件，价目单所列价格为每件 50 元，给予丙公司 5%的商业折扣，价款约定于十日后偿还。该企业增值税率为 17%。（原始凭证略）

※工作行动

甲企业销售商品后，会计根据销售发票的记账联、托收承付结算凭证回单、代垫费用单据及支票存根编制记账凭证，并由会计据以登记相关账户的明细账及总账。

※工作成果

甲商品的实际成交价格为：（50 − 50×5%）×500=23 750（元）

借：应收账款——丙公司　　　　　　　　　　　　　　　　　　27 787.50
　　贷：主营业务收入　　　　　　　　　　　　　　　　　　　　23 750.00
　　　　应交税费——应交增值税（销项税额）　　　　　　　　　 4 037.50

（2）现金折扣。现金折扣是销货方为了鼓励客户在一定期限内早日偿还货款，而对发票价格所给予的一定比率的扣减，扣减的多少取决于客户付款时间的早晚。现金折扣一般用符号"折扣/付款期限"表示，如折扣条件为：2/10、n/30，其含义为 10 天内付款给予 2%的折扣，超过 10 天付款则无折扣。现金折扣使得企业应收账款的实收数额，随着客户付款是否及时而发生变化。由于现金折扣发生于交易成交之后，由此产生交易日应收账款和销售收入按什么金额入账的问题。对于这个问题，会计处理上有两种方法，即总价法和净价法。

总价法是按未减去现金折扣前的金额作为应收账款和营业收入的入账价值。现金折扣只有客户在折扣期内支付货款时才予以确认。在这种方法下，销售方把给予客户的现金折扣视为融资的理财费用，会计上作为财务费用处理。我国会计实务中采用此法。

【任务 4-9】

※工作资料

甲商业企业向蓝星食品厂赊销 W 商品一批，增值税专用发票上注明的售价为 20 000 元，税额为 3 400 元，销售合同上确定的现金折扣条件为 3/10、n/30。假设现金折扣考虑增值税。（原始凭证略）

※**工作行动**

（1）销货发生时，会计根据销售发票的记账联、托收承付结算凭证回单、代垫费用单据及支票存根编制记账凭证，并由会计据以登记相关账户的明细账及总账。

（2）蓝星食品厂在折扣期内付款时，会计根据开户银行收账通知等凭证编制记账凭证，根据结算凭证上实际收到的金额借记"银行存款"科目，根据应收账款总金额贷记"应收账款"科目，将差额借记"财务费用"科目，并由会计据以登记相关账户的明细账及总账，出纳登记"银行存款日记账"。

（3）蓝星食品厂超过折扣期付款时，会计根据开户银行收账通知等凭证编制记账凭证，借记"银行存款"科目，贷记"应收账款"科目，并由会计据以登记相关账户的明细账及总账，出纳登记"银行存款日记账"。

※**工作成果**

销货发生时：

借：应收账款——蓝星食品厂	23 400
贷：主营业务收入	20 000
应交税费——应交增值税（销项税额）	3 400

客户在折扣期 10 天内付款时：

借：银行存款	22 698
财务费用	702
贷：应收账款——蓝星食品厂	23 400

客户超过折扣期 10 天付款时：

借：银行存款	23 400
贷：应收账款——蓝星食品厂	23 400

商业折扣与现金折扣对应收账款的核算有什么影响？怎样处理现金折扣问题？

项目四　预付账款和其他应收款的核算

相关知识

（一）预付账款

预付账款是企业按照合同规定预付给供货方的款项。由于预付货款时供货方并不交货或提供劳务，而是在合同规定的日期交货或提供劳务。所以，预付款项时付款方并未取得货物的所有权，不能作为货物购进，而应作为债权的增加。预付账款是企业的非货币性债权。

（二）其他应收款

其他应收款是指除应收账款、应收票据和预付账款以外的企业应收、暂付其他单位和个人的各种款项。主要包括：应收保险公司或其他单位和个人的各种赔款；应收存出包装物的押金、出租包装物的租金；应收、暂付上级单位或所属单位的款项；应向职工收取的各种垫付款项；其他不属于上述各项的应收及暂付款项。

工作任务

预付账款的会计处理

预付账款的会计处理，一般通过设置"预付账款"科目进行，它是资产科目，企业预付的款项及补付的款项，记入其借方；收到货物时或接受劳务时，按应支付的金额记入其贷方。借方余额反映预付的款项；期末如为贷方余额，反映企业尚未补付的款项。本科目可按供货单位进行明细核算。

【任务 4-10】

※工作资料

甲企业按购货合同规定预付给丙公司 2 000 元货款，以购买 M 商品，丙公司两个月后发货。两个月后，按合同规定收到 3 000 元的 M 商品，增值税为 510 元，同时向丙公司补付货款。（原始凭证略）

※工作行动

（1）预付货款后，会计根据银行付款结算凭证回单编制记账凭证，借记"预付账款"科目，贷记"银行存款"科目，并由会计据以登记相关账户的明细账及总账，出纳登记"银行存款日记账"。

（2）收到 M 商品时，会计根据取得的增值税专用发票，借记"物资采购"科目、"应交税费——应交增值税（进项税额）"科目，贷记"预付账款"科目；根据商品入库单，借记"库存商品"科目，贷记"物资采购"科目；根据补付款项的银行付款结算凭证回单编制记账凭证，借记"预付账款"科目，贷记"银行存款"科目；并由会计据以登记相关科目的明细账及总账，出纳登记"银行存款日记账"。

※工作成果

预付款项时：

借：预付账款——丙公司	2 000
贷：银行存款	2 000

两个月后，M 商品入库时：

借：物资采购	3 000
应交税费——应交增值税（进项税额）	510

贷：预付账款——丙公司	3 510
借：库存商品	3 000
贷：物资采购	3 000
补付货款时：	
借：预付账款——丙公司	1 510
贷：银行存款	1 510

注意：企业预付款业务不多时，也可不设"预付账款"科目，将预付款在"应付账款"科目的借方进行核算。

对各种应收暂付款项，企业应设置"其他应收款"科目进行核算，该科目是资产类科目，借方登记各种其他应收款的增加额，贷方登记各种其他应收款的收回数，期末借方余额反映尚未收回的其他应收款的实有数。该科目应按不同的债务人设置明细账，进行明细核算。

企业发生其他应收款时，按应收数借记"其他应收款"科目，贷记有关科目；收回各种款项时，借记有关科目，贷记"其他应收款"科目。

项目五　应收款项减值的核算

相关知识

（一）应收款项减值的确认

1. 应收款项减值的概念

企业应收款项的可收回金额（预计未来现金流量的现值）如果低于其账面价值时，即为应收款项减值。众所周知，现代市场经济离不开充分发达的商业信用，商业信用的扩大，既可使销货企业增加交易额和扩大销路，又可成为购货企业作为短期融资的一种手段。一般而言，企业信用尺度越宽，交易机会就会越多，带来的营业收入就会越多，但与此同时，企业用于应收账款的管理费用和收款费用也会因此而增加，更重要的是，大量的应收账款使其产生和增加减值的机会加大。所以，企业应合理地制定信用政策。当企业需要放宽信用尺度时，一定要考虑成本与效益的关系，即因放宽信用尺度可能增加的收入，必须大于因增加应收账款而可能产生的管理费用、收款费用和减值损失。

2. 应收款项减值的确认

企业应于资产负债表日对应收款项的账面价值进行检查，具体分析各应收款项的特性、金额的大小、信用期限、债务人的信誉和当时的经营情况等因素，确定各项应收款的可收回性，预计可能产生的减值损失。有客观证据表明应收款项发生减值的，应确认减值损失，计提坏账准备。应收款项发生减值的证据一般包括：

（1）债务人发生严重财务困难；

（2）债务人违反了合同条款，偿付款项发生违约或逾期；

（3）债务人很可能倒闭或进行其他财务重组；

（4）其他表明应收款项发生减值的客观证据。

（二）应收款项减值的计量

有证据表明应收款项发生减值的，应将该应收款项的账面价值与预计未来现金流量现值之间的差额，计算确认减值损失。短期应收款项的预计未来现金流量与其现值相差很小的，在确定减值损失时，可不对其预计未来现金流量进行折现。

1. 对于单项金额重大的应收款项，应当单独进行减值测试。有客观证据表明其发生了减值的，应当根据其未来现金流量现值低于其账面价值的差额，确认减值损失，计提坏账准备。

2. 对于单项金额非重大的应收款项可以单独进行减值测试，确定减值损失，计提坏账准备；也可以与经单独测试后未减值的应收款项一起按类似信用风险特征（如账龄期的长短等）划分为若干组合，再按这些应收款项组合在资产负债表日余额的一定比例计算确定减值损失，计提坏账准备。根据应收款项组合余额的一定比例计算确定的坏账准备，应当反映各项目实际发生的减值损失，即各项组合的账面价值超过其未来现金流量现值的金额。

企业应当根据以前年度与之相同或相类似的、具有类似信用风险特征的应收款项组合的实际损失率为基础，结合现时情况确定本期各项组合计提坏账准备的比例，据此计算本期应计提的坏账准备。

工作任务

坏账准备的会计处理

（一）科目设置

1. 设置"坏账准备"科目。该科目核算企业应收款项的坏账准备，是有关应收款项科目的备抵科目。应收款项发生减值的，计提的坏账准备金额记入其贷方；经确认作为坏账转销的应收款项及应提坏账准备小于其账面余额的差额，记入其借方；该科目的余额在贷方，反映企业已计提但尚未转销的坏账准备。本科目可按应收款项的类别进行明细核算。

2. 设置"资产减值损失"科目。该科目核算企业计提各项资产减值准备所形成的损失。资产发生减值应计提的减值准备记入其借方；有关资产价值恢复，冲减减值准备的金额记入其贷方；期末将本科目的余额转入"本年利润"科目，结转后本科目无余额。本科目可按资产减值损失的项目进行明细核算。

（二）坏账准备的提取

1. 个别认定法

个别认定法就是根据单项应收款项的情况来估计坏账损失的方法。如果企业持有的某笔单项金额重大的应收款项的可收回性与其他应收款项存在明显的差异（如债务单位处在特定地区），导致该项应收款如果按照与其他应收款项同样的方法提取坏账准备，将无法真实、客观地反映其可收回金额，企业应对该应收款项按照个别认定法计确认减值损失，提取坏账准备，但应从用其他方法计提坏账准备的应收款项中剔除该笔应收款项。

2. 余额百分比法

余额百分比法是按应收款项在资产负债表日余额，与根据企业以往的经验及当年的实际情况确定一个平均的坏账百分比，估计每期减值损失数的方法。该方法用于具有类似信用风险特征的应收款项组合。

当期应提取的坏账准备可按下列公式计算：

当期应提取的坏账准备=某组应收款项在资产负债表日余额×坏账准备提取率

但采用这种方法时，不能直接按上述公式计算的结果提取坏账准备，因为这个结果是资产负债表日该组应收款项中可能会成为坏账的数额，用它抵减该组应收款项资产负债表日余额之后的净额，即为应收账款的可变现净值。所以采用这种方法，还必须分析"坏账准备"科目的余额情况：

（1）如果该科目的余额在贷方，且小于本期估计的减值损失数，则按其差额提取坏账准备；

（2）如果该科目的余额在借方，则按其借方余额与本期估计的减值损失数之和提取坏账准备；

（3）如果该科目的余额在贷方，且大于本期估计的减值损失数，则按其差额冲减坏账准备。

当企业计算出本期坏账准备的提取数或冲减数时，根据"坏账准备计提表"，编制如下会计分录：

借（贷）：资产减值损失

　贷（借）：坏账准备

余额百分比法的优点是简单易行，但它不考虑各应收账款的具体情况（是否已过结算期，过期的时间各有多长），把所有应收账款均按一个平均坏账百分比来估算坏账，所以估计的坏账数不准确。为了比较准确地估计期末坏账准备数，可采用账龄分析法。

3. 账龄分析法

所谓账龄是指客户所欠账款超过结算期的时间。账龄分析法是根据应收款账龄的长短，参照以往的经验确定各账龄组坏账百分比，估计相应坏账损失的方法。一般来讲，账龄越长，产生坏账的可能性就越大，因此，在这种方法下，账龄越长，确定的坏账百分比就越高；账龄短则反之。

采用账龄分析法时，也不能直接根据估计出的坏账损失数提取坏账准备，应根据具体情况调整"坏账准备"科目，补提或冲减坏账准备。

4. 销货百分比法

销货百分比法是以某一期间赊销金额的一定百分比估计坏账损失的方法。如果当年的经营情况和信用政策没有大的改变，百分比可根据近 3～5 年的坏账与赊销额的比率确定。设某企业近年赊销和坏账均基本稳定，坏账百分比为 3%，当年赊销额为 400 000 元。则估计当年的坏账损失数为：400 000×3%=12 000（元）。

采用销货百分比法，由于市场的变化和企业营销政策的变化，原来确定的坏账百分比会与实际不相适应。因此，企业每年应对坏账百分比进行检查，发现不适应时，应及时进行调整。

（三）确认坏账损失，转销应收款项

当一笔应收款项不符合资产确认的条件时，应根据有关证明及领导批复等凭证，编制如下会计分录：

借：坏账准备
　贷：应收账款（或其他应收款等）

（四）作为坏账被注销的应收款，重新收回

如果已列为坏账的应收款项又重新收回时，首先应按收回的金额重新确认已注销的应收款项，并转回坏账准备，即借记"应收账款"或"其他应收款"科目，贷记"坏账准备"科目；同时，反映应收款项的收回，即借记"银行存款"科目，贷记"应收账款"或"其他应收款"科目；也可以直接借记"银行存款"科目，贷记"坏账准备"科目。

【任务 4-11】　余额百分比法计提坏账准备

※工作资料

设甲商业企业 2010 年初"坏账准备"账户的余额为 4 000 元，均为信用风险类似的应收账款所提取，当年应收账款实际发生坏账损失 2 500 元，年末"应收账款"科目的余额为 850 000 元；2011 年收回一笔以前年度确认的坏账 3 000 元，年末"应收账款"科目的余额为 780 000 元；2012 年应收账款实际发生坏账损失为 4 200 元，年末"应收账款"科目的余额为 900 000 元。该企业按余额百分比法估计减值损失，假定三年的坏账百分比均为千分之五。（原始凭证略）

※工作行动

2010 年：①发生坏账损失时，会计根据有关证明及单位负责人批复意见，冲减"坏账准备"和"应收账款"科目 2 500 元；②年末估计坏账准备为 850 000×5‰=4 250（元），应补提坏账准备数为 4 250 -（4 000 - 2 500）=2 750（元），根据"坏账准备计提表"提取坏账准备 2 750 元。

2011 年：①收回以前年度确认的坏账 3 000 元时，会计首先冲销原确认坏账损失时的

账务处理，同时根据银行存款收款凭证，作银行存款增加，应收账款减少；②年末估计坏账准备为 780 000×5‰=3 900（元），应冲销坏账准备数为（4 250＋3 000）－3 900=3 350（元），根据"坏账准备计提表"，借记"坏账准备"科目，贷记"资产减值损失"科目 3 350 元。

2012 年：①发生坏账损失时，根据有关证明及单位负责人批复意见，冲减"坏账准备"和"应收账款"科目 4 200 元；②年末估计坏账准备为 900 000×5‰=4 500（元），应补提坏账准备数为 4 500＋（4 200－3 900）=4 800（元），根据"坏账准备计提表"提取坏账准备 4 800 元。

※工作成果

2010 年

① 发生坏账损失：

借：坏账准备	2 500
贷：应收账款	2 500

② 年末提取坏账准备：

借：资产减值损失	2 750
贷：坏账准备	2 750

2011 年

① 收回以前年度确认的坏账 3 000 元：

借：应收账款	3 000
贷：坏账准备	3 000

同时

借：银行存款	3 000
贷：应收账款	3 000

② 年末转回坏账准备：

借：坏账准备	3 350
贷：资产减值损失	3 350

2012 年

① 发生坏账损失：

借：坏账准备	4 200
贷：应收账款	4 200

② 年末提取坏账准备：

借：资产减值损失	4 800
贷：坏账准备	4 800

【任务 4-12】账龄分析法计提坏账准备

※工作资料

乙企业通过分析 2012 年末应收账款明细账，编制"应收账款账龄分析表"，如表 4-1。

表 4-1

应收账款账龄分析表

2012 年 12 月 31 日

客户名称	金额	未过期	已过期天数				
			1~30	31~60	61~90	91~180	180 以上
甲	1 000	1 000					
乙	2 000		1 000			1 000	
丙	4 000	2 000		1 000	1 000		
丁	3 000				2 000	1 000	
其他	15 000	6 000	1 000	2 000	3 000	1 000	2 000
合计	25 000	9 000	2 000	3 000	6 000	3 000	2 000

根据以往经验和当前具体情况，为上述各账龄区间估计坏账百分比，然后编制坏账损失估计表，如表 4-2。

表 4-2

坏账损失估计表

2012 年 12 月 31 日

账龄	应收账款余额	坏账百分比	估计坏账损失额
未过期	9 000	1%	90
过期 1~30 天	2 000	3%	60
过期 31~60 天	3 000	5%	150
过期 61~90 天	6 000	10%	600
过期 91~180 天	3 000	20%	600
过期 180 天以上	2 000	30%	600
合计	25 000		2 100

假设该企业 2012 年末"坏账准备"科目调整前的余额为贷方 1 500 元。

※**工作行动**

2012 年末应补提坏账准备 2 100－1 500＝600（元），根据"坏账准备计提表"提取坏账准备 600 元。

※**工作成果**

借：资产减值损失　　　　　　　　　　　　　　　　　　　　　　　　　　　600

　　贷：坏账准备　　　　　　　　　　　　　　　　　　　　　　　　　　　　600

企业的应收款项减值应如何计量？应收款项减值损失的估计方法有哪些？如何运用？

单元五　存货的核算

学习目标

- **知识目标**

  掌握存货的概念及范围

  了解存货的分类

  掌握取得和发出存货的计价

  掌握原材料按实际成本和计划成本计价的会计处理

  掌握周转材料的会计处理

  掌握委托加工物资的会计处理

  理解存货期末计量的方法，掌握存货跌价准备的会计处理

- **能力目标**

  能熟练进行原材料按实际成本和计划成本计价的日常核算

  能熟练进行周转材料的核算

  能熟练进行委托加工物资的核算

存货是指企业在日常活动中持有以备出售的产成品或商品、处在生产过程中的在产品、在生产过程或提供劳务过程中耗用的材料和物料等。包括各类材料、商品、在产品、半成品、包装物、低值易耗品、委托代销商品等。

项目一　存货认知

一、存货的范围

（一）存货的特点

在企业的资产中，几乎所有的有形资产都可以作为一个企业或另一个企业的存货看待。如原材料是用来加工成产品的，是一项存货；机器设备，在用其进行生产经营活动的企业中属于固定资产，在生产它的企业中则属于存货；房屋、建筑物，在大部分企业中属于固定资产，但在经营房地产的企业中则属于存货，当然，其本身在经营过程中所使用的房屋建筑物应属固定资产。因此，作为企业存货的资产必须具有以下几个特点：

（1）是有形资产。

（2）是流动资产，即能在 1 年内（或超过 1 年的一个营业周期内）变现或转为其他资产的资产。

（3）是为了在经营中销售或是在生产中耗用的资产，不包括非生产耗用的资产（如在建工程耗用的材料）。

存货是企业的一项重要资产，在企业的资产总额中通常占有较大的比重。企业为了保证生产经营活动连续不断地进行，必须不断地购入、耗用、销售存货，因此存货具有较大的流动性。一般情况下，在正常的生产经营周期内，存货将转换为现金或其他资产。但长期不能销售、使用的存货，则需作削价或报废处理，给企业带来损失。因此存货具有时效性和潜在损失的可能性。

（二）存货的范围

存货的会计处理必须解决的首要问题是存货范围的认定。企业会计准则规定，符合存货定义的资产项目，要在资产负债表中作为存货予以确认，还必须同时满足两个条件：一是该存货所包含的经济利益很可能流入企业，二是该存货的成本能够可靠计量。会计实务中，存货范围的认定一般是以存货法人财产权或法定产权的归属为标准，即在资产负债表日，法定产权归属企业的一切物品，不论其存放地点如何，都是企业的存货。

注意：在判断一项存货的归属时，不能以其所处的空间位置来确定，而应以其法定产权的归属来确定，即依据企业存货购销的权利和义务来确定。这种权利和义务的确定，主要是看企业是否因销售货物而取得的收取现金的权利和因购置货物而产生的支付现金的义务。

因此，应该指出的是，在实务中，有时会出现难以确知所有权究竟是否已经转移的情况。这就要求会计人员必须根据具体情况进行判断，可以将销售协议、行业惯例及其他有用的证据纳入考虑的范围。

企业的存货范围通常包括以下几个方面：（1）库存待售的存货；（2）库存待消耗的存货；（3）生产经营过程中使用以及处在加工过程中的存货；（4）购入的正在运输途中的和货物已运到但尚未办理入库手续的存货；（5）委托其他单位加工、代销的存货。

企业的存货中不包括以下各项：（1）库存的依照合同开出发票账单，但客户尚未提出的存货；（2）库存的受其他单位委托代销、代加工的存货；（3）约定未来购入的存货。

二、存货的分类

存货的构成内容很多，且各有其特点，在不同的企业中，对各种存货的管理要求也不尽相同。为了便于加强对存货的核算和管理，应对存货进行科学的分类。存货可以按不同的标志进行分类。

（一）按存货的经济用途可将存货分为：

1. 在正常经营过程中储存以备出售的存货。如工业企业的库存产成品，商品流通企业的库存商品等。

2. 为了最终出售正处于生产加工过程中的存货。如工业企业的在产品、自制半成品、委托加工材料等。

3. 为产品生产或提供服务而储存的以备消耗的存货。如企业原材料、燃料、包装物、低值易耗品等。

（二）按存货的存放地点分类

1. 库存存货。指已运达企业，并已验收入库的各种存货。

2. 在途存货。指正在运输途中的存货，包括运入在途和运出在途。运入在途是指已经支付货款正在运入途中或已经运到但尚未验收入库的存货；运出在途是指按合同已经发出但尚未转让所有权也未确认销售收入的存货。

3. 加工中存货。指企业自行生产加工及委托外单位加工但尚未完成加工的各种存货。

4. 委托代销存货。指委托外单位代销，尚未办理代销货款结算的存货。

三、存货会计的主要问题

存货会计要解决的主要问题是存货数量和价值量的确认。

（一）存货数量的确认

存货实物数量的确认，在会计上有两种处理方法，即实地盘存制和永续盘存制。

1. 实地盘存制又称定期盘存制，是指期末通过实地盘点来确认库存存货数量，并据以计算期末存货成本，然后倒挤发出存货成本的方法。采用这种方法时，对收入的存货应逐笔登记在账簿中，发出的存货则不作记录，期末通过盘点确定出库存存货的实际数量，并以此分别乘以单价，计算出期末存货成本，然后根据期初存货成本、本期购进成本和期末存货成本，计算发出存货的成本。

实地盘存制的优点是简化了平时的存货核算工作，缺点包括三个方面：（1）加大了期末的工作量；（2）不利于对存货的日常管理和控制，因为在这种方法下，存货账簿不能随时提供其收、发、存的情况；（3）以盘存成本倒挤发出成本，会掩盖自然损耗和由于管理不善造成的人为损耗等因素，使计算的发出成本不真实。

2. 永续盘存制又称账面盘存制，是指按存货的品种规格逐一设明细账，逐笔登记收入数和发出数，并随时结记出结存存货数量的方法。在这种方法下，不需要通过实地盘点来确定结存数，但为了保证账实一致，仍应对存货进行定期或不定期的盘点清查。

永续盘存制的优点有：（1）存货账簿中可以随时提供其收、发、存的情况，所以有利于对存货的日常管理与控制；（2）账面结存数可与盘点数进行核对，便于发现余缺，及时查明原因，作出会计处理，从而可以正确地计算存货的结存成本、发出成本。其缺点主要是明细分类核算的工作量较大，在存货品种规格较多的情况下，如采用期末一次结转发出存货成本的方法时，期末工作量也较大。

以上两种方法相比较，由于永续盘存制在存货的管理上具有明显的优越性，因此，在国内外会计实务中被广泛采用。

（二）存货价值的确认

存货计价是存货会计的一个重要问题，存货价值确定的正确与否，对企业财务状况和经营成果都会产生重大的影响。当企业期末存货价值多计时，必然会使销售成本少计；当企业期末存货价值少计时，必然会使销售成本多计。其结果不是夸大多计了净收益或资产价值，就是虚报少计了净收益或资产价值，歪曲了企业的财务状况和经营成果。

存货计价包括取得存货的计价、发出存货的计价和期末存货的计价。关于存货计价问题，将在本单元项目二、项目七中进行具体介绍。

 存货的特点有哪些？其范围如何认定？

项目二　取得及发出存货的计价

存货的计价包括取得存货的计价、发出存货的计价和期末存货的计价。

相关知识

一、取得存货的计价

企业取得的存货应当按照实际成本计量。存货成本包括采购成本、加工成本和其他成本。由于存货的取得方式不同，其成本的构成内容就有所不同。

二、发出存货的计价

企业对发出的存货也应按成本计价。但发出存货的计价比取得存货的计价要困难。因为在某一特定的会计期，对于同一种存货来说，由于其进货渠道和进货批次的不同，其期初结存单价和本期各次收入的单价是不同的，由此带来了发出的存货按什么单价确定其成本的问题。

从理论上讲，存货的成本流动与其实物流动应该一致，即取得时所确定的成本应该随该存货的耗用或销售而结转。然而在实务中，能通过逐个辨别的方法来保证存货的实物流动与成本流动相一致的情况比较少见，具体操作难度较大。因此就出现了成本流转的假设，其核心是可供耗用或销售的存货总成本与库存存货成本加已耗用或销售存货的成本之和相等，即将可供耗用或销售存货的总成本在期末库存存货和发出存货之间可按照一定的顺序进行分配。在这种假设下，成本流转顺序与实物流转顺序就可以分离。对存货成本流转顺序的不同选择，就形成了确定发出存货或库存存货单位成本的不同方法。

发出存货的计价方法较多，企业的经营性质、经营规模不同，存货收发的频繁程度及每次收发存货的数量等都会有所不同，企业可根据自身特点（各类存货的实物流转方式、企业管理的要求、存货的性质等），合理地选用发出存货的计价方法。但方法一经选定，一般情况下不得随意变更，如果必须变更应说明理由。

根据企业会计准则的规定，企业在确定发出存货成本时，可以采用先进先出法、月末一次加权平均法、移动加权平均法和个别计价法。

工作任务

取得存货成本的计价

（一）外购存货的成本

企业外购的存货主要包括原材料和商品。

1. 购买价款。指购货发票上所列明的价款，但不包括按规定可抵扣的增值税。如从国外进口存货，购买价指国外进价，国外进价一律以到岸价格为基础。如果对外合同以离岸价格成交，则由买方负担的国外运费、保险费等计入采购成本。

2. 相关税费。企业购进存货时，除支付购入存货的买价，还要按规定交纳流转税，进口货物还要交纳关税。

（1）流转税。目前我国的流转税采用两种方法，一是采用价内税，即价格中包含了流转税，如消费税、资源税、土地增值税等；二是采用价外税，即税金不包含在货物的价格中，如增值税。企业购进存货时支付的流转税，是否计入其采购成本，应区分不同的情况进行处理。

① 价内税。企业购进存货时所负担的消费税等价内税，是其价格的组成部分，应当计入存货成本。

② 价外税。应区别以下情况处理：

第一，经确认为一般纳税人的企业，购进存货时所支付的增值税，按税法规定可作为进项税单独记账的，不计入存货的采购成本，否则计入其采购成本。

第二，经确认为小规模纳税人的企业，购进存货时所支付的增值税，无论是否取得增值税专用发票，一律计入购进存货的采购成本中。

第三，一般纳税人收购农产品或废旧物资不能取得增值税专用发票的，根据经税务机关批准使用的收购凭证上注明的收购金额，按 10% 的扣除率计算进项税额，企业应按扣除这部分进项税额后的价款作为购入物资的采购成本。

（2）关税。企业从国外购进存货时支付的海关关税，构成进口存货的成本。

3. 其他可归属于存货采购成本的费用。指除上述各项以外的可归属于存货采购成本的费用，包括采购货物至入库前发生的各项费用。如运杂费（在运输途中发生的包装费、运输费、装卸费、保险费、仓储费等）、途中合理损耗（在运输途中发生的定额内损耗；超定额损耗部分，待查明原因分清责任后，再作相应处理）、整理准备费（在入库前整理挑选过程中发生的工费支出和必要的损耗）。

上述各项费用中，买价应直接记入存货的采购成本，其余各项费用，凡能直接认定受益对象的，可直接记入存货的采购成本，凡不能直接认定受益对象的，应采用一定的分配标准（如所购存货的数量或采购价格的比例）分配后，计入到各个存货的采购成本中。

商品流通企业在商品采购过程中发生的除买价、相关税费以外的各项进货费用，应计入所购商品成本。在会计实务中，企业可以将发生的各项进货费用先进行归集，期末按照所购商品的存销比例进行分摊。已销商品的进货费用计入主营业务成本，未售商品的进货费用计入期末存货成本。

（二）加工取得的存货的成本

企业通过进一步加工取得的存货主要包括产成品、在产品、半成品、委托加工物资等。其成本是由所耗用的外购存货的采购成本、加工成本以及使存货达到目前场所和状态所发生的其他支出（如可直接认定的产品设计费用等）构成。通过加工取得存货的成本中，采购成本是由所耗原材料的采购成本转移而来，因此，计量加工取得的存货成本，重点是确定其加工成本。

加工成本具体包括：直接人工费用以及按照一定方法分配的制造费用。

（三）其他方式取得的存货的成本

1. 投资者投入存货的成本。应当按照投资合同或协议约定的价值确定，但合同或协议约定的价值不公允的除外。

2. 通过非货币性资产交换、债务重组和企业合并取得的存货的成本。应当分别按照《企业会计准则第 7 号——非货币性资产交换》《企业会计准则第 12 号——债务重组》和《企业会计准则第 20 号——企业合并》确定。

3. 盘盈存货的成本。在财产清查过程中盘盈的存货，应以相同或类似存货的重置成本作为入账价值。

发出存货成本的计价方法

（一）先进先出法

先进先出法是假定先收入的存货先发出，并根据这一假定的成本流转顺序，对发出存货和期末结存存货进行计价。在这种方法下，收入存货要逐笔登记每一批存货的数量、单价和金额；对发出的存货要按照先进先出的原则计价，逐笔登记存货的发出金额和结存金额。

【任务 5-1】 发出材料按先进先出法计价

※工作资料

北京东易制衣有限公司材料按先进先出法计价。2012 年 6 月，生产用辅料——垫肩的月初结存数量 300 对，单位成本 10 元。本月 6 日购进垫肩 200 对，单位成本 11 元；21 日购进垫肩 400 对，单位成本 11.5 元。本月垫肩的发出情况如下：

（1）10 日，二车间领用垫肩 400 对，其中生产男式西服套装领用 200 对，男式休闲西服领用 200 对。

表 5-1

领料单

凭证编号： *01*

领料单位：**二车间**　　　　　　　　　　　　　　　　　　材料类别：**原料\辅料**

用　　途：**男式西服套装**　　　　　2012 年 06 月 10 日　　　材料仓库：

材料编号	材料名称	材料规格	计量单位	数量		成本		备注
				请领	实领	单位成本	金额	
	垫肩		对	200	200			
合计								

领料单位负责人：**王蒙**　　　　　领料人：**李文辉**　　　　　　　　　发料人：**张伟**

表 5-2

领料单

凭证编号： *02*

领料单位：**二车间**　　　　　　　　　　　　　　　　　　材料类别：**原料\辅料**

用　　途：**男式休闲西服**　　　　　2012 年 06 月 10 日　　　材料仓库：

材料编号	材料名称	材料规格	计量单位	数量		成本		备注
				请领	实领	单位成本	金额	
	垫肩		对	200	200			
合计								

领料单位负责人：**王蒙**　　　　　领料人：**李文辉**　　　　　　　　　发料人：**张伟**

（2）25 日，二车间领用垫肩 300 对，其中生产男式西服套装领用垫肩 100 对，男式休闲西服领用 200 对。

表 5-3

领料单

凭证编号： *03*

领料单位：**二车间**　　　　　　　　　　　　　　　　　　材料类别：**原料\辅料**

用　　途：**男式西服套装**　　　　　2012 年 06 月 25 日　　　材料仓库：

材料编号	材料名称	材料规格	计量单位	数量		成本		备注
				请领	实领	单位成本	金额	
	垫肩		对	100	100			
合计								

领料单位负责人：**王蒙**　　　　　领料人：**李文辉**　　　　　　　　　发料人：**张伟**

表 5-4

领料单

凭证编号：04

领料单位：二车间　　　　　　　　　　　　　　材料类别：原料\辅料

用　途：男式休闲西服　　2012 年 06 月 25 日　　　材料仓库：

材料编号	材料名称	材料规格	计量单位	数量		成本		备注
				请领	实领	单位成本	金额	
	垫肩		对	200	200			
合计								

领料单位负责人：王蒙　　　　　领料人：李文辉　　　　　发料人：张伟

※工作行动

6 月 10 日和 25 日，对仓库转来的"领料单"进行审核，并据以登记材料明细分类账，对领用材料按先进先出要求逐笔进行计价。

※工作成果

材料明细账的登记和"领料单"的计价如表 5-5、表 5-6。（02～04 号领料单略）

表 5-5

原材料明细账

最高存量：
最低存量：

材料类别：原料　　材料名称：垫肩　　材料编号：　　材料规格：　　　计量单位：件

2012 年		凭证		摘　要	收　入			付　出			结　存		
月	日	字	号		数量	单价	金额	数量	单价	金额	数量	单价	金额
6	1			期初余额							300	10	3 000
	6	收	略	购进	200	11	2 200				300 200	10 11	5 200
	10	领	01	领用				200	10	2 000	100 200	10 11	3 100
	10	领	02	领用				100 100	10 11	2 100	100	11	1 100
	21	收	略	购进	400	11.5	4 600				100 400	11 11.5	5 700
	25	领	03	领用				100	11	1 100		11.5	4 600
	25	领	04	领用				200	11.5	2 300	200	11.5	2 300
	30			本月合计	600		6 800	700		7 500			

表 5-6

领料单

凭证编号： **01**

领料单位：**二车间**　　　　　　　　　　　　　　　　　材料类别：**原料\辅料**

用　　途：**男式西服套装**　　**2012** 年 **06** 月 **10** 日　　　材料仓库：

材料编号	材料名称	材料规格	计量单位	数量		成本		备注
				请领	实领	单位成本	金额	
	垫肩		对	200	200	10	2 000	
合计							2 000	

领料单位负责人：**王蒙**　　　　领料人：**李文辉**　　　　　　发料人：**张伟**

企业发出材料的账务处理，一般于月末通过编制"发料凭证汇总表"一次进行。

先进先出法的成本流转顺序与存货的实物流转顺序比较接近，期末存货的账面价值与存货现行成本也比较接近，而且，在这种方法下发出存货的成本只能按规定计算，使经营者不能任意挑选存货成本来操纵当期利润。但采用先进先出法工作量较大，在存货收发业务较频繁的企业尤其如此，另外在物价上涨时会高估企业利润。先进先出法一般适用于经营活动受存货形态影响较大或存货容易腐败变质的企业。

（二）加权平均法

加权平均法是以存货的期初成本与本期收入成本之和除以存货的期初与本期收入数量之和，计算存货的加权平均单位成本，来确定存货的发出成本和期末成本的一种方法。在这种方法下，存货的发出成本和期末成本于月末一次计算。

$$加权平均单价 = \frac{期初结存存货成本 + 本期收入存货成本}{期初结存存货数量 + 本期收入存货数量}$$

本期发出存货成本=加权平均单价×本期发出存货数量

期末结存存货成本=加权平均单价×期末结存存货数量

如果计算出的加权平均单价是四舍五入的单价，为了保持账面数字之间的平衡关系，要采用倒挤成本法计算发出存货的成本，即：

期末结存存货成本=加权平均单价×期末结存存货数量

本期发出存货成本=期初结存存货成本+本期收入存货成本-期末结存存货成本

【任务 5-2】 发出材料按加权平均法计价

※工作资料

以【任务 5-1】的资料为例。

※工作行动

6 月 10 日和 25 日，对仓库转来的"领料单"进行审核，并据以登记材料明细分类账，对领用垫肩按月末一次加权平均法要求，月末进行一次计价。

本期发出垫肩和期末结存垫肩的成本计算如下：

加权平均单价=（3 000 + 6 800）/（300 + 600）=10.89（元）

期末结存垫肩成本=200×10.89=2 178（元）

垫肩发出成本=3 000 + 6 800 − 2 178=7 622（元）

※**工作成果**

表 5-7

原材料明细账

最高存量：
最低存量：

材料类别：原料　　材料名称：垫肩　材料编号：　　　　材料规格：　　　　计量单位：件

2012年		凭证		摘要	收入			付出			结存		
月	日	字	号		数量	单价	金额	数量	单价	金额	数量	单价	金额
6	1			期初余额							300	10	3 000
	6	收	略	购进	200	11	2 200				500		
	10	领	01	领用				200			300		
	10	领	02	领用				200			100		
	21	收	略	购进	400	11.5	4 600				500		
	25	领	03	领用				100			400		
	25	领	04	领用				200			200	10.89	2 178
	30			本月合计	600		6 800	700		7 622			

> 加权平均法下，材料明细账发出和结存栏，平时只登记数量，不登记金额，月末计算出加权平均单价后，进行一次计价。

加权平均法能够均衡地计算各期发出存货成本和期末存货成本，企业也不能任意挑选存货成本以调整当期利润。但这种方法期末计算工作量较大，平时账面上不能反映发出和结存存货的单价和金额，不利于存货的日常管理。所以，这种方法适用于存货品种较少，收发频繁，且前后收入存货单位成本相差较大的企业。

（三）移动平均法

移动平均法是在每次收入存货后，立即为库存存货计算一个新的加权平均单位成本，作为在下次收入存货之前计算各次发出存货成本依据的一种方法。

移动平均法与加权平均法的计算原理基本相同。

【任务 5-3】　发出材料按移动平均法计价

※**工作资料**

以【任务 5-1】的资料为例。

※**工作行动**

6 月 10 日和 25 日，对仓库转来的"领料单"进行审核，并据以登记材料明细分类账，对领用垫肩按移动平均法要求逐笔进行计价。

6 月 6 日购入后的加权平均单价=（3 000 + 2 200）/（300 + 200）=10.4（元）

6 月 21 日购入后的加权平均单价=（1 040 + 4 600）/（100 + 400）=11.28（元）

※**工作成果**

表 5-8

原材料明细账

材料类别：原料　材料名称：垫肩　　　材料编号：　　材料规格：　　　计量单位：件

最高存量：
最低存量：

> 移动加权平均法下，每购入一次材料，就要计算新的加权平均单价，直到下一次进货前所有发出材料的金额都使用这个单价计算。

2012年		凭证		摘 要	收 入			付 出			结 存		
月	日	字	号		数量	单价	金额	数量	单价	金额	数量	单价	金额
6	1			期初余额							300	10	3 000
	6	收	略	购进	200	11	2 200				500	10.4	5 200
	10	领	01	领用				200	10.4	2 080	300	10.4	3 120
	10	领	02	领用				200	10.4	2 080	100	10.4	1 040
	21	收	略	购进	400	11.5	4 600				500	11.28	5 640
	25	领	03	领用				100	11.28	1 128		11.28	4 512
	25	领	04	领用				200	11.28	2 256	200	11.28	2 256
	30			本月合计	600		6 800	700		7 544			

　　移动平均法因其每收入一次存货就要计算一次加权平均单价，比加权平均法更能客观地反映存货的发出成本和结存成本，可以随时提供发出和结存存货的单价和金额，有利于加强存货的日常管理。但其平时的核算工作量很大。因此，在手工记账情况下，这种方法不适于存货品种较多、收发频繁的企业。

（四）个别计价法

　　个别计价法又称具体辨认法、分批认定法。它是以每批存货取得时的实际单位成本，作为计算该批发出存货和期末库存存货的实际成本的方法。这种方法下，存货的成本流转顺序与实物的流转顺序完全一致。计算公式如下：

$$\text{每次（批）存货发出成本} = \text{该次（批）存货实际收入时的单位成本} \times \text{该次（批）存货发出数量}$$

【任务 5-4】 发出材料按个别计价法计价

※**工作资料**

　　北京东易制衣有限公司材料按个别计价法计价。2012年6月，生产用辅料——垫肩的月初结存数量300对，单位成本10元。本月6日购进垫肩200对，单位成本11元；21日购进垫肩400对，单位成本11.5元。本月垫肩的发出情况如下：

（1）10日，二车间领用垫肩 400 对，其中生产男式休闲西服领用的 200 对，按期初单位成本计价，生产西服套装领用的 200 对，按 6 日购入垫肩的单位成本计价。

（2）25日，二车间领用垫肩 300 对，均按 21 日购入垫肩的单位成本计价。

※工作行动

6 月 10 日和 25 日，对仓库转来的"领料单"进行审核，并据以登记材料明细分类账，对领用垫肩按个别计价法要求逐笔进行计价。

6 月份发出存货的实际成本为 =（200×10 + 200×11）+ 300×11.5 = 7 650（元）

6 月末库存存货的实际成本为 = 100×10 + 100×11.5 = 2 150（元）

※工作成果

表 5-9

原材料明细账

最高存量：
最低存量：

材料类别：原料　　材料名称：垫肩　　材料编号：　　材料规格：　　计量单位：件

2012 年		凭证		摘要	收入			付出			结存		
月	日	字	号		数量	单价	金额	数量	单价	金额	数量	单价	金额
6	1			期初余额							300	10.00	3 000
	6	收	略	购进	200	11.00	2 200				300 200	10.00 11.00	5 200
	10	领	略	领用				200 200	10.00 11.00	4 200	100	10.00	1 000
	21	收	略	购进	400	11.50	4 600				100 400	10.00 11.50	5 600
	25	领	略	领用				300	11.50	3 450	100 100	10.00 11.50	2 150
	30			本月合计	600		6 800	700		7 650			

采用个别计价法计算结果较准确。但采用这种方法要求企业对存货按进货批次堆放，发出货物要逐一认定其批次，以辨别其所属的收入批次，工作量重，操作难度大。在这种方法下，由于发出的存货可以从库存存货中的任何一个批次挑选，因此，在库存存货各批次的单位成本不同的情况下，选择不同批次的存货，可以增加或减少发出存货的成本，因而这种方法很容易成为经营者调节利润的杠杆。所以，这种方法适用于存货品种数量不多、单位成本较高或能分清批次、整批进整批出的存货，企业中一般不能互换使用的存货或为特定的项目专门购入或制造并单独存放的存货，一般应采用这种方法。实际工作中，由于越来越多的企业采用计算机信息系统进行进销存的管理及其核算，个别计价法可以广泛应用于发出存货的计价。

　存货发出的计价方法有哪些，各有什么特点？不同的计价方法对利润有什么影响？

项目三　原材料的核算

材料是劳动对象，是企业尤其是制造业生产经营中不可缺少的生产要素。在生产过程中，材料被消耗掉或转化为其他的物质形态，其价值也一次性全部转移到产品的成本中，是产品价值的重要组成部分。

相关知识

一、材料的分类

在制造业中，材料的品种繁多，用途广泛，为了加强对材料的核算与管理，应对材料进行合理的分类。

材料按其经济内容可分为以下几类：

1. 原料及主要材料。指经过加工后可以构成产品主要实体的各种原料和材料。其中原料是指未加工过的劳动对象，如纺织厂纺纱用的原棉，冶炼厂冶炼用的矿石等；材料是指经加工过的劳动对象，如食品厂生产面包用的面粉，纺纱厂织布用的棉纱等。

2. 辅助材料。指直接用于产品生产，有助于产品形成或为产品正常生产创造条件，但不构成产品实体的各种材料，如涂料、机油、包装材料等。

3. 外购半成品。指从外部购进的已完成一定生产步骤但需要企业进一步加工或组装的半成品。如纺织厂购进的棉纱、食品厂购进的面粉等。外购半成品的用途与原料及主要材料基本相同，故也可将其归为原料及主要材料类。

4. 燃料。指在生产过程中用来燃烧的材料，包括固体、液体和气体燃料，如煤炭、汽油、天然气等。

5. 修理用备件。指为修理本企业机器设备和运输设备而专用的零部件，如轴承、齿轮、阀门等。修理用的一般零件如螺母、螺栓等，则并入辅助材料。

不同的企业因生产的要求不同，所需材料千差万别，同一种材料在不同的企业中有不同的用途。各企业应根据具体情况，按不同的标准对材料进行分类。

材料在企业的存货中占很大的比重，是存货核算的重要内容。企业对材料的日常核算，可以按实际成本计价核算，也可以按计划成本计价核算。

二、材料收发业务的基本凭证

（一）材料收入凭证

企业取得材料除应取得购货发票外，材料在验收入库时还必须办理交接手续，填制入库凭证，并经相关人员签章，作为材料入库的原始依据。材料的入库凭证通常有以下几种：

1. 收料单。企业外购材料验收入库时，应填制"收料单"，办理材料入库手续。"收料单"一般一式三联，其中一联交供应部门留存，检查供货合同履行情况；一联交会计部门，作为记账依据；一联仓库留存，进行卡片账的登记。其格式见表5-10。

表5-10

收料单

计划单价：

供货单位名称：　　　　　　　　　　　　　　　　　凭证编号：
订货合同编号：　　　　　　　　　　　　　　　　　材料类别：
发票编号：　　　　　　　　　年　月　日　　　　　收料仓库：

| 材料编号 | 材料名称 | 材料规格 | 计量单位 | 数量 | | 实际成本 | | | | 计划成本 | | 备注 |
				应收	实收	单位成本	运杂费	其他	合计	计划成本	成本差异	

收料人：　　　　　　　　　　　　　　　　　经手人：

注：材料按实际成本核算的，"收料单"上没有"计划单价"和"计划成本"栏。

2. 委托加工物资收料单。企业委托外单位加工的材料物资完工验收入库时，可以采用一般收料单办理验收手续，也可以采用专门设置的"委托加工物资收料单"，"委托加工物资收料单"一式四联，其中一联交加工单位留存备查；一联交会计部门；一联仓库留存；一联业务部门留存。其格式见表5-11。

表5-11

委托加工物资收料单

凭证编号：
加工单位：　　　　　　　　　　　　　　　　　材料类别：
合同编号：　　　　　　　　　年　月　日　　　　收料仓库：

| 材料编号 | 材料名称 | 材料规格 | 计量单位 | 数量 | | 实际成本 | | | | | 计划成本 | | 备注 |
				应收	实收	耗用物资成本	运杂费	加工费	合计	单位成本	单位成本	金额	

收料人：　　　　　　　　　　　　　　　　　经手人：

注：材料按实际成本核算的，"收料单"上没有"计划成本"栏。

3. 材料交库单。企业自制加工完成的材料及回收生产过程中的残料、废料验收入库时，一般填制"材料交库单"办理入库手续。"材料交库单"一般一式三联，其中一联退给交料部门留存备查；一联交会计部门；一联仓库留存。其格式见表5-12。

表 5-12

材料交库单

凭证编号：

交料单位：   材料类别：

交料原因：   年　月　日   收料仓库：

材料编号	材料名称	材料规格	计量单位	数量		单位成本	金额	备注
				交库	实收			

收料人：   交料人：

（二）材料发出凭证

材料发出必须办理出库手续，填制出库凭证，并经相关人员签章，作为材料出库的原始依据。材料的出库凭证通常有以下几种：

1. 领料单。生产车间或有关部门领用材料时，应填制"领料单"，办理材料出库手续。"领料单"一般一式三联，其中一联交领料部门留存；一联交会计部门；一联仓库留存。其格式见表 5-13。

表 5-13

领料单

凭证编号：

领料单位：   材料类别：

用　途：   年　月　日   材料仓库：

材料编号	材料名称	材料规格	计量单位	数量		成本		备注
				请领	实领	单位成本	金额	

领料单位负责人：   领料人：   发料人：   记账：

2. 限额领料单。是对同一材料的领用在规定的期限（一般 1 个月）和限额内多次在同一单据上连续地加以记录的领料凭证。适用于经常领用，但规定有领用限额的材料发出业务。材料领用限额由生产计划部门会同供应部门，根据生产车间的生产任务和材料消耗定额确定。"限额领料单"一式三联，其中一联交领料部门；一联仓库留存；一联交会计部门。其格式见表 5-14。

表 5-14

限额领料单

领料单位：   凭证编号：

用　　途：   年　月　日   发料仓库：

材料类别	材料编号	材料名称	材料规格	计量单位	领用限额	全月实领			备注
						数量	单价	金额	

领料日期	请领		实发			退库			限额结余
	数量	领料单位负责人签章	数量	领料人签章	发料人签章	数量	收料人签章	退料人签章	

生产计划部门负责人：　　　　　供应部门负责人：　　　　　仓库负责人：

3. 领料登记表。是对同一材料的领用在规定的期限（一般 1 个月）在同一单据上连续地加以记录的领料凭证。适用于经常领用，但没有规定领用限额的材料发出业务。"领料登记表"一式三联，平时存放于仓库，领用时进行登记，月终汇总后，其中一联交领料部门；一联仓库留存；一联交会计部门。其格式见表 5-15。

表 5-15

领料登记表

领料部门：   凭证编号：

领料用途：   年　月   发料仓库：

材料类别	材料编号	材料名称	材料规格	计量单位	单价	金额

领料日期	领用数量		发料人	领料人	备注
	当日	累计			

4. 委托加工物资发料单。企业将材料委托外单位加工发出材料时，一般由供应部门根据加工合同填制"委托加工物资发料单"。"委托加工物资发料单"一式四联，其中一联随

加工物资交加工单位；一联交会计部门；一联交仓库据以发料；一联供应部门留存。其格式见表5-16。

表 5-16

委托加工物资发料单

凭证编号：

加工单位：   材料类别：

合同编号：   年   月   日   材料仓库：

材料编号	材料名称	材料规格	计量单位	数量	成本		备注
					单位成本	金额	

制单：   发料：   记账：

工作任务

材料按实际成本计价的会计处理

材料按实际成本计价进行日常收发核算的特点是：从材料的收发凭证到其明细分类账和总分类账全部按实际成本计价。

（一）科目设置

材料按实际成本计价进行核算时，应设置的材料核算科目有以下两个：

1. "原材料"科目。本科目用来核算原材料的收入、发出和结存情况。属于资产类科目，在材料按实际成本核算时，借方登记入库材料的实际成本；贷方登记发出、盘亏、毁损等材料的实际成本。期末余额在借方，反映库存材料的实际成本。该科目应按材料的存放地点、类别、品种和规格进行明细分类核算。

2. "在途物资"科目。本科目只在材料按实际成本核算方式下设置。用来核算在途及待点验入库物资增减变动情况。属于资产类科目，借方登记已经付款或已经开出商业汇票，但尚在运输途中或虽已运达但尚未点验入库物资的实际成本；贷方登记验收入库的在途物资的实际成本。期末余额在借方，反映在途物资的实际成本。该科目可按供货单位和物资品种进行明细分类核算。

（二）账务处理

1. 收入材料的账务处理

（1）外购材料

收入材料的来源主要是从外部购入。从外部购入材料由于结算方式、采购地点和交接货方式的不同，支付款项和验收货物的时间，可能不尽相同，其账务处理就有所不同。

第一，付款与收货同时办理（单货同到）。在这种情况下，外购材料到达验收入库的同时，支付货款或开出经承兑的商业汇票，所以应根据发货票、结算凭证、有关费用单据和收料单，按材料的实际成本，借记"原材料"科目，贷记"银行存款"或"应付票据"科目，如果企业为一般纳税人，则还应根据增值税专用发票，将购进材料所支付的增值税单独记账（购进用于非应税项目或免税项目货物支付的增值税不得单独记账），即借记"应交税费——应交增值税（进项税额）"科目。以下各种情况均相同，故不再重复说明。

【任务 5-5】 同城支票付款，单货同到购进业务

※工作资料

2012 年 6 月 3 日，北京东易制衣有限公司从北京东华纺织品有限公司购进毛涤面料 2 500 米，单价 58 元，货款计 145 000 元，增值税进项税额 24 650 元，款项以转账支票支付，货物已验收入库。

※工作行动

（1）对北京东华纺织品有限公司开具的"增值税专用发票"、仓库转来的"收料单"及出纳员填制的"支票存根"所记载的内容进行审核。

（2）根据审核无误的上述原始凭证编制记账凭证。根据"收料单"记载的材料实际成本，借记"原材料"科目，根据"增值税专用发票"税额栏的金额，借记"应交税费——应交增值税（进项税额）"科目，同时，根据"支票存根"，贷记"银行存款"科目。

（3）根据"收料单"登记"原材料明细账"，根据记账凭证登记"应交增值税明细账"和"银行存款日记账"。

※工作成果

借：原材料   145 000
    应交税费——应交增值税（进项税额）   24 650
  贷：银行存款   169 650

【任务 5-6】 异地银行汇票付款购进业务

※工作资料

2012 年 6 月 4 日，北京东易制衣有限公司从天津大华纺织品有限公司购进毛涤面料 5 500 米，单价 56 元，货款计 308 000 元，增值税进项税额 52 360 元，款项以银行汇票支付，货物已验收入库。（增值税专用发票、收料单略）

※工作行动

（1）对天津大华纺织品有限公司开具的"增值税专用发票"、仓库转来的"收料单"及"银行汇票"存根联所记载的内容进行审核。

（2）根据审核无误的上述原始凭证编制记账凭证。根据"收料单"记载的材料实际成本，借记"原材料"科目，根据"增值税专用发票"税额栏的金额，借记"应交税费——应交增值税（进项税额）"科目，同时，根据"银行汇票存根"，贷记"其他货币资金——

银行汇票存款"科目。

（3）根据"收料单"登记"原材料明细账"，根据记账凭证登记"应交增值税明细账"和"其他货币资金——银行汇票存款明细账"。

※**工作成果**

借：原材料——毛涤面料	308 000
应交税费——应交增值税（进项税额）	52 360
贷：其他货币资金——银行汇票存款	360 360

【任务5-7】 赊购业务

※**工作资料**

2012年6月10日，从大新毛纺厂购进纯毛面料5 000米，每米85元，已由仓库验收入库，货款共计425 000元，增值税额为72 250元，货款尚未支付。（增值税专用发票、收料单略）

※**工作行动**

（1）对北京东华纺织品有限公司开具的"增值税专用发票"、仓库转来的"收料单"所记载的内容进行审核。

（2）根据审核无误的上述原始凭证编制记账凭证。根据"收料单"记载的材料实际成本，借记"原材料"科目，根据"增值税专用发票"税额栏的金额，借记"应交税费——应交增值税（进项税额）"科目，同时，贷记"应付账款"科目。

（3）根据"收料单"登记"原材料明细账"，根据记账凭证登记"应交增值税明细账"和"应付账款明细账"。

※**工作成果**

借：原材料——纯毛面料	425 000
应交税费——应交增值税（进项税额）	72 250
贷：应付账款——大新毛纺厂	497 250

第二，先支付货款或开出经承兑的商业汇票，材料尚未到达或尚未验收入库（单到货未到）。在这种情况下，企业先收到结算凭证及发票等单据，经审核无误后即可承付货款或开出经承兑的商业汇票，并根据有关凭证，借记"在途物资"科目，贷记"银行存款"科目。收到材料时，借记"原材料"科目，贷记"在途物资"科目。

【任务5-8】 异地委托收款单到货未到购进业务

※**工作资料**

2012年6月6日，收到银行转来的委托收款结算凭证及所附增值税专用发票等单据，从南阳北方纺织厂购进衬布10 000米，每米1.9元，共计19 000元，税款3 230元，对方垫付运费1 000元，经审核无误，承付款项，货尚未验收入库。

※**工作行动**

（1）付款时，对南阳北方纺织厂开具的"增值税专用发票"所记载的内容进行审核。

（2）根据审核无误的上述原始凭证编制记账凭证。根据"增值税专用发票"价税合计栏的金额，借记"在途物资"科目，借记"应交税费——应交增值税（进项税额）"科目，同时，根据托收凭证付款通知单，贷记"银行存款"科目。

（3）根据记账凭证登记"在途物资明细账"、"应交增值税明细账"和"银行存款日记账"。

※**工作成果**

借：在途物资	20 000
应交税费——应交增值税（进项税额）	3 230
贷：银行存款	23 230

收到货物时，根据"收料单"记载的材料实际成本，编制记账凭证，作如下账务处理。

借：原材料	20 000
贷：在途物资	20 000

第三，材料先到，发票账单后到，货款尚未支付（货到单未到）。这种情况在企业也时有发生，当企业收到材料而结算凭证尚未收到时，由于材料的实际成本无法确定，所以可按材料的暂估价格（合同价格或计划价格）计价入账，借记"原材料"科目，贷记"应付账款"科目；收到结算凭证时，做相反分录或用红字编制一张相同的记账凭证，予以冲销，以便付款时按正常程序处理。但由于收料后，企业通常能在短期内收到结算凭证，支付款项。所以为了简化核算手续，企业在先收到材料时，只登记材料明细账，暂不进行总分类核算。在收到结算凭证，支付货款时，再按实际成本进行总分类核算。如果月末仍未收到结算凭证时，才按暂估价格入账，并于下月初冲回。

【任务5-9】 货到单未到业务

※**工作资料**

2012年6月30日，从河北大新纺织厂购进女士呢4 000米，货已收到验收入库，结算单据尚未收到，按暂估价每米25元入账。（收料单略）

※**工作行动**

（1）采购部门根据购货合同对所收货物进行核对，确认无误后，由仓库验收后填制"收料单"。

（2）会计根据审核无误的"收料单"，按暂估价编制记账凭证。借记"原材料"科目，贷记"应付账款"科目。

（3）根据审核无误的记账凭证和收料单上的暂估价，登记"原材料"和"应付账款"的明细账。

※**工作成果**

借：原材料	100 000
贷：应付账款	100 000

下月初，把上月暂估料款予以冲销：

借：应付账款	100 000
贷：原材料	100 000

如果是手工记账，则红字冲销：

借：原材料 $\qquad$ 100 000

　贷：应付账款 $\qquad$ 100 000

待收到结算单据时，按单货同到处理。

第四，购入材料发生短缺和毁损。购入材料在验收入库时，如发现短缺和毁损，应及时查明原因，根据不同的情况进行会计处理。属于定额内的合理损耗，应计入材料的采购成本，不另作账务处理。属于运输部门、保险公司或个人负责的损失，应根据赔偿请求单所列的索赔金额计入"其他应收款"科目；属于供货单位少发货造成的短缺，在货款未付的情况下，按实收货物的实际成本入账，在货款已付的情况下，应将短缺货物的实际成本计入"其他应收款"或"应付账款"科目；属于意外灾害等非常原因造成的损失，应将扣除残料价值和过失人、保险公司赔款后的净损失，计入"营业外支出"科目。材料入库时不能确定短缺毁损原因的，应按短缺材料的实际成本，先计入"待处理财产损溢"科目，待查明原因后再结转到有关科目。

【任务 5-10】 购货短缺业务

※工作资料

（1）2012 年 6 月 26 日，收到银行转来的委托收款结算付款通知单及所附单据，从南阳盛达色织有限公司购进美丽绸 5 000 米，每米 10 元，共计 50 000 元，税款 8 500 元，对方垫付运费 1 000 元，经审核无误，承付款项，货尚未验收入库。（委托收款结算凭证付款通知单、增值税专用发票、运费单据略）

（2）29 日，从南阳盛达色织有限公司购进的美丽绸到达，经验收实收 4 500 米入库，短缺的 500 米原因待查。

（3）30 日，经查明，从南阳盛达色织有限公司购进美丽绸短缺的 500 米，系运输部门运输途中丢失所致，开出赔偿请求单。

注：运杂费由入库材料承担

※工作行动

（1）对南阳盛达色织有限公司开具的"增值税专用发票"、相关托收凭证和运输发票等内容进行审核；根据审核无误的原始凭证编制记账凭证；按照"增值税专用发票"上的价款数和运输发票上的合计金额借记"在途物资"科目，按照"委托收款结算凭证付款通知单"上的金额贷记"银行存款"科目；根据相关凭证登记"在途物资明细账"和登记"银行存款日记账"。

（2）审核仓库部门转来的"收料单"；根据审核无误的"收料单"上的实际成本借记"原材料"科目，按照短缺金额借记"待处理财产损溢"科目，将原来记入"在途物资"的金额全数从贷方转出；登记相关明细账。

（3）按照"赔偿请求单"上的金额，借记"其他应收款"科目，贷记"待处理财产损溢"科目，同时，将短缺材料所负担的增值税（进项税额）记入"应交税费——应交增值税（进项税额转出）"科目的贷方。

※工作成果

（1）借：在途物资 $\qquad$ 51 000

　　应交税费——应交增值税（进项税额） $\qquad$ 8 500

贷：银行存款　　　　　　　　　　　　　　　　　　　　　59 500
（2）借：原材料——美丽绸　　　　　　　　　　　　　46 000
　　　　待处理财产损溢——待处理流动资产损溢　　　　5 000
　　　贷：在途物资　　　　　　　　　　　　　　　　　　51 000
（3）借：其他应收款——南阳公路联运公司　　　　　　5 850
　　　贷：待处理财产损溢　　　　　　　　　　　　　　　5 000
　　　　应交税费——应交增值税（进项税额转出）　　　　850

【任务 5-11】 购货短缺业务

※工作资料

（1）从外地某公司购进 B 材料 3 000 千克，单价为 20 元，货款为 60 000 元，增值税额为 10 200 元，对方代垫运杂费为 600 元，已于三日前承付款项。今日 B 材料到达，假设 B 材料验收入库时，实收 2 800 千克，属定额内损耗的有 50 千克，其余短缺原因待查。

（2）两日后，短缺材料原因已查明，有 120 千克属供货方少发货，经联系对方已开出红字发票，款项已退回。其余 30 千克属运输部门的责任，对方已同意赔偿，款项尚未收到。（原始凭证略）

注：运杂费由入库材料承担

※工作行动

（1）审核材料入库单及材料短缺报告单，根据审核后的"收料单"上的实际成本借记"原材料"科目，将短缺金额借记"待处理财产损溢"科目，将原记入"在途物资"的金额全数从贷方转出；登记相关明细账。

（2）审核收到的红字发票及银行收账通知单，根据"银行结算收账通知单"的金额借记"银行存款"科目，按照红字发票上金额栏的数额贷记"待处理财产损溢"科目，同时将税额栏的数额贷记"应交税费——应交增值税（进项税额）"科目。

（3）根据"赔偿请求单"上的金额，借记"其他应收款"科目，贷记"待处理财产损溢"科目，同时，将短缺材料所负担的增值税（进项税额）记入"应交税费——应交增值税（进项税额转出）"科目的贷方。

※工作成果

（1）入库材料的实际成本=2 850×20+600=57 600（元）

借：原材料——B 材料　　　　　　　　　　　　　　　57 600
　　待处理财产损溢——待处理流动资产损溢　　　　　3 000
　贷：在途物资　　　　　　　　　　　　　　　　　　　60 600

（2）根据红字购货发票、银行结算收款通知单，编制会计分录如下：

借：银行存款　　　　　　　　　　　　　　　　　　　2 808
　贷：应交税费——应交增值税（进项税额）　　　　　　408
　　　待处理财产损溢——待处理流动资产损溢　　　　　2 400

（3）根据赔偿请求单，编制会计分录如下：

借：其他应收款　　　　　　　　　　　　　　　　　　702
　贷：待处理财产损溢——待处理流动资产损溢　　　　　600

　　　　应交税费——应交增值税（进项税额转出） 　　　　　　　　102

（2）自制材料

在生产完工并验收入库时，应按其实际成本，借记"原材料"科目，贷记"生产成本"科目。

（3）接受投资材料

在材料验收入库时，按投资合同或协议约定的价值，借记"原材料""应交税费——应交增值税（进项税额）"等科目，贷记"实收资本"科目。

材料收入的总分类核算，可以根据收料凭证逐日逐笔编制记账凭证，登记总分类账，也可以根据收料凭证整理汇总，定期编制"收料凭证汇总表"，在月终一次登记总分类账，进行总分类核算。

2. 发出材料的账务处理

在企业中，材料的收发业务是比较频繁的，为了简化材料的日常核算工作，平时一般只进行材料明细核算，即只登记材料明细账，反映材料的收发存情况。月末根据按实际成本计价的发料凭证，按领用部门和用途，编制"发料凭证汇总表"，进行总分类核算。

【任务 5-12】 发出材料的账务处理

※工作资料

某企业材料按实际成本计价，2012 年 6 月 30 日，对本月各部门填制的"领料单"进行汇总，编制的发料凭证汇总表如表 5-17。

表 5-17

发料凭证汇总表

2012 年 6 月

应借账户 ＼ 应贷账户		原材料						合计
		原料及主要材料	辅助材料	外购半成品	修理用备件	包装材料	燃料	
生产成本	基本生产成本	48 500	1 000	2 500				52 000
	辅助生产成本	10 000			5 600		5 400	21 000
	合计	58 500	1 000	2 500	5 600		5 400	73 000
制造费用	一车间		2 400		600		400	3 400
	二车间		3 200		300		600	4 100
	合计		5 600		900		1 000	7 500
管理费用			600				200	800
销售费用						1 000		1 000
在建工程		20 000						20 000
合计		78 500	7 200	2 500	6 500	1 000	6 600	102 300

※工作行动

（1）材料核算员按照领用材料的类别，对"领料单"分别材料的领用部门或用途进行汇总；

（2）根据汇总结果填制"发料凭证汇总表"；

（3）根据"发料凭证汇总表"进行发出材料成本的结转。生产产品耗用的材料成本计入"生产成本"科目，生产车间机物料消耗材料成本计入"制造费用"科目，管理部门耗用材料的成本计入"管理费用"科目，专设销售机构耗用材料的成本计入"销售费用"科目，在建工程耗用生产经营用材料的成本计入"在建工程"科目。

※工作成果

借：生产成本——基本生产成本	52 000
——辅助生产成本	21 000
制造费用	7 500
管理费用	800
销售费用	1 000
在建工程	20 000
贷：原材料	102 300

3. 原材料的明细分类核算

材料的明细分类核算应包括价值量核算和实物量核算两个方面。价值量的核算是由会计人员进行的，实物量的核算是由仓库管理人员进行的。仓库设置材料卡片账，核算各种材料收发存的数量；财会部门设置材料明细账，核算各种材料收发存的数量和金额。

（1）材料卡片账。由仓库按材料的品种、规格开设，根据收发料凭单，逐日逐笔登记，序时地反映各种材料收发存的实物数量。卡片账的基本格式见表5-18。

表5-18

材料卡片

材料类别：　　　　　　　　　　　　　　　　　卡片编号：
材料编号：　　　　　　　　　　　　　　　　　存放地点：
材料名称：　　　　　　　　　　　　　　　　　最高储存量：
材料规格：　　　　　　　　　　　　　　　　　计量单位：

年		凭证		收入数量	发出数量	结存数量	稽核	
月	日	名称	编号				日期	签章

（2）材料明细账。材料的明细分类账应按材料的品种、规格分户，进行明细核算。收入材料时，对不同来源的材料均应按实际成本填制收料凭证，并根据收料凭证，在材料明细账中逐笔登记收入材料的数量、单价和金额。发出材料时，应根据发料凭证，在材料明细账中逐笔登记发出材料的数量，发出材料的金额则需在先进先出法、加权平均法、移动加权平均法、个别计价法等方法中选择一种方法来确定。

（3）在途物资明细账。在途物资明细账通常采用"横线登记法"，在供应单位不多且比较固定时，可以按供应单位分户核算；在供应单位多，变动大的情况下，可以采用"在途物资登记簿"或"在途物资登记卡"的形式进行明细核算。"在途物资登记簿"的格式如表 5-19。

表 5-19

在途物资登记簿

付款记录								收料记录						
年		凭证		供应单位	发票号	材料名称	数量	金额	年		凭证		实收数量	金额	备注
月	日	字	号						月	日	字	号			

在明细账中，应将购入物资的付款、收货等情况，登记在同一行内，以便反映货款支付和货物到达入库情况。付款栏根据支付货款的记账凭证和所附原始凭证登记；收货栏根据收货凭证编制的记账凭证登记。凡付款栏和收货栏都有记录的，就说明该项购货业务已经完结；如果只有付款记录，无收货记录，则是在途物资。月末，在途物资明细账的借方余额或在途物资登记簿付款和收料的差额应与"在途物资"总账的余额相等。

注意：材料按实际成本计价进行核算时，材料成本的计算相对比较准确。但对于收发料业务频繁的企业，材料计价的工作量是相当大的；而且在这种方式下，从账簿中反映不出材料成本是节约还是超支，不能提供材料采购业务的经营成果，不利于加强对材料采购业务的管理；此外在这种计价方式下，不能反映材料价格变动对产品成本的影响，不利于考核各生产部门的经营成果。因此，这种方法只适用于材料收发业务较少的企业。对于材料收发业务频繁，且具备材料计划成本资料的企业，应采用按计划成本计价的方法。

工作任务

材料按计划成本计价的会计处理

材料按计划成本计价进行日常收发核算的特点是：从收发料凭证到明细分类账和总分类账全部按计划成本计价。材料的实际成本与计划成本的差异，通过设置"材料成本差异"科目进行核算。

（一）科目设置

材料按计划成本计价进行核算时，应设置的材料核算科目有以下三个：

1."原材料"科目。该科目与按实际成本计价的核算内容相同，但其借方、贷方和余额，均按材料的计划成本计价。

2."材料采购"科目。用来核算采用计划成本进行材料日常核算而购入材料的采购成本。它属于资产类科目，借方登记购入物资的实际成本及结转入库物资的实际成本小于计划成本的差异额（节约额）；贷方登记已入库的购入物资的计划成本及结转其实际成本大于计划成本的差异额（超支额）。余额在借方，反映在途物资的实际成本。该科目可按供应单位和材料品种进行明细核算。

3."材料成本差异"科目。用来核算采用计划成本进行材料日常核算的各种材料实际成本与计划成本的差异。它属于资产类科目，是"原材料"等存货科目的调整科目，借方登记入库材料实际成本大于计划的差异额和结转发出材料应负担的节约额；贷方登记入库材料实际成本小于计划成本的差异额和结转发出材料应负担的超支额。期末余额如在借方，反映库存材料实际成本大于计划成本的差异（超支额）；期末余额如在贷方，反映库存材料实际成本小于计划成本的差异（节约额）。该科目可以分别"原材料""周转材料"等按照类别或品种进行明细核算。

（二）账务处理

1. 收入材料的账务处理

（1）外购材料

按计划成本计价核算方式下，企业外购材料通常需做三笔账务处理：

第一，企业应根据购货发票、结算凭证等单据按实际成本，借记"材料采购"科目，贷记"银行存款"或"应付账款""应付票据"科目，如果是一般纳税人并取得增值税专用发票，应将购进材料所支付的增值税单独核算，记入"应交税费——应交增值税（进项税额）"的借方。

第二，根据收料凭证汇总表按计划成本，借记"原材料"科目，贷记"材料采购"科目。

第三，根据收料凭证汇总表结转入库材料的成本差异。若入库材料的实际成本大于计划成本，则借记"材料成本差异"科目，贷记"材料采购"科目；若入库材料的实际成本小于计划成本，则借记"材料采购"科目，贷记"材料成本差异"科目。

对于企业已经付款或已开出商业汇票，同时材料验收入库的，应同时做以上三笔账务处理。对于发票、结算凭证已到，材料尚未收到的情况，应先作第一笔账务处理；收到材料时，再作第二、第三笔处理。对材料已验收入库，而发票账单未到的情况，与按实际成本计价的处理方法一样。

在实际工作中，材料入库及差异结转的账务处理一般于月末汇总一次进行，以简化账务处理工作。

【任务 5-13】 同城支票付款单货同到购进业务

※工作资料

北京东易制衣有限公司材料按计划成本计价（下同），2012 年 8 月 3 日，从北京东华纺织品有限公司购进毛涤面料 5 000 米，单价 60 元，货款计 300 000 元，增值税进项税额 51 000 元，款项以转账支票支付，货物已验收入库。该材料计划单位成本为 58 元/米。

※工作行动

（1）对北京东华纺织品有限公司开具的"增值税专用发票"、仓库转来的"收料单"及出纳员填制的"支票存根"所记载的内容进行审核。

（2）根据审核无误的上述原始凭证编制记账凭证。根据"增值税专用发票"价款栏的金额借记"材料采购"科目，根据税额栏的金额，借记"应交税费——应交增值税（进项税额）"科目，同时，根据"支票存根"，贷记"银行存款"科目。材料验收入库时，根据计划成本借记"原材料"科目，贷记"材料采购"科目；同时，此项业务的实际成本 60 元大于计划成本 58 元，产生超支差异，根据计划成本小于实际成本的数额借记"材料成本差异"科目，贷记"材料采购"科目；如果实际成本小于计划成本，则称之为节约差异，要借记"材料采购"科目，贷记"材料成本差异"。

（3）根据"收料单"登记"原材料明细账"，根据记账凭证登记"应交增值税明细账"和"银行存款日记账"。

※工作成果

借：材料采购　　　　　　　　　　　　　　　　　　　　300 000
　　应交税费——应交增值税（进项税额）　　　　　　　 51 000
　　贷：银行存款　　　　　　　　　　　　　　　　　　　351 000
存货验收入库时：
借：原材料　　　　　　　　　　　　　　　　　　　　　290 000
　　贷：材料采购　　　　　　　　　　　　　　　　　　　290 000
同时：
借：材料成本差异　　　　　　　　　　　　　　　　　　　1 000
　　贷：材料采购　　　　　　　　　　　　　　　　　　　　1 000

【任务 5-14】 商业汇票购进业务

※工作资料

2012 年 6 月 4 日，北京东易制衣有限公司从天津大华纺织品有限公司购进毛涤面料 5 500 米，单价 56 元，货款计 308 000 元，增值税进项税额 52 360 元，款项以商业汇票支付，货物已验收入库。该材料计划成本为 58 元。（原始凭证略）

※工作行动

（1）对天津大华纺织品有限公司开具的"增值税专用发票"、仓库转来的"收料单"及出纳员填制的"商业承兑汇票存根"所记载的内容进行审核。

（2）根据审核无误的上述原始凭证编制记账凭证。根据"增值税专用发票"价款栏的金额借记"材料采购"科目，根据税额栏的金额，借记"应交税费——应交增值税（进项税额）"科目，同时，根据"银行汇票存根"，贷记"应付票据"科目。

（3）根据审核无误的记账凭证登记"材料采购""应交增值税"明细账和"应付票据"日记账。

（4）货到验收入库时，按计划价格 58 元/米借记"原材料"科目，贷记"材料采购"科目；此项经济业务实际购买价格小于计划价格，产生的是节约差异，所以同时，借记"材料采购"科目，贷记"材料成本差异"科目。

※**工作成果**

购进存货，开出承兑的商业汇票：

借：材料采购		308 000
应交税费——应交增值税（进项税额）		52 360
贷：应付票据		360 360

货到验收入库时：

借：原材料		319 000
贷：材料采购		319 000

同时：

借：材料采购		11 000
贷：材料成本差异		11 000

【任务 5-15】　异地委托收款单到货未到购进业务

※**工作资料**

（1）2012 年 6 月 6 日，收到银行转来的委托收款结算凭证及所附增值税专用发票等单据，从北方纺织厂购进衬布 10 000 米，每米 1.9 元，共计 19 000 元，税款 3 230 元，对方垫付运费 1 000 元，经审核无误，承付款项，货尚未验收入库。（委托收款结算凭证付款通知单、增值税专用发票、运费单据略）

（2）6 月 8 日，该批材料验收入库。材料的计划单位成本是 2.1 元/米。

※**工作行动**

（1）付款时，对北方纺织厂开具的"增值税专用发票"所记载的内容进行审核；根据审核无误的上述原始凭证编制记账凭证。根据"增值税专用发票"价款金额栏的金额借记"材料采购"科目，根据"增值税专用发票"税款金额栏的金额借记"应交税费——应交增值税（进项税额）"科目，同时，根据委托收款结算凭证付款通知单，贷记"其他货币资金"科目；根据记账凭证登记"材料采购"、"应交增值税"明细账和"银行存款"明细账。

（2）根据材料的计划价格借记"原材料"科目，贷记"材料采购"科目；同时，将材料实际成本小于计划成本的差异，借记"材料采购"科目，贷记"材料成本差异"科目。

※工作成果

（1）借：材料采购   20 000
       应交税费——应交增值税（进项税额）   3 230
      贷：银行存款   23 230
（2）借：原材料   21 000
      贷：材料采购   21 000
同时：
借：材料采购   1 000
  贷：材料成本差异   1 000

【任务 5-16】 货到单未到购进业务

※工作资料

2012 年 6 月 30 日，从河北大新纺织厂购进女士呢 4 000 米，每米 25 元，货已收到验收入库，相关单据未到，货款未付。女士呢的计划单位成本是 24 元/米。

※工作行动

（1）采购部门根据购货合同对所收货物进行核对，确认无误后，由仓库验收后填制"收料单"。

（2）会计根据审核无误的"收料单"，按计划单位成本，借记"原材料"科目，贷记"应付账款"科目。

（3）根据审核无误的记账凭证和收料单上的计划成本，登记"原材料"和"应付账款"的明细账。

※工作成果

货到验收入库时：
借：原材料   96 000
  贷：应付账款   96 000
下月初，把上月暂估料款予以冲销：
借：应付账款   96 000
  贷：原材料   96 000
如果是手工记账，则红字冲销：
借：原材料   96 000
  贷：应付账款   96 000
待收到结算单据时，按单货同到处理（参考任务 5-3、9、10、11）。

购进材料发生短缺和毁损，其处理原则同按实际成本计价的材料核算。

【任务 5-17】 购货短缺业务

※工作资料

（1）6 月 26 日，收到银行转来的委托收款结算付款通知单及所附单据，从南阳盛达色织有限公司购进美丽绸 5 000 米，每米 10 元，共计 50 000 元，税款 8 500 元，对方垫付运费 1 000 元，经审核无误，承付款项，货尚未验收入库。美丽绸的计划价格是 10.5 元/米。（委托收款结算凭证付款通知单、增值税专用发票、运费单据略）

（2）6 月 29 日，从南阳盛达色织有限公司购进的美丽绸到达，经验收实收 4 500 米入库，短缺的 500 米原因待查。

（3）6 月 30 日，从南阳盛达色织有限公司购进美丽绸短缺的 500 米，系运输部门运输途中丢失所致，开出赔偿请求单。

※工作行动

（1）对南阳盛达色织有限公司开具的增值税发票、相关托收凭证和运输发票等内容进行审核；按照增值税发票上的价款数和运输发票上的合计金额借记"材料采购"科目，按照委托收款结算凭证付款通知单上的金额贷记"银行存款"科目。

（2）按照"收料单"上的实际收到数量乘计划单位成本，借记"原材料"科目，按照短缺数量乘实际价格的金额借记"待处理财产损溢"科目，将原记入"材料采购"的金额全数从贷方转出；同时结转入库材料成本节约差异，借"材料采购"科目，贷记"材料成本差异"科目。

（3）按照"赔偿请求单"上的金额，借记"其他应收款"科目，按照短缺材料金额贷记"待处理财产损溢"科目，将短缺材料所负担的增值税进项税额贷记"应交税费——应交增值税（进项税额转出）"科目。

※工作成果

（1）借：材料采购　　　　　　　　　　　　　　　　　　　51 000
　　　　应交税费——应交增值税（进项税额）　　　　　　 8 500
　　　贷：银行存款　　　　　　　　　　　　　　　　　　 59 500

（2）借：原材料——美丽绸　　　　　　　　　　　　　　 47 250
　　　　待处理财产损溢——待处理流动资产损溢　　　　　 5 000
　　　贷：材料采购　　　　　　　　　　　　　　　　　　 52 250

同时：

　　借：材料采购　　　　　　　　　　　　　　　　　　　 1 250
　　　贷：材料成本差异　　　　　　　　　　　　　　　　 1 250

（3）借：其他应收款——南阳公路联运公司　　　　　　　 5 850
　　　贷：待处理财产损溢　　　　　　　　　　　　　　　 5 000
　　　　　应交税费——应交增值税（进项税额转出）　　　　 850

（2）自制、接受投资材料

企业对上述情况下收到的材料，于验收入库时，应按计划成本借记"原材料"科目，按各自所确定的实际成本贷记"生产成本""实收资本"等科目，同时将其实际成本与计划成本的差额予以结转，借（贷）记"材料成本差异"科目。

2. 材料发出的账务处理

材料按计划成本计价的情况下，也应于月末根据发料单，按材料的领用部门和用途，分类汇总编制"发料凭证汇总表"，据以填制记账凭证，登记总分类账。

【任务 5-18】 发出材料的总分类账务处理

※工作资料

某企业材料按计划成本计价，2012 年 6 月 30 日，对本月各部门填制的"领料单"进行汇总，编制的发料凭证汇总表如表 5-20。

表 5-20

发料凭证汇总表

2012 年 6 月

| 应贷账户 | 应借账户 | 生产成本 | | 制造费用 | 管理费用 | 销售费用 | 在建工程 | 合计 |
		基本生产	辅助生产					
原材料	原料及主要材料	50 000	20 000				30 000	100 000
	辅助材料	5 000		4 000	1 000	1 500		11 500
	外购半成品							
	修理用备件		3 000					3 000
	燃料	7 000	4 000	3 000				14 000
	计划成本小计	62 000	27 000	7 000	1 000	1 500	30 000	128 500
	成本差异（1%）	620	270	70	10	15	300	1 285
	实际成本	62 620	27 270	7 070	1 010	1 515	30 300	129 785

※工作行动

（1）材料核算员按照领用材料的类别，对"领料单"分别材料的领用部门或用途进行汇总；

（2）根据汇总结果填制"发料凭证汇总表"；

（3）根据"发料凭证汇总表"进行发出材料成本的结转。首先，将发出材料的计划成本从"原材料"账户转出，生产产品耗用的材料成本计入"生产成本"科目，生产车间机物料消耗材料成本计入"制造费用"科目，管理部门耗用材料的成本计入"管理费用"科目，专设销售机构耗用材料的成本计入"销售费用"科目，在建工程耗用生产经营用材料的成本计入"在建工程"科目；其次，将发出材料的计划成本调整为实际成本，即结转发出材料应负担的材料成本差异；最后，根据记账凭证登记相关账簿。

※工作成果

借：生产成本——基本生产成本　　　　　　　　　　62 000
　　　　　　——辅助生产成本　　　　　　　　　　27 000
　　制造费用　　　　　　　　　　　　　　　　　　7 000
　　管理费用　　　　　　　　　　　　　　　　　　1 000
　　销售费用　　　　　　　　　　　　　　　　　　1 500
　　在建工程　　　　　　　　　　　　　　　　　　30 000
贷：原材料　　　　　　　　　　　　　　　　　　　128 500

结转发出材料应负担的成本差异额：

借：生产成本——基本生产成本　　　　　　　　　　620
　　　　　　——辅助生产成本　　　　　　　　　　270
　　制造费用　　　　　　　　　　　　　　　　　　70
　　管理费用　　　　　　　　　　　　　　　　　　10
　　销售费用　　　　　　　　　　　　　　　　　　15
　　在建工程　　　　　　　　　　　　　　　　　　300
　　贷：材料成本差异　　　　　　　　　　　　　　1 285

（三）原材料的明细分类核算

同按实际成本计价的材料明细核算要求一样，不同的是设置的明细核算科目及登记方法有所不同。

1. 材料明细分类账

按计划成本计价时，由于各种材料的收入、发出和结存成本都按固定的计划单价计算，所以，材料明细分类账的登记可以简化。收入栏和发出栏根据收发料凭证逐笔登记收发数量，不登记金额，结存栏分别记数量和金额，但金额栏不必逐笔登记，可在月末根据材料的结存数量和计划单价计算登记。

【任务5-19】 材料明细分类账的登记

※工作资料

北京东易制衣有限公司材料按计划成本计价。2012年6月，生产用辅料——垫肩的月初结存数量300对，计划单位成本10元。本月6日购进垫肩200对，实际单位成本11元；21日购进垫肩400对，实际单位成本11.50元。本月垫肩的发出情况如下：

（1）10日，二车间领用垫肩400对，其中生产男式休闲西服领用200对，男式西服套装领用200对。

（2）25日，二车间领用垫肩300对，其中生产男式休闲西服领用200对，男式西服套装领用100对。

※工作行动

6月10日和25日，对仓库转来的"领料单"进行审核，并据以逐笔登记材料明细分类账。

※工作成果

表 5-21

		材料明细分类账									

计划单位成本：10元/对　　　　　　　　　　　　　　　最高存量：
　　　　　　　　　　　　　　　　　　　　　　　　　　　最低存量：

材料类别：原料　材料名称：垫肩　材料编号：　材料规格：　计量单位：件

2012年		凭证		摘　要	收　入			付　出			结　存		
月	日	字	号		数量	单价	金　额	数量	单价	金　额	数量	单价	金　额
6	1			期初余额							300	10	3 000
	6	收	略	购进	200						500		
	10	领	01	领用				200			300		
	10	领	02	领用				200			100		
	21	收	略	购进	400						500		
	25	领	03	领用				100			400		
	25	领	04	领用				200			200	10	2 000
	30			本月合计	600	10	6 000	700	10	7 000			

注意： 按材料计划成本计价时，由于材料的收、发、存都按相同的计划单位成本计价，故材料明细分类账的登记，平时只记数量，不登记金额。

2. 材料采购明细分类账

材料采购明细账用来反映外购材料实际成本与计划成本的具体情况，可按供应单位和材料品种进行明细核算。为了便于掌握每一笔外购材料的实际成本和计划成本的情况，加强对采购业务的管理，材料采购明细分类账一般采用横线登记法（格式见下），即将每项材料采购业务的实际采购成本和按计划成本计价收货情况平行登记在同一行次。借方栏根据购入材料的付款凭证、转账凭证及发票账单等有关凭证逐笔登记；贷方栏根据已付款的收料单按计划成本在同一行次进行登记，并将入库材料实际成本与计划成本的差异登记在同一行次的"成本差异"栏内。月末，将入库材料的材料成本差异一次结转到材料成本差异明细分类账中。对于只有借方金额而无贷方金额，即已付款但尚未验收入库的在途材料，应逐笔转入下月材料采购明细账中，以便下月收料时进行相应的账务处理。

表 5-22

材料采购明细账

材料类别：A 材料

年		凭证		发票号	供应单位	摘要	借方（实际成本）			年		凭证		收料单号	摘要	贷方			成本差异	备注
月	日	字	号				买价	运杂费	合计	月	日	字	号			计划成本	其他	合计		
8	5	略	略	略	宏远工厂	购 A1 材料	3 300	79.6	3 379.6	8	5	略	略	略	入库	3 600		3 600	-220.4	
	10				江宁工厂	购 A2 材料	5 600	300	5 900											
	21				永兴公司	购 A1 材料	8 200		8 200		25				入库	8 160		8 160	40	
	31					本月合计	17 100	379.6	17 479.6							11 760		11 760	-180.4	
						月末在途材料			5 900											

3. 材料成本差异明细分类账

为了详细反映各类（种）材料实际成本与计划成本的差异额，计算材料成本差异率，调整发出材料的计划成本，应设置"材料成本差异明细分类账"进行明细核算。

【任务 5-20】 材料成本差异明细分类账的登记

※工作资料

北京东易制衣有限公司材料按计划成本计价。2012 年 6 月，"材料成本差异——原材料"账户的月初余额为节约额 1 160 元，计划成本为 80 000 元。本月收入原材料的计划成本为 117 600 元，成本差异为节约额 1 804 元。

表 5-23

材料成本差异明细账

材料类别：原材料

2012 年		凭证		摘要	收入		差异率（%）	发出		结存	
月	日	字	号		计划成本	成本差异		计划成本	成本差异	计划成本	成本差异
8	1			期初结存			-1.45			80 000	-1 160

※工作行动

（1）材料成本差异明细分类账"收入栏"根据"收料凭证汇总表"登记。

（2）"差异率"是全部材料成本差异额与全部材料计划成本的比率。它是计算发出材料

应负担成本差异额的依据。材料成本差异率的计算公式为:

本期材料成本差异率=

$$\frac{\text{期初结存材料的成本差异}+\text{本期验收入库材料的成本差异}}{\text{期初结存材料的计划成本}+\text{本期验收入库材料的计划成本}}\times100\%$$

本月原材料成本差异率$=\dfrac{-1160+(-1804)}{80\,000+117\,600}\times100\%=-1.5\%$

发出原材料应分摊的成本差异=发出材料的计划成本×本期材料成本差异率

本月发出原材料应分摊的成本差异=100 000×1.5%=-1 500(元)

(3)"发出栏"根据"发料凭证汇总表"登记,超支的差异额用蓝字登记,节约的差异额用红字登记或表现为负数。

(4)"结存栏"根据"材料成本差异明细账"中的月初结存、本月收入和本月发出材料的成本差异记录,计算和登记月末结存材料的计划成本和成本差异。

※工作成果

材料成本差异明细分类账的登记结果如表 5-24。

表 5-24

材料成本差异明细分类账

材料类别:原材料

2012年		凭证		摘要	收入		差异率(%)	发出		结存	
月	日	字	号		计划成本	成本差异		计划成本	成本差异	计划成本	成本差异
8	1			期初结存			-1.45			80 000	-1160
	31	略	略	本月收入	117 600	-1 804.00				197 600	-2 964.00
	31			本月发出			-1.5	100 000	-1500	97 600	-1 464.00
	31			本月合计	117 600	-1 804.00		100 000	-1500		
				月末在途材料							

发出材料应负担的成本差异应当按月分摊,不得在季末或年末一次计算(除委托外部加工发出材料可按期初成本差异率计算外),应使用当期的差异率;期初成本差异率与本期成本差异率相差不大的,也可按期初成本差异率计算。计算方法一经确定,不得随意改变。

注意:通过上述核算内容可以看出,材料按计划成本计价有以下几方面优点:

第一,简化了材料收发凭证的计价和明细账的登记工作。

第二,便于考核各类或各种材料采购业务的经营成果,分析材料采购成本超支或节约的原因,加强材料采购的管理工作。

第三,可以剔除材料价格变动对成本的影响,便于分析车间材料消耗的节约或浪费情况,考核车间的经营成果。

存货按实际成本和计划成本计价进行日常核算应设置的会计科目有哪些？

项目四　周转材料的核算

周转材料，是指企业能够多次使用，逐渐转移其价值但仍然保持其原有形态不确认为固定资产的材料，如包装物和低值易耗品。

工作任务

一、包装物

包装物的核算范围

包装物是指为包装本企业商品、产品而储备的各种包装容器，如桶、箱、瓶、坛、袋等。包装物按其具体用途的不同可分为以下几项：

（1）生产过程中用于包装产品作为产品组成部分的包装物。

（2）随同产品出售不单独计价的包装物。

（3）随同产品出售单独计价的包装物。

（4）出租或出借给购买单位使用的包装物。

对于不符合包装物界定条件的，应根据不同情况作出处理。

（1）对于各种包装材料，如包装纸、绳、铁丝、铁皮等，因其投入使用后即被消耗掉，故应作为材料进行管理与核算。

（2）对用于储存和保管产品、材料而不对外出售、租借的包装容器，应根据其单位价值的大小，使用年限的长短，分别列作固定资产或低值易耗品进行管理与核算。

（3）计划上单独列作企业商品产品的自制包装物，应作为产成品进行管理与核算。

二、低值易耗品

低值易耗品的特点

低值易耗品是指单位价值较低，使用年限较短，不能作为固定资产的各种用具、设备，如工具、管理用具、玻璃器皿以及在经营过程中周转使用的包装容器等。

从低值易耗品的性质看，它和固定资产一样都属于劳动资料，可以多次参加周转而不改变其原有的实物形态，在使用中需要进行维修，报废时有一定的残值等。但是由于低值易耗品和固定资产相比，其单位价值较低，使用期限较短或易于损坏，为了简化核算工作，低值易耗品通常被视同存货，作为流动资产进行管理与核算。

工作任务

包装物的会计处理

（一）科目设置

为了核算和监督包装物增减变化、价值损耗及结存情况，企业应设置"周转材料——包装物"科目。该科目是资产科目，借方登记购入、自制、委托外单位加工完成验收入库包装物的实际（计划）成本；贷方登记领用、出售、出租、出借包装物的实际（计划）成本，以及采用五五摊销法的摊销额；余额在借方，反映期末包装物的实际（计划）成本或摊余价值。企业应按包装物的品种、类别进行明细核算。

包装物按"五五摊销法"核算的企业，还应在"周转材料——包装物"科目下，设置"在库""在用"和"摊销"三个明细科目进行包装物的明细核算。

企业也可以单独设置"包装物"科目对包装物进行核算。

（二）账务处理

企业购入、自制、委托外单位加工等增加包装物，其账务处理与收入原材料相同，这里不重复。下面着重说明包装物发出的账务处理。

1. 生产领用包装物。企业因生产需要，领用作为产品组成部分的包装物，应按其实际成本计入"生产成本"科目。如果包装物按计划成本计价，应将计入"生产成本"科目的计划成本调整为实际成本。

【任务 5-21】 生产领用包装物的账务处理

※**工作资料**

生产领用包装物一批，计划成本为 1 000 元，包装物成本差异率为 2%。（包装物领用单略）

※**工作行动**

审核包装物领用单，登记包装物等明细账，月末编制发料汇总表或包装物领用汇总表，并据以编制包装物发出的记账凭证，将领用包装物的计划成本从"周转材料——包装物"科目转入"生产成本"科目，同时结转发出包装的成本差异。

※**工作成果**

（1）借：生产成本   1 000

      贷：周转材料——包装物   1 000

（2）调整发出包装物的计划成本：

    借：生产成本   20

      贷：材料成本差异——包装物   20

2. 随产品出售包装物。随产品出售包装物有两种情况：

第一，随产品出售不单独计价的包装物。在这种情况下，包装物的价值在发票上不单独列出，故应作为包装费，计入销售费用中。

【任务5-22】 销售领用包装物的账务处理

※工作资料

A公司某月销售商品共领用不单独计价包装物一批，实际成本为1 200元。（包装物领用单略）

※工作行动

审核包装物领用单，登记包装物等明细账，月末编制发料汇总表或包装物领用汇总表，并据以编制包装物发出的记账凭证，将领用包装物的实际成本从"周转材料——包装物"科目转入"销售费用"科目。

※工作成果

借：销售费用   1 200

 贷：周转材料——包装物   1 200

第二，随产品出售单独计价的包装物。在这种情况下，包装物的价值在发票上单独列出，故出售包装物的收入和成本，应作为其他业务收入和其他业务成本处理。

【任务5-23】 销售领用包装物的账务处理

※工作资料

A公司某月销售商品共领用单独计价包装物一批，发票上标明的销售金额为2 000元，增值税为340元，款项已存入银行。包装物的实际成本为1 500元。（原始单据略）

※工作行动

（1）审核销售发票、银行收款结算凭证，根据银行收款结算凭证上的金额借记"银行存款"科目，根据销售发票贷记"其他业务收入""应交税费——应交增值税（销项税额）"科目；

（2）根据包装物领用单登记包装物明细账，月末编制发料汇总表或包装物领用汇总表，并据以编制包装物发出的记账凭证，将领用包装物的实际成本从"周转材料——包装物"科目转入"其他业务成本"科目。

※工作成果

借：银行存款   2 340

 贷：其他业务收入   2 000

   应交税费——应交增值税（销项税额）   340

借：其他业务成本   1 500

 贷：周转材料——包装物   1 500

3. 出租出借包装物。企业对于可以长期周转使用的包装物，可在产品销售时将其出租或出借给购货单位，以便收回再用。出租或出借的包装物，在使用过程中其实物形态虽无明显变化，但其价值都有一定的损耗，因此应根据包装物使用的具体情况，采用适当的方法摊销其成本。包装物的摊销方法有一次摊销法和五五摊销法。

一次摊销法即在领用包装物时将其账面价值一次全部记入成本、费用科目。这种方法的优点是核算简便，缺点是费用负担不够均衡，另外，如果包装物领用后仍然能在较长的时间内使用，则会形成账外财产，不利于对这部分资产的管理。这种方法适用于一次领用数量不多，价值较低，使用期限较短或易损耗的包装物的摊销。

五五摊销法是在第一次领用包装物时，先将其账面价值的 50% 记入有关成本费用科目，其余 50% 于包装物报废时摊销。其优点是账面上保留在用包装物的记录，有利于实物管理，且核算也简便。但采用这种摊销方法，如果包装物的报废手续及凭证的传递不严格，会计部门收不到报废凭证，就会使已报废的包装物仍然挂账，造成资产的虚计。所以，采用此法的企业必须加强对包装物的领用和报废手续及其凭证传递的管理。

出租的包装物，要求租入方支付租金，对于收到的租金收入应作为其他业务收入处理，相应的包装物摊销价值、出租包装物的修理费用应列作其他业务成本。出借的包装物，不要求租入方支付租金，故出借包装物没有业务收入，相应的出借包装物摊销的价值、出借包装物的修理费用应列作销售费用。出租、出借包装物均要向租入方收入押金，对收取的押金，应作为"其他应付款"。

【任务 5-24】 出租包装物的账务处理

※工作资料

（1）某企业出租包装物一批，实际成本为 4 000 元，向对方收取押金 4 000 元，款项已送存银行。包装物采用一次摊销法。

（2）租赁期满，租入方退还包装物，应支付租金 500 元，从押金中扣除，企业开出支票退回余款。收回的包装物在包装物备查簿登记。（原始单据略）

※工作行动

（1）审核相关原始凭证，根据银行收款凭证及收据上的金额，反映银行存款和其他应付款的增加，并登记银行存款日记账和其他应付款明细账；根据包装物领用单登记包装物明细账，月末编制发料汇总表或包装物领用汇总表，并据以编制出租包装物的记账凭证，将出租包装物的实际成本从"周转材料——包装物"账户转入"其他业务成本"账户。

（2）根据审核无误的支票存根金额作银行存款减少，同时作其他应付款减少，并根据开出的租金发票作其他业务收入增加。

※工作成果

（1）借：银行存款　　　　　　　　　　　　　　　　　　　4 000
　　　　贷：其他应付款——存入包装物押金　　　　　　　　　　　　4 000
　　　借：其他业务成本　　　　　　　　　　　　　　　　　4 000
　　　　贷：周转材料——包装物　　　　　　　　　　　　　　　　4 000
（2）借：其他应付款——存入包装物押金　　　　　　　　　4 000

```
贷：银行存款                                          3 500
      其他业务收入                                      500
```

【任务 5-25】 出借包装物的账务处理

※工作资料

（1）领用新包装物 100 件，出借给某公司，实际成本共计 5 000 元，采用五五摊销法；收取押金 5 000 元；出借期满，公司退回包装物，退还押金 5 000 元。

（2）假如收回包装物 100 件，经多次出借使用后现在已无法再用，经批准作报废处理，报废时残料估价 300 元，残料已入库。

※工作行动

（1）领用出借包装物时，根据出借包装物出库凭证作包装物明细账之间的调整；收到押金时，根据银行存款收款凭证及收据上的金额，反映银行存款和其他应付款的增加；出借包装物当月月末编制发料汇总表或包装物领用汇总表，并据以编制出借包装物的记账凭证，将出借包装物实际成本的 50% 作销售费用增加；退还押金时，作银行存款和其他应付款的减少；登记相关明细账。

（2）将包装物的摊余价值作销售费用增加；根据报废残料估价后的入库单作原材料增加，同时冲减销售费用；注销报废包装物的账面价值。

※工作成果

（1）发出包装物时，根据出借包装物出库凭证：

```
借：周转材料——包装物（在用）                          5 000
    贷：周转材料——包装物（在库）                      5 000
```

收到押金时，根据银行存款收款凭证编制会计分录如下：

```
借：银行存款                                          5 000
    贷：其他应付款——存入包装物押金                    5 000
```

月末摊销其价值的 50%：

```
借：销售费用                                          2 500
    贷：周转材料——包装物（摊销）                      2 500
```

出借期满，该公司退回包装物，退还其押金 5 000 元。

```
借：其他应付款——存入包装物押金                        5 000
    贷：银行存款                                      5 000
```

收回的包装物，在出租、出借包装物备查簿中进行登记。

（2）100 件包装物的摊余价值为 2 500 元（5 000-2 500）：

```
借：销售费用                                          2 500
    贷：周转材料——包装物（摊销）                      2 500
```

材料估价入账：

```
借：原材料                                            300
    贷：销售费用                                        300
```

注销 100 件包装物的账面价值：

借：周转材料——包装物（摊销）   5 000

   贷：周转材料——包装物（在用）   5 000

按计划成本计价的包装物的核算，还应将发出包装物的计划成本调整为实际成本。

工作任务

低值易耗品的会计处理

（一）科目设置

为了核算和监督低值易耗品增减变化、价值损耗及结存情况，企业应设置"周转材料——低值易耗品"科目。该科目是资产科目，借方登记购入、自制、委托外单位加工完成验收入库等原因增加的低值易耗品的实际（计划）成本；贷方登记领用的低值易耗品的实际（计划）成本，以及采用五五摊销法的摊销额；余额在借方，反映期末低值易耗品的实际（计划）成本或摊余价值。企业应按低值易耗品的类别、品种规格进行明细核算。

低值易耗品按"五五摊销法"核算的企业，应在"周转材料——低值易耗品"科目下，设置"在库""在用"和"摊销"三个明细科目进行明细核算。

企业也可以单独设置"低值易耗品"科目对低值易耗品进行核算。

（二）账务处理

企业购入、自制、委托外单位加工等增加的低值易耗品可比照原材料收入的有关内容进行核算，这里不做赘述。下面侧重说明低值易耗品领用及摊销的账务处理。

1. 一次摊销法下的账务处理。低值易耗品采用一次摊销法核算的，应在领用时，按不同的部门或用途将其价值一次记入"制造费用""管理费用"或"其他业务成本"等科目，按计划成本计价的企业，还应于月末将在用低值易耗品应负担的成本差异，调整有关成本费用科目。低值易耗品报废时，将其残料价值作为当月低值易耗品摊销额的减少，冲减有关成本费用科目。

【任务 5-26】 领用低值易耗品的账务处理

※**工作资料**

某企业第一生产车间领用辅助工具一批，计划成本为 500 元，一次摊入成本，成本差异率 1%；该车间月末报废低值易耗品一批，残料 30 元，已入库。

※**工作行动**

一车间领用辅助工具时，根据低值易耗品领用单，将低值易耗品计划成本转到制造费用中；根据成本差异率，计算结转低值易耗品的成本差异；根据报废残料估价后的入库单作原材料增加，同时冲减制造费用。

※**工作成果**

车间领用辅助工具：

借：制造费用——一车间　　　　　　　　　　　　　　　　　500

　　贷：周转材料——低值易耗品　　　　　　　　　　　　　　500

月末，低值易耗品成本差异：

借：制造费用——一车间　　　　　　　　　　　　　　　　　5

　　贷：材料成本差异——低值易耗品　　　　　　　　　　　　5

报废低值易耗品：

借：原材料　　　　　　　　　　　　　　　　　　　　　　　30

　　贷：制造费用——一车间　　　　　　　　　　　　　　　　30

2. 五五摊销法下的账务处理。按"五五摊销法"摊销低值易耗品时，其账务处理可比照包装物五五摊销的账务处理，在此不再说明。

 包装物和低值易耗品的摊销方法有哪些？各自有哪些优缺点？

项目五　委托加工物资的核算

委托加工物资是指企业委托外单位进行加工的各种物资。企业由于自身工艺设备条件的限制或因生产经营管理的需要，有时需将一部分物资委托给其他单位加工，制成形态性能不同的另一种物资，如将生铁制成铸件，将原木制成木板等。

相关知识

物资经过加工，不仅形态性能发生了变化，其使用价值和价值也随之发生变化。所以，委托加工物资的实际成本与购入材料的实际成本在内容上有所不同。企业委托其他单位加工的物资，其实际成本应包括：

1. 加工中实际耗用物资的实际成本。

2. 支付的加工费用。

3. 支付的税金（加工物资应负担的增值税和消费税）。

加工物资应负担的增值税包括加工物资用于非增值税应税项目或免征增值税项目，以及未取得增值税专用发票的一般纳税企业和小规模纳税企业支付加工物资的增值税。

加工物资应负担的消费税指应纳消费税的加工物资支付的消费税。这里又区别两种情况，凡属加工物资收回后直接用于对外销售的，应将消费税计入委托加工物资的成本；凡属加工物资收回后用于连续生产应税消费品的，应将支付的消费税记入"应交税费——应交消费税"科目的借方单独核算，待产品生产完工销售后，抵交其应纳的销售环节消费税。

4. 支付加工物资的往返运杂费。企业在办理委托加工物资业务时，委托方和受托方必须事先签订加工合同。发出加工用物资时，应由供应部门根据加工合同编制"委托加工物资发货单（出库单）"，经审核后由仓库据以发出物资；加工物资制成后，由供应部门编制

"委托加工物资收货单（入库单）"，由仓库据以验收入库，同时财会部门根据加工单位提交的加工费用结算凭证付款。

委托加工物资的会计处理

（一）科目设置

为了核算和监督加工合同的执行及加工物资的发出、收回情况，便于计算委托加工物资的实际成本，企业应设置"委托加工物资"科目。该科目的借方登记发出加工物资的实际（计划）成本和成本差异以及支付的加工费、税金和往返运杂费用；贷方登记加工完成验收入库物资的实际成本及退回剩余物资的实际成本；余额在借方，反映尚在加工中的各种物资的实际成本。

企业按加工合同和受托加工单位设置明细账，进行明细核算。委托加工物资的明细账应采用多栏式格式，详细反映加工单位名称、加工合同号数，发出加工物资的名称、数量、实际（计划）成本和成本差异，加工费用和运杂费，以及加工完成物资的实际成本等内容。

（二）账务处理

1. 拨付加工原材料。企业根据加工合同的规定，拨付委托外单位加工的原材料时，应由供应部门填制"委托加工物资发料单"，仓库据以发料后，会计部门应按发出材料的实际成本或计划成本借记"委托加工物资"科目，贷记"原材料"科目。按计划成本计价的企业还应结转发出物资的成本差异，借记"委托加工物资"科目，贷记"材料成本差异"科目，实际成本小于计划成本的差异作相反分录或用红字登记。

2. 支付加工费用及税金。支付加工费时，借记"委托加工物资"科目，贷记"银行存款"科目。如果委托方是一般纳税人且取得增值税专用发票，则应借记"委托加工物资""应交税费——应交增值税（进项税额）"科目，贷记"银行存款"科目。

注意：如果收回的物资属应纳消费税范围且用于连续生产应税消费品，则将支付的消费税借记"应交税费——应交消费税"科目；如果收回的物资直接用于销售，则将支付的消费税记入加工物资成本。

3. 支付加工物资运杂费。借记"委托加工物资"科目，贷记"银行存款"科目。

4. 收回委托加工物资。加工完成的物资和剩余物资验收入库时，按收回物资的实际成本或计划成本，借记"原材料"科目，贷记"委托加工物资"科目，按计划成本计价的企业，还应同时结转入库物资的成本差异，实际成本大于计划成本的超支额借记"材料成本差异"科目，实际成本小于计划成本的节约额贷记"材料成本差异"科目。

【任务5-27】 委托加工物资的账务处理

※工作资料

（1）某企业根据加工合同发出材料一批，材料计划成本为4 900元，材料成本差异率为-2%。

（2）支付加工费用500元，增值税专用发票上注明增值税额85元，支付运杂费150元，款项均以转账支票支付。

（3）加工材料制成，全部验收入库，其计划成本为5 500元。（原始单据略）

※工作行动

（1）根据委托加工物资发料单，将原材料计划成本转到委托加工物资成本中；根据成本差异率，结转原材料的成本差异；

（2）根据加工费发票和银行付款结算凭证作委托加工物资成本的增加、将可抵扣的增值税记入"应交税费——应交增值税（进项税额）"的借方，同时作银行存款减少；

（3）将验收入库委托加工物资的计划成本作原材料增加，冲减其实际成本，同时将实际成本与计划成本的差异记入材料成本差异账户。

※工作成果

根据"委托加工物资发料单"编制会计分录如下：

借：委托加工物资	4 900	
贷：原材料		4 900
借：材料成本差异	98	
贷：委托加工物资		98

根据加工单位开出的发票、费用单据、支票存根编制会计分录如下：

借：委托加工物资	650	
应交税费——应交增值税（进项税额）	85	
贷：银行存款		735

根据"委托加工物资收料单"编制会计分录如下：

借：原材料	5 500	
贷：委托加工物资		5 452
材料成本差异		48

项目六　存货清查的核算

企业的存货品种、规格很多，收发业务频繁。存货在日常收发及保管过程中由于各种因素，会使存货的账存数与实存数不一致，如自然损耗、计量错误、检验疏忽、管理不善、计算错误、盗窃及自然灾害等，均会造成存货的账实不符。为了保障企业财产物资的安全完整，保证存货核算资料的真实可靠，做到账实相符，企业必须对存货进行定期或不定的清查，以确定存货的实际数额，查明账实不符的原因及责任归属。

相关知识

一、存货清查的方法

存货清查应采用实地盘点的方法进行。盘点前，仓库及财会部门应将存货的有关明细分类账登记齐全，结出余额，并互相核对；盘点时逐一清点数量；盘点结束后，根据盘点记录，填写存货盘点报告，据此调整账面记录，并及时分析原因，分清责任，提出处理意见，按规定程序报经有关部门批准后，进行相应的账务处理。

须注意的是，存货清查除查明存货数量，还应对存货的质量进行清查，查明是否有毁损变质、超储积压，冷背呆滞的存货，以便及时进行处理，提高存货质量。

二、存货清查的会计处理

存货盘点盈亏报告表是证明企业存货盘盈、盘亏和毁损，据以调整存货账面数量的依据，经领导批准后，可作为原始凭证列账。但存货盘盈、盘亏的处理必须在领导批准后才能进行，未批准前只能先列账。所以存货清查的核算一般分两步进行。第一步，根据"存货盘点盈亏报告表"调整存货的账面记录，同时将盘盈、盘亏的存货先记入"待处理财产损溢"科目达到账实相符；第二步根据审批后的处理意见，从"待处理财产损溢"科目转到相应的科目中。企业清查的各种存货损溢，应在期末结账前处理完毕，期末处理后，待处理财产损溢科目无余额。

工作任务

存货清查的账务处理

（一）存货盘盈

存货发生存货盘盈时，应按存货的实际成本，借记有关存货科目，贷记"待处理财产损溢"科目；盘盈的存货在按管理权限报经批准后，作冲减管理费用处理，借记"待处理财产损溢"科目，贷记"管理费用"科目。

（二）存货盘亏及毁损

存货发生盘亏及毁损时，应先按实际成本，借记"待处理财产损溢"科目，贷记有关存货科目，盘亏存货在按管理权限报经批准后，再根据具体原因，分以下情况进行处理：

1. 属于自然损耗产生的定额内合理的短缺，经批准后可转作管理费用。

2. 属于超定额短缺及存货毁损，能确定过失人的，应由过失人负责赔偿，属于保险责任范围的，应向保险公司索赔；扣除过失人或保险公司赔款和残料价值后，其余部分计入管理费用。

3. 属于非常损失所造成的存货毁损，应将扣除保险公司赔款和残料价值后的余额，计入营业外支出。

【任务 5-28】 存货盘盈盘亏的账务处理

※工作资料

某工厂 2012 年 12 月 30 日对存货进行盘点，盘点结果如下表；31 日相关部门已查明盘盈盘亏的原因，主管领导已审批签字。

表 5-25

存货盘点盈亏报告表

2012 年 12 月 30 日

存货类别	存货编号	名称与规格	计量单位	数量		单价	盘盈		盘亏			原因	审批意见
				账存	实存		数量	金额	数量	金额	进项税额		
原材料	1101	A材料	公斤	1000	980	30			20	600		定额内短缺	按规定转销
	1102	B材料	公斤	90	80	20			10	200	34	工作过失致毁损	保管员承担净损失的50%，其余转销
产成品	2102	甲产品	公斤	500	510	150	10	1 500				计量误差	按规定转销
合计								1 500		800	34		

财产清查小组　叶小颖　　会计　王彤　　主管领导　张亚生

B 材料毁损，收回残值为 10 元。

※工作行动

（1）根据存货盘点盈亏报告表（未审批的），将盘盈的甲产品按同类产品实际成本调增"产成品"科目，并贷记"待处理财产损溢"科目，将盘亏原材料的实际成本调减"原材料"科目，并借记"待处理财产损溢"科目；

（2）根据存货盘点盈亏报告表（审批后的），将盘盈的甲产品成本冲减管理费用，将 A 材料盘亏计入管理费用，将 B 材料毁损所收回的残值计入库存现金，应由保管人员承担的赔偿计入其他应收款，净损失计入管理费用，将取得 B 材料时作为进项税额核算的增值税作转出处理，同时转销"待处理财产损溢"科目。

※工作成果

（1）批准处理前：

借：产成品——甲产品　　　　　　　　　　　　　　　　　　　1 500
　　贷：待处理财产损溢——待处理流动资产损溢　　　　　　　　　　1 500
借：待处理财产损溢——待处理流动资产损溢　　　　　　　　　　800
　　贷：原材料——A 材料　　　　　　　　　　　　　　　　　　　600
　　　　　　——B 材料　　　　　　　　　　　　　　　　　　　200

（2）批准处理后：

借：待处理财产损溢——待处理流动资产损溢　　　　　　　　　　1 500

```
        贷：管理费用                                                    1 500
      借：管理费用                                    600
        贷：待处理财产损溢——待处理流动资产损溢                        600
```

B 材料毁损，收回残值为 10 元，保管人员工作过失赔偿 112[(200+34－10)×50%]元。

```
      借：库存现金                                     10
        其他应收款                                   112
        管理费用                                     112
        贷：待处理财产损溢——待处理流动资产损溢                        200
          应交税金——应交增值税（进项税额转出）                       34
```

【任务 5-29】 存货毁损的账务处理

※工作资料

某工厂 2012 年 8 月，仓库储存未用包装物因意外火灾毁损一批，实际成本 20 000 元，增值税率 17%；毁损的包装物经保险公司确认，应赔付 21 420 元，净损失部分经批准转销。

※工作行动

（1）根据存货毁损报告单，将毁损包装物的实际成本调减“周转材料——包装物”科目，将其取得时作为进项税额核算的增值税作转出处理，并借记“待处理财产损溢”科目；

（2）根据保险公司出具的财产保险理赔单，将其应赔偿的金额记入其他应收款，净损失计入营业外支出，同时转销“待处理财产损溢”科目。

※工作成果

```
（1）借：待处理财产损溢——待处理流动资产损溢                        23 400
      贷：周转材料——包装物                             20 000
        应交税金——应交增值税（进项税额转出）                     3 400
（2）借：其他应收款——××保险公司                          21 420
      营业外支出                                   1 980
      贷：待处理财产损溢——待处理流动资产损溢                        23 400
```

 怎样组织存货的清查盘点？对清查盘点结果应怎样处理？

项目七　存货的期末计量

企业会计准则规定，在资产负债表日，企业应按成本与可变现净值孰低对存货进行期末计价。这就是说，要求企业按照成本与可变现净值两者之中的较低者对期末存货进行计量。当成本低于可变现净值时，存货按成本计量；当成本高于可变现净值时，存货按可变现净值计量，可变现净值低于成本的部分提取存货跌价准备，计入当期损益。

相关知识

（一）存货减值迹象的判断

企业的存货如果出现下列情况之一的，表明存货的可变现净值低于成本：

1. 该存货的市价持续降低，在可预见的未来没有回升的希望；
2. 用该材料生产的产品，其成本大于预计销售价格；
3. 因产品更新换代，使库存材料不再适用新产品生产的需要，且该材料的市场价格低于其账面成本；
4. 因产品过时或消费者偏好改变，使市场需求发生变化，导致产品价格不断下跌；
5. 其他足以证明该存货实质上已发生减值的情况。

（二）存货的期末成本

存货的期末成本，是指期末存货的实际成本。如果企业在存货成本的日常核算中采用计划成本法、零售价法等简化核算方法，那么存货的期末成本应该是经调整后的实际成本。

（三）期末存货可变现净值

1. 可变现净值的定义

存货的可变现净值，是指在日常活动中，存货的估计售价减去至完工时估计将要发生的成本、估计的销售费用以及相关税费后的金额。在确定存货的可变现净值时，应合理确定估计售价、至完工将要发生的成本、估计的销售费用和相关税费。

2. 确定存货可变现净值时应考虑的因素

（1）应以取得的确凿证据为基础。这里所讲的"确凿证据"是指对确定存货的可变现净值有直接影响的客观证明，如产品的市场销售价格、与企业产品相同或类似商品的市场销售价格、供货方提供的有关资料和生产成本资料等。

（2）应考虑持有存货的目的。企业持有存货的目的不同，确定存货可变现净值的计算方法也不同。企业持有存货的目的，通常可以分为：①持有以备出售，如商品、产成品，其中又分为有合同约定的存货和没有合同约定的存货；②将在生产过程或提供劳务过程中耗用，如材料等。

（3）应考虑资产负债表日后事项等的影响。即在确定资产负债表日存货的可变现净值时，不仅要考虑财务会计报告批准报出日之前发生的相关价格与成本波动，还要考虑以后期间发生的相关事项。

工作任务

存货可变现净值的确定

1. 产成品、商品和用于出售的原材料等直接用于出售的存货，其可变现净值是指，在正常生产经营过程中，以该存货的估计售价减去估计的销售费用和相关税费后的金额。

【任务 5-30】

※**工作资料**

2012 年 12 月 31 日，远大股份有限公司库存甲产品 500 件，账面价值为 500 000 元，单位成本为 1 000 元/件。甲产品在 2012 年 12 月 31 日的市场销售价格为 980 元/件，估计销售税费 5 000 元。甲公司未签订与甲产品有关的销售合同。

※**工作行动及成果**

甲产品的可变现净值=980×500 − 5 000=485 000（元）

【任务 5-31】

※**工作资料**

2012 年 12 月 31 日，远大股份有限公司库存 B 材料 10 吨，账面价值为 100 000 元，单位成本为 10 000 元/吨。因公司转产，决定将不需用的 B 材料出售。2012 年 12 月 31 日 B 材料的市场销售价格为 9 920 元/吨，销售 B 材料估计的销售税费 2 000 元。

※**工作行动及成果**

B 材料的可变现净值=9 920×10 − 2 000=97 200（元）

2. 用于生产的材料、在产品或自制半成品等需要经过加工的存货，由于持有目的是生产产品，该类存货的价值体现在用其生产的产品上。因此，在确定该类存货期末价值时，应与该类存货所生产的产成品的期末价值减损情况联系起来。

（1）如果用其生产的产成品的可变现净值高于其成本，该类存货应按其成本进行计量。

【任务 5-32】

※**工作资料**

2012 年 12 月 31 日，远大股份有限公司库存 A 材料的账面价值为 240 000 元，市场销售价格总额为 230 000 元，假设不发生其他销售税费；用 A 材料生产的乙产品的可变现净值高于成本。确定 2012 年 12 月 31 日 A 材料的价值。

※**工作行动及成果**

虽然 A 材料的市场价格低于其成本，但用其生产的乙产品的可变现净值高于成本，意味着最终产品并没有价值减损，因此 A 材料期末价值仍应按其成本确定。

（2）如果该类存货价格的下降表明以其生产的产成品的可变现净值低于成本，则该类存货应当按可变现净值计量。可变现净值是指在正常生产经营过程中，以其所生产的产成品的估计售价减去至完工估计将要发生的成本、估计的销售费用以及相关税费后的金额。

【任务 5-33】

※工作资料

2012 年 12 月 31 日，远大股份有限公司库存 C 材料的账面价值为 580 000 元，市场销售价格总额为 450 000 元，假设不发生其他销售税费。用 C 材料生产的丙产品的市场销售价格总额由 1 400 000 元下降到 1 250 000 元，但其生产成本仍为 1 300 000 元，将 C 材料加工成丙产品还需投入 700 000 元，估计销售费用和税金为 40 000 元。确定 2012 年 12 月 31 日 C 材料的价值。

※工作行动及成果

第一步，计算用 C 材料所生产的丙产品的可变现净值。

丙产品的可变现净值=丙产品的估计售价−估计销售费用和税金

$$=1\ 250\ 000-40\ 000$$

$$=1\ 210\ 000（元）$$

第二步，将用 C 材料所生产的丙产品的可变现净值与成本进行比较。

丙产品的可变现净值 1 210 000 元，小于丙产品的成本 1 300 000 元，C 材料应当按可变现净值计量。

第三步，计算 C 材料的可变现净值。

C 材料的可变现净值

=丙产品的估计售价−将 C 材料加工成丙产品尚需投入的成本−估计销售费用和税金

$$=1\ 250\ 000-700\ 000-40\ 000$$

$$=510\ 000（元）$$

第四步，将 C 材料的可变现净值与其成本进行比较。

C 材料的可变现净值 510 000 元，小于 C 材料的成本 580 000 元，C 材料的期末价值应为其可变现净值。

工作任务

存货跌价准备的会计处理

（一）科目设置

企业应设置"存货跌价准备"科目核算企业存货的跌价准备。"存货跌价准备"属于资产类科目，备抵有关存货科目，贷方登记提取的存货跌价准备；借方登记发出存货结转的存货跌价准备以及存货价值回升时冲减的存货跌价准备；余额在贷方，反映企业已计提但尚未转销的存货跌价准备。本科目可按存货项目或类别进行明细核算。

（二）存货跌价准备的账务处理

1. 存货跌价准备的提取方法

存货跌价准备应当按照单个存货项目计提。即将每个存货项目的成本与可变现净值逐一进行比较，取其低者作为存货期末价值，并按可变现净值低于成本的差额，计提存货跌价准备。企业应当根据管理要求及存货的特点，具体规定存货项目的确定标准。比如，将某一型号和规格的材料作为一个存货项目，将某一品牌和规格的商品作为一个存货项目，等等。

对于数量繁多、单价较低的存货，可以按存货类别计提存货跌价准备。即如果某一类存货的数量繁多并且单价较低，企业可以按存货类别的成本总额与可变现净值的总额进行比较，每个存货类别均取较低者作为存货期末价值。按各类存货的可变现净值低于相同类别存货成本总额的差额，计提存货跌价准备。

对于与具有类似目的或最终用途并在同一地区生产和销售的产品系列相关，且难以将其与该产品系列的其他项目分开计量的存货，可以合并计提存货跌价准备。存货具有类似目的或最终用途，意味着具有相同的风险和报酬。在同一地区生产和销售，意味着所处的经济环境、法律环境、市场环境等相同，不同的地区具有不同的风险。因此，在这种情况下，可以对存货进行合并计提存货跌价准备。假如某百货商场根据季节的变化、消费者偏好的改变，决定进行季节大减价，所有各种款式的夏季服装均按 150 元 2 件出售。在这种情况下，就需将这些服装合并起来确定其可变现净值。如果可变现净值低于成本，则应计提存货跌价准备。

2. 存货跌价准备的账务处理

存货按项目、类别或某些存货合并提取存货跌价准备时，其可变现净值低于成本的金额，应借记"资产减值损失"科目，贷记"存货跌价准备"科目。

企业每期都应当重新确定存货的可变现净值。如果以前减记存货价值的影响因素已经消失，则减记的金额应当予以恢复，并在原已计提的存货跌价准备的金额内转回，借记"存货跌价准备"科目，贷记"资产减值损失"科目。

【任务 5-37】 计提存货跌价准备

※工作资料

M 公司采用成本与可变现净值孰低法对存货进行期末计价，存货成本与可变现净值的比较采用单项比较法。2011 年 12 月 31 日，A 材料的账面成本为 100 000 元，预计可变现净值为 90 000 元，B 材料的账面成本为 180 000 元，预计可变现净值为 185 000 元。

※工作行动及成果

A 材料的可变现净值低于成本，应计提存货跌价准备为 10 000 元。根据存货跌价准备计算表编制如下会计分录：

借：资产减值损失　　　　　　　　　　　　　　　　　　　　　　　　　10 000
　　贷：存货跌价准备　　　　　　　　　　　　　　　　　　　　　　　　　10 000

B 材料成本低于可变现净值，不需提存货跌价准备。

假设 2012 年 12 月 31 日，A 材料的数量、账面成本和已提的存货跌价准备均未发生变化，但由于市场供需发生变化，使得 A 材料的预计可变现净值为 85 000 元。

由于市场供需发生变化，A 材料的可变现净值有所降低，应计提存货跌价准备为 15 000 元，但因存货跌价准备账户已有 10 000 元余额，因此，应根据"存货跌价准备计算表"补提存货跌价准备 5 000 元。

借：资产减值损失　　　　　　　　　　　　　　　　　　　　　　　　　 5 000
　　贷：存货跌价准备　　　　　　　　　　　　　　　　　　　　　　　　　 5 000

假设 2012 年 6 月 30 日，A 材料的数量、账面成本和已提的存货跌价准备均未发生变化，但由于市场供需发生变化，A 材料的预计可变现净值为 95 000 元。

此时，A 材料的可变现净值有所恢复，应冲减存货跌价准备 5 000 元。编制会计分录如下：

借：存货跌价准备　　　　　　　　　　　　　　　　　　　　　　　　　 5 000
　　贷：资产减值损失　　　　　　　　　　　　　　　　　　　　　　　　　 5 000

计提了存货跌价准备的存货，如果已经销售，企业应在结转销售成本时，同时结转已提存货跌价准备。如果按存货类别计提存货跌价准备，也应按比例结转相应的存货跌价准备。

【任务 5-38】 结转存货跌价准备

※**工作资料**

甲企业将库存的 5 台产成品——Ⅱ型机床以每台 12 000 元的价格全部售出，Ⅱ型机床的单位成本为 11 000 元，计提的存货跌价准备为 8 000 元，结转Ⅱ型机床的销售成本及存货跌价准备。

※**工作行动及成果**

根据产品销售成本计算表，编制会计分录如下：

借：主营业务成本　　　　　　　　　　　　　　　　　　　　　　　　　47 000
　　存货跌价准备　　　　　　　　　　　　　　　　　　　　　　　　　 8 000
　　贷：库存商品——Ⅱ型机床　　　　　　　　　　　　　　　　　　　　55 000

　什么是存货的"可变现净值"？不同情况下可变现净值如何确定？

单元六 长期股权投资的核算

学习目标

- **知识目标**

  理解长期股权投资的内容、了解与长期股权投资相关的概念

  掌握长期股权投资初始投资成本的确定方法以及长期股权投资核算的成本法和权益法

  了解长期股权投资减值

- **能力目标**

  会按投资企业对被投资单位的影响程度划分投资的类型

  能处理长期股权投资的经济业务核算

  能用成本法或权益法对长期股权投资进行会计处理

企业的投资是企业为了获得收益或实现资本增值而进行的资金投放活动。包括对内经营活动的资金投入和对外的资本投资及债权投资。对外投资是企业投资活动中的一个特殊类别，可以有不同的分类。从性质上划分，可分为权益性投资与债权性投资；从管理层持有意图划分，可分为交易性投资、可供出售投资、持有至到期投资以及对被投资单位实施控制、共同控制或施加重大影响的投资。

项目一 长期股权投资认知

一、长期股权投资的范围

长期股权投资，是指投资方对被投资单位实施控制、重大影响的权益性投资，以及对合营企业的权益性投资。

根据《企业会计准则第 2 号——长期股权投资》的规定，长期股权投资的范围主要包括以下几个方面：1. 企业能够对被投资单位实施控制的权益性投资，即对子公司投资。2. 企业与其他合营方能够对被投资单位实施共同控制的权益性投资，即对合营企业投资。3. 企业能够对被投资单位实施重大影响的权益性投资，即对联营企业投资。

二、与长期股权投资相关的概念

（一）控制与母子公司

控制，是指投资方拥有对被投资方的权力，通过参与被投资方的相关活动而享有可变

回报，并且有能力运用对被投资方的权力影响其回报金额。

这里所称相关活动，是指对被投资方的回报产生重大影响的活动。被投资方的相关活动应当根据具体情况进行判断，通常包括商品或劳务的销售和购买、金融资产的管理、资产的购买和处置、研究与开发活动以及融资活动等。

在确定能否对被投资单位实施控制时，投资方应当按照《企业会计准则第33号——合并财务报表》的有关规定进行判断。

除非有确凿证据表明其不能主导被投资方相关活动，下列情况，表明投资方对被投资方拥有权力：

1. 投资方持有被投资方半数以上的表决权的。

2. 投资方持有被投资方半数或以下的表决权，但通过与其他表决权持有人之间的协议能够控制半数以上表决权的。

投资方能够对被投资单位实施控制的，被投资单位为其子公司。

（二）共同控制与合营企业

共同控制，是指按照合同约定对某项经济活动所共有的控制，仅在与该项经济活动相关的重要财务和经营决策需要分享控制权的投资方一致同意时存在。

企业与其他方对被投资单位实施共同控制的，被投资单位为本企业的合营企业。

（三）重大影响与联营企业

重大影响，是指投资方对被投资单位的财务和经营政策有参与决策的权力，但并不能够控制或者与其他方一起共同控制这些政策的制定。在确定能否对被投资单位施加重大影响时，应当考虑投资方和其他方持有的被投资单位当期可转换公司债券、当期可执行认股权证等潜在表决权因素。

投资方能够对被投资单位施加重大影响的，被投资单位为其联营企业。

三、长期股权投资初始投资成本的确定

除企业合并形成的长期股权投资以外，以支付现金取得的长期股权投资，应当按照实际支付的购买价款作为初始投资成本。初始投资成本包括与取得长期股权投资直接相关的费用、税金及其他必要支出。

此外，企业取得长期股权投资，实际支付的价款中包含的已宣告但尚未发放的现金股利或利润，应作为应收项目单独核算，不构成长期股权投资的成本。

长期股权投资的后续计量方法有两种：一是成本法，二是权益法。

四、设置和使用的会计科目

为了核算企业的长期股权投资，企业应当设置"长期股权投资""投资收益"等科目。

"长期股权投资"科目核算企业持有的采用成本法和权益法核算的长期股权投资，借方登记长期股权投资取得时的成本以及采用权益法核算时按被投资企业实现的净利润等计算的应分享的份额，贷方登记收回长期股权投资的价值或采用权益法核算时被投资单位宣告

分派现金股利或利润时企业按持股比例计算应享有的份额，及按被投资单位发生的净亏损等计算的应分担的份额，期末借方余额，反映企业持有的长期股权投资的价值。

 长期股权投资的范围包括哪些？其初始投资成本如何确定？

项目二　长期股权投资的成本法核算

相关知识

成本法是指投资按投资成本计价的方法。在成本法下，长期股权投资以取得股权时的成本计价；其后，除了投资企业追加投资、收回投资等情形外，长期股权投资的账面价值一经确定一般保持不变。

投资方能够对被投资单位实施控制的长期股权投资，即对子公司的长期股权投资。应当采用成本法核算。

工作任务

长期股权投资成本法的会计处理

（一）取得长期股权投资

取得长期股权投资时，应按照初始投资成本计价。除企业合并形成的长期股权投资以外，以支付现金取得的长期股权投资，应当按照实际支付的购买价款作为初始投资成本。企业所发生的与取得长期股权投资直接相关的费用、税金及其他必要支出应计入长期股权投资的初始投资成本。

注意：企业取得长期股权投资，实际支付的价款或对价中包含的已宣告但尚未发放的现金股利或利润，作为应收项目处理，不构成长期股权投资的成本。

【任务 6-1】 取得长期股权投资业务

※工作资料

宏远股份有限公司于 2011 年 1 月 2 日以 3 850 000 元对四海科技有限责任公司进行长期股权投资，拥有了四海科技有限责任公司 55% 的股权，从而能对被投资单位实施控制。款项已由银行存款支付。（转账支票存根略）

※工作行动

（1）开出转账支票支付投资款，并取得四海科技有限责任公司开具的出资证明书。

（2）确定股权投资的核算方法为成本法，编制取得长期股权投资的记账凭证。成本法下，初始投资或追加投资时，按照初始投资或追加投资时的投资成本增加长期股权投资的账面价值。如用现金购入作为长期投资的股票，按照实际支付的价款（包括支付的税金、手续费等相关费用），借记"长期股权投资"科目，贷记"银行存款"科目。

（3）根据审核无误的记账凭证，登记"银行存款"日记账和"长期股权投资"明细账。

※工作成果

借：长期股权投资——四海科技有限责任公司　　　　　　　　　3 850 000
　　贷：银行存款　　　　　　　　　　　　　　　　　　　　　　3 850 000

（二）长期股权投资持有期间被投资单位宣告发放现金股利或利润

长期股权投资持有期间被投资单位宣告发放现金股利或利润时，对采用成本法核算有关长期股权投资的，企业按应享有的部分确认为投资收益，借记"应收股利"科目，贷记"投资收益"科目。

【任务6-2】分派现金股利业务

※工作资料

承【任务6-1】，2012年3月7日，四海科技有限责任公司宣告分配利润。2012年3月26日，宏远股份有限公司收到四海科技有限责任公司发放的利润。（银行收账通知略）

※工作行动

（1）取得四海科技有限责任公司2011年度利润分红公告，根据利润分红公告计算应分得的利润数额为990 000元（3 000 000×60%×55%），并编制应收股利计算表。

（2）编制记账凭证。被投资单位宣告分派的利润或现金股利，投资企业按应享有的部分，确认为当期投资收益。借记"应收股利"科目，同时贷记"投资收益"科目。

（3）登记"应收股利"和"投资收益"明细账。

（4）取得银行收账通知并与应收股利计算表核对。

（5）根据银行收账通知编制记账凭证。实际收到分来的利润时，借记"银行存款"科目，贷记"应收股利"科目。

（6）登记"银行存款"日记账和"应收股利"明细账。

※工作成果

（1）四海科技有限责任公司宣告分派利润

借：应收股利——四海科技有限责任公司　　　　　　　　　　　990 000
　　贷：投资收益　　　　　　　　　　　　　　　　　　　　　　990 000

（2）收到四海科技有限责任公司分配的利润

借：银行存款　　　　　　　　　　　　　　　　　　　　　　　990 000
　　贷：应收股利——四海科技有限责任公司　　　　　　　　　　990 000

（三）长期股权投资的处置

处置长期股权投资时，按实际取得的价款与长期股权投资账面价值的差额确认为投资损益，并应同时结转已计提的长期股权投资减值准备。其会计处理是：企业处置长期股权投资时，应按实际收到的金额，借记"银行存款"等科目，按原已计提的减值准备，借记"长期股权投资减值准备"科目,按该项长期股权投资的账面余额,贷记"长期股权投资"科目,按尚未领取的现金股利或利润,贷记"应收股利"科目,按其差额,贷记或借记"投资收益"科目。

【任务6-3】 处置长期股权投资业务

※工作资料

承【任务6-1】【任务6-2】,假设2012年9月宏远股份有限公司将持有的四海科技有限责任公司股份全部出售。收到款项4 600 000元。(银行收账通知略)

※工作行动

(1)取得银行收账通知,并与股权转让合同进行核对。

(2)编制记账凭证。处置长期股权投资时,按所收到的处置收入与长期股权投资账面价值的差额确认为当期投资收益。会计处理时,按实际取得的价款,借记"银行存款"科目,按该股权投资的账面价值,贷记"长期股权投资"科目,按其差额,贷记或借记"投资收益"科目。

(3)根据审核无误的记账凭证,登记 "银行存款"日记账、"长期股权投资"明细账以及"投资收益"明细账。

※工作成果

借:银行存款   4 600 000

    贷:长期股权投资——四海科技有限责任公司   3 850 000

        投资收益   750 000

长期股权投资成本法的适用范围包括哪些?

项目三 长期股权投资的权益法核算

相关知识

权益法,是指长期股权投资最初以投资成本计价,以后根据投资企业享有被投资单位所有者权益份额的变动对长期股权投资的账面价值进行调整的方法。在权益法下,长期股权投资的账面价值随着被投资单位所有者权益的变动而变动,包括被投资单位实现的净利润或发生的净亏损以及其他所有者权益项目的变动。

投资企业对被投资单位具有共同控制或重大影响的长期股权投资应采用权益法核算,即企业对其合营企业和联营企业的长期股权投资应采用权益法核算。

工作任务

长期股权投资权益法的会计处理

(一)取得长期股权投资

取得长期股权投资,长期股权投资的初始投资成本大于投资时应享有被投资单位可辨认净资产公允价值份额的，不调整长期股权投资的初始投资成本，即借记"长期股权投资——成本"科目，贷记"银行存款"等科目。长期股权投资的初始投资成本小于投资时应享有被投资单位可辨认净资产公允价值份额的，其差额应当计入当期损益，同时调整长期股权投资的成本，即借记"长期股权投资——成本"科目，贷记"银行存款"等科目，按其差额，贷记"营业外收入"科目。

【任务 6-4】取得股权投资且初始投资成本大于投资时应享有的被投资单位可辨认净资产公允价值份额业务

※工作资料

虹桥股份有限公司于 2010 年 1 月 3 日向蓝天科技有限责任公司以 920 000 元进行长期股权投资，占蓝天科技有限责任公司有表决权资本的 20%，从而对该公司的财务和经营政策有重大影响。款项均由银行存款支付。投资时蓝天科技有限责任公司可辨认净资产公允价值为 4 500 000 元。（转账支票存根略）

※工作行动

（1）开出转账支票支付投资款，并取得蓝天科技有限责任公司开具的出资证明书。

（2）确定股权投资的核算方法为权益法，编制取得长期股权投资的记账凭证。权益法下，取得长期股权投资，长期股权投资的初始投资成本大于投资时应享有被投资单位可辨认净资产公允价值份额的，不调整长期股权投资的初始投资成本，借记"长期股权投资——成本"科目，贷记"银行存款"等科目。在本业务中，长期股权投资的初始投资成本 920 000元大于投资时应享有被投资单位可辨认净资产公允价值份额 900 000 元（4 500 000×20%），不调整长期股权投资的初始投资成本。

（3）根据审核无误的记账凭证，登记"银行存款"日记账和"长期股权投资"明细账。

※工作成果

借：长期股权投资——蓝天科技有限责任公司（成本）　　　　　　920 000
　　贷：银行存款　　　　　　　　　　　　　　　　　　　　　　　920 000

【任务 6-5】取得股权投资且初始投资成本小于投资时应享有的被投资单位可辨认净资产公允价值份额业务

※工作资料

承【任务 6-4】，假设投资时蓝天科技有限责任公司可辨认净资产公允价值为 4 850 000 元。

※工作行动

（1）开出转账支票支付投资款，并取得蓝天科技有限责任公司开具的出资证明书。

（2）编制取得长期股权投资的记账凭证。长期股权投资的初始投资成本小于投资时应享有被投资单位可辨认净资产公允价值份额的，其差额应当计入当期损益，同时调整长期股权投资的成本。按投资时应享有被投资单位可辨认净资产公允价值的份额，借记"长期股权投资——成本"科目，按实际支付的初始投资成本，贷记"银行存款"等科目，按其差额，贷记"营业外收入"科目。在本业务中，长期股权投资的初始投资成本 920 000 元小于投资时应享有被投资单位可辨认净资产公允价值份额 970 000（4 850 000×20%）元，应调整长期股权投资成本，其差额计入当期营业外收入。

（3）根据审核无误的记账凭证，登记"银行存款"日记账、"长期股权投资"明细账以及"营业外收入"明细账。

※**工作成果**

借：长期股权投资——蓝天科技有限责任公司（成本）　　　　970 000

　　贷：银行存款　　　　　　　　　　　　　　　　　　　　920 000

　　　　营业外收入　　　　　　　　　　　　　　　　　　　 50 000

（二）长期股权投资账面价值调整

投资后，随着被投资单位所有者权益的变动而相应调整增加或减少长期股权投资的账面价值。并分别以下情况处理：

1. 被投资单位实现净损益的处理

属于被投资单位当年实现的净利润而影响的所有者权益的变动，投资企业应按所持表决权资本比例计算应享有的份额，增加长期股权投资的账面价值，并确认为当期投资收益，即借记"长期股权投资——损益调整"科目，贷记"投资收益"科目；属于被投资单位当年发生的净亏损而影响的所有者权益的变动，投资企业应按所持表决权资本的比例计算应分担的份额，减少长期股权投资的账面价值，并确认为当期投资损失，即借记"投资收益"科目，贷记"长期股权投资——损益调整"科目。

投资企业在确认被投资单位净损益时，应注意以下几个问题：

第一，确认享有被投资单位净损益的份额时，应在"长期股权投资"科目下单独设置"损益调整"明细科目进行核算。第二，在确认被投资单位发生的净亏损时，如果"损益调整"明细科目不够冲减的，应继续冲减，而不冲减"成本""其他权益变动"等其他明细科目，此时，"损益调整"明细科目会出现负数。第三，投资企业确认被投资单位发生的净亏损，应以投资账面价值减记至零为限。这里的投资账面价值是指该项股权投资的账面余额减去该项投资已计提的减值准备，股权投资的账面余额包括成本、损益调整、其他权益变动等。如果以后各期被投资单位实现净利润，投资企业应在计算的收益分享额超过未确认的亏损分担额以后，按超过未确认的亏损分担额的金额，恢复投资的账面价值。

2. 被投资单位宣告分派利润或现金股利的处理

被投资单位以后宣告分派利润或现金股利时，企业计算应分得的部分，并冲减长期股权投资账面价值，即借记"应收股利"科目，贷记"长期股权投资——损益调整"科目。企业收到被投资单位宣告发放的股票股利，不进行账务处理，但应在备查簿中登记。

3. 持有长期股权投资期间被投资单位所有者权益的其他变动

在企业持股比例不变的情况下，被投资单位除净损益以外所有者权益的其他变动，投资企业应按持股比例计算应享有的份额，调整长期股权投资的账面价值，同时计入所有者权益，即借记或贷记"长期股权投资——其他权益变动"科目，贷记或借记"资本公积——其他资本公积"科目。

👉 **注意**：被投资单位提取法定盈余公积和任意盈余公积，仅仅影响所有者权益结构的变化，不会影响所有者权益总额的变化。因此，如果被投资单位提取法定盈余公积和任意盈余公积时，投资企业不需要做会计处理。同理，如果被投资单位以资本公积、盈余公积等转增资本（或股本），投资企业只需要记录所增加的股份，也不需要做会计处理。此外，如果被投资单位以盈余公积弥补亏损，投资企业也不需要做会计处理。

【任务 6-6】 确认股权投资收益业务

※工作资料

承【任务 6-5】，2010 年蓝天科技有限责任公司全年实现净利润 550 000 元。

※工作行动

（1）取得蓝天科技有限责任公司 2010 年度财务报表（表 6-2），计算该公司当期损益中应由本企业享有的份额为 110 000 元（550 000×20%）。

（2）编制记账凭证。权益法下，属于被投资单位当年实现的净利润而影响的所有者权益的变动，投资企业应按所持表决权资本比例计算应享有的份额，增加长期股权投资的账面价值，并确认为当期投资收益。具体进行会计处理时，企业应按被投资单位实现的净利润计算应分享的份额，借记"长期股权投资——损益调整"科目，贷记"投资收益"科目。

（3）根据审核无误的记账凭证，登记"长期股权投资"明细账和"投资收益"明细账。

※工作成果

借：长期股权投资——蓝天科技有限责任公司（损益调整）　　　　　　110 000
　　贷：投资收益　　　　　　　　　　　　　　　　　　　　　　　　　　110 000

【任务 6-7】 长期股权投资被投资单位分派利润业务

※工作资料

承【任务 6-5】【任务 6-6】，2011 年 3 月 9 日蓝天科技有限责任公司宣告分派利润 350 000 元。2011 年 3 月 18 日企业收到蓝天科技有限责任公司宣告分派的利润。（银行收账通知略）

※工作行动

（1）取得蓝天科技有限责任公司 2010 年度利润分红公告，计算应分得的利润数额为 70 000 元（350 000×20%），并编制应收股利计算表（表 6-3）。

（2）编制记账凭证。被投资单位宣告分派利润或现金股利时，由于投资企业的长期股权投资已包含应享有被投资单位净资产的份额，而被投资单位分派利润或现金股利必然使其净资产减少，因此，投资企业按表决权资本比例计算应分得的利润或现金股利，并冲减长期股权投资账面价值。具体会计处理为：投资企业按持股比例计算应分得的利润或现金股利，借记"应收股利"科目，同时冲减长期股权投资的账面价值，贷记"长期股权投资——损益调整"科目。

（3）登记"应收股利"和"长期股权投资"明细账。

（4）取得银行收账通知并与蓝天科技有限责任公司年度利润分红公告核对。

（5）根据银行收账通知编制记账凭证。实际收到分来的利润时，借记"银行存款"科目，贷记"应收股利"科目。

（6）登记"银行存款"日记账和"应收股利"明细账。

※工作成果

（1）蓝天科技有限责任公司宣告发放利润

借：应收股利   70 000

    贷：长期股权投资——蓝天科技有限责任公司（损益调整）   70 000

（2）收到蓝天科技有限责任公司发放的利润

借：银行存款   70 000

    贷：应收股利   70 000

【任务 6-8】 确认股权投资损失业务

※工作资料

承【任务 6-5】—【任务 6-7】，2011 年蓝天科技有限责任公司全年净亏损 5 500 000 元。

※工作行动

（1）取得蓝天科技有限责任公司 2011 年度财务报表，计算该公司当期损益中应由本企业承担的份额为 1 100 000 元（5 500 000×20%）。

（2）编制记账凭证。属于被投资单位当年发生的净亏损而影响的所有者权益的变动，投资企业应按所持表决权资本的比例计算应分担的份额，减少长期股权投资的账面价值，并确认为当期投资损失。具体进行会计处理时，企业确认被投资单位发生的净亏损，以股权投资账面价值减记至零为限，借记"投资收益"科目，贷记"长期股权投资——损益调整"科目。在本业务中，由于蓝天科技有限责任公司 2011 年度全年发生净亏损 5 500 000 元，投资企业按持股比例计算应承担的亏损额为 1 100 000 元（5 500 000×20%），但是由于该"长期股权投资"的账面价值为 1 010 000 元，而长期股权投资的账面价值只能减记至零为限，所以，当期只能调减"长期股权投资"账面价值的金额为 1 010 000 元，未确认的亏损分担额为 90 000 元（5 500 000×20%-1 010 000），该部分未确认的亏损分担额，应在备查簿中进行登记。

（3）根据审核无误的记账凭证，登记"长期股权投资"明细账和"投资收益"明细账。

※工作成果

借：投资收益   1 010 000

    贷：长期股权投资——蓝天科技（损益调整）   1 010 000

【任务 6-9】 恢复长期股权投资账面价值业务

※工作资料

承【任务 6-5】—【任务 6-8】，2012 年蓝天科技有限责任公司全年实现净利润 1 000 000 元。

※工作行动

（1）取得蓝天科技有限责任公司 2012 年度财务报表，计算该公司当期损益中应由本企业享有的份额为 200 000 元（1 000 000×20%），按规定可享有的投资收益首先应当减去以前未确认的亏损分担额 90 000 元，按照差额部分 110 000 元（200 000-90 000），用以恢复"长期股权投资"的账面价值。

（2）编制记账凭证。投资企业应在计算的收益分享额超过未确认的亏损分担额以后，按超过未确认的亏损分担额的金额，恢复投资的账面价值。具体进行会计处理时，借记"长期股权投资——损益调整"科目，贷记"投资收益"科目。

（3）根据审核无误的记账凭证，登记 "长期股权投资"明细账和"投资收益"明细账。

※工作成果

借：长期股权投资——蓝天科技有限责任公司（损益调整）　　　　110 000
　　贷：投资收益　　　　　　　　　　　　　　　　　　　　　　　　　　110 000

【任务 6-10】　持有长期股权投资期间被投资单位所有者权益的其他变动业务

※工作资料

承【任务 6-5】—【任务 6-9】，2013 年 3 月蓝天科技有限责任公司可供出售金融资产的公允价值增加了 150 000 元。

※工作行动

（1）计算被投资单位所有者权益的其他变动中，投资企业应享有的份额为 30 000 元（150 000×20%）。

（2）编制记账凭证。被投资单位除净损益以外所有者权益的其他变动，投资企业应按持股比例计算应享有的份额，调整长期股权投资的账面价值，同时计入所有者权益。

（3）根据审核无误的记账凭证，登记 "长期股权投资"明细账和"资本公积"明细账。

※工作成果

借：长期股权投资——其他权益变动　　　　　　　　　　　　　30 000
　　贷：资本公积——其他资本公积　　　　　　　　　　　　　　　　30 000

（三）长期股权投资的处置

处置长期股权投资时，按所收到的处置收入与长期股权投资账面价值的差额确认为当期投资收益。如果该项长期股权投资提取了减值准备，还应同时结转已计提的长期股权投资减值准备。采用权益法核算的长期股权投资，因被投资单位除净损益以外所有者权益的其他变动而计入所有者权益的，处置该项投资时应当将原计入所有者权益的部分按相应比例转入当期损益。

其会计处理是：企业处置长期股权投资时，应按实际收到的金额，借记"银行存款"等科目，按原已计提的减值准备，借记"长期股权投资减值准备"科目，按该长期股权投资的账面余额，贷记"长期股权投资"科目，按尚未领取的现金股利或利润，贷记"应收股利"科目，按其差额，贷记或借记"投资收益"科目。同时，还应结转原记入资本公积的相关金额，借记或贷记"资本公积——其他资本公积"科目，贷记或借记"投资收益"科目。

部分处置某项长期股权投资时，应按该项投资的总平均成本确定其处置部分的成本，并按相应比例结转已计提的减值准备。

【任务 6-11】 处置长期股权投资（权益法）业务

※工作资料

承【任务 6-5】—【任务 6-10】，假设 2013 年 5 月虹桥股份有限公司将持有的蓝天科技有限责任公司股份全部出售，收到款项 760 000 元。（银行收账通知略）

※工作行动

（1）取得银行收账通知，并与股权转让合同进行核对。

（2）编制记账凭证。处置长期股权投资时，按所收到的处置收入与长期股权投资账面价值的差额确认为当期投资收益，同时应当将原计入所有者权益的部分转入当期损益。

（3）根据审核无误的记账凭证，登记"银行存款"日记账、"长期股权投资""投资收益"以及"资本公积"明细账。

※工作成果

借：银行存款	760 000
长期股权投资——损益调整	860 000
贷：长期股权投资——成本	970 000
——其他权益变动	30 000
投资收益	620 000

同时，

借：资本公积——其他资本公积	30 000
贷：投资收益	30 000

长期股权投资成本法和权益法在会计核算上的主要区别是什么？

项目四　长期股权投资的减值核算

相关知识

每年年末，企业应对长期股权投资的账面价值进行检查，如果出现减值迹象，应对其可收回金额进行估计，按照可收回金额低于账面价值的差额，提取长期股权投资减值准备。

（一）企业对子公司、合营企业及联营企业的长期股权投资

企业对子公司、合营企业及联营企业的长期股权投资在资产负债表日存在可能发生减值的迹象时，其可收回金额低于账面价值的，应当将该长期股权投资的账面价值减记至可收回金额，减记的金额确认为减值损失，计入当期损益，同时计提相应的资产减值准备。

（二）企业对被投资单位不具有控制、共同控制或重大影响，且在活跃市场中没有报价，公允价值不能可靠计量的长期股权投资

企业对被投资单位不具有控制、共同控制或重大影响，且在活跃市场中没有报价，公允价值不能可靠计量的长期股权投资，应当将该长期股权投资在资产负债表日的账面价值，与按照类似金融资产当时市场收益率对未来现金流量折现确定的现值之间的差额，确认为减值损失，计入当期损益。

工作任务

长期股权投资减值的会计处理

企业计提长期股权投资减值准备，应当设置"长期股权投资减值准备"科目核算。企业按应减记的金额，借记"资产减值损失——长期股权投资减值准备"科目，贷记"长期股权投资减值准备"科目。

注意：长期股权投资减值损失一经确认，在以后会计期间不得转回。

【任务 6-12】 长期股权投资提取减值准备

※**工作资料**

2012 年 12 月 31 日，宏达公司的一项长期股权投资存在可能发生减值的迹象。经计算，该项长期股权投资的可收回金额为 1 230 000 元，其账面价值为 1 600 000 元，假设以前年度未对该项长期股权投资计提过减值准备。

※**工作行动**

（1）取得计提长期股权投资减值准备的原始凭证。

（2）编制记账凭证。按照该项长期股权投资的可收回金额低于账面价值的差额计提长期股权投资减值准备。该项长期股权投资的可收回金额为 1 230 000 元，而账面价值为 1 600 000 元，可收回金额低于账面价值 370 000 元（1 600 000-1 230 000），应按两者之间的差额计入当期损益，同时计提相应的长期股权投资减值准备。

（3）根据审核无误的记账凭证，登记 "资产减值损失""长期股权投资减值准备" 明细账以及 "投资收益" 明细账。

※**工作成果**

借：资产减值损失——计提的长期股权投资减值准备 　　　　　　　370 000
　　贷：长期股权投资减值准备 　　　　　　　　　　　　　　　　　　　370 000

单元七　固定资产的核算

学习目标

● **知识目标**

了解固定资产的概念、特点和分类

掌握不同方式取得的固定资产入账值的构成及其账务处理

掌握固定资产计提折旧的范围、方法以及账务处理

理解固定资产后续支出的核算方法

掌握固定资产出售、报废、毁损的账务处理

理解固定资产盘盈、盘亏的账务处理

了解固定资产的期末计价

● **能力目标**

能够解释固定资产特点、固定资产确认的条件

能够确定不同方式取得的固定资产的入账价值

能够划分固定资产计提折旧的范围，熟练计算固定资产的折旧额

能够正确判断固定资产后续支出的处理方式

能够处理固定资产的取得、折旧、后续支出、处置、清理等经济业务

能够解释固定资产计提减值准备的原理等

企业从事生产经营活动，必须拥有一定的物质基础，如厂房、机器设备、仪器仪表、运输设备等，它们是企业生产经营过程中的劳动手段，也是企业赖以生产经营的主要资产。

项目一　固定资产认知

一、固定资产的概念及特征

固定资产，是指同时具有下列特征的有形资产：（1）为生产商品、提供劳务、出租或经营管理而持有的；（2）使用寿命①超过一个会计年度。从这一定义可以看出，作为企业的固定资产应具备以下两个特征：

---

① 使用寿命：是指企业使用固定资产的预计期间，或者该固定资产所能生产产品或提供劳务的数量。

第一，企业持有固定资产的目的，是为了生产商品、提供劳务、出租或经营管理的需要，而不是直接用于出售。这是固定资产的最基本特征，从而使固定资产明显区别于库存商品等流动资产。

第二，使用寿命超过一个会计年度。这一特征表明企业固定资产的收益期超过一年，固定资产能在超过一年的时间里为企业创造经济利益。

二、固定资产的确认

某一资产项目，要作固定资产确认，首先要符合固定资产的定义；其次，要在同时满足下列条件时才能予以确认：

1. 与该固定资产有关的经济利益很可能流入企业

资产预期能给企业带来经济利益的流入，这是资产最基本的特征。如果某一项目预期不能给企业带来经济利益，就不能确认为企业的资产。那么，固定资产作为企业资产的重要组成部分，要予以确认，也必须满足这一条件。对于固定资产的确认来说，如果某一项目预期不能给企业带来经济利益，就不能确认为企业的固定资产。因此，固定资产的确认，首先需要判断该项固定资产所包含的经济利益是否很可能流入企业。如果该项固定资产包含的经济利益很可能流入企业，并同时满足固定资产确认的其他条件，那么企业应将其确认为固定资产；如果该项固定资产包含的经济利益不是很可能流入企业，即使它满足固定资产确认的其他条件，企业也不能将其确认为固定资产。

在实务中，判断固定资产的经济利益是否很可能流入企业，主要依据是与该固定资产所有权相关的风险和报酬是否转移给了企业。其中，与固定资产所有权相关的风险，是指由于经营情况变化造成的相关收益的变动，以及由于资产闲置、技术陈旧等原因造成的损失；与固定资产所有权相关的报酬，是指在固定资产使用寿命内直接使用该资产而获得的收入以及处置该资产所实现的利得等。而判断与该固定资产所有权相关的风险和报酬是否转移给了企业，主要依据是否取得固定资产的所有权。通常，取得固定资产的所有权是判断与固定资产所有权相关的风险和报酬转移给了企业的一个重要标志。凡是所有权已属于企业，不论企业是否收到或持有该项固定资产，均可作为企业的固定资产；反之，如果没有取得所有权，即使存放在企业，也不能作为企业的固定资产。但是在有的情况下，某项固定资产的所有权虽然不属于企业，但是，企业能够对该项固定资产有实质性的控制权，从而使该项固定资产所包含的经济利益能够流入企业，如融资租入固定资产。在这种情况下，可以认定与该固定资产所有权相关的风险和报酬已经实质上转移到了企业，因此，也应作为企业的固定资产加以确认。

2. 该固定资产的成本能够可靠地计量

成本能够可靠地计量，是资产确认的一项基本条件。固定资产作为企业资产的重要组成部分，要予以确认，也必须满足这一条件，即企业为取得固定资产而发生的支出必须能够可靠地计量。如果固定资产的成本能够可靠计量，并同时满足固定资产确认的其他条件，那么企业应将其确认为固定资产；如果固定资产的成本不能够可靠计量，即使它满足固定资产确认的其他条件，企业也不能将其确认为固定资产。

企业在确定固定资产成本时，有时需要进行合理的估计。例如，企业已经达到预定可使用状态的固定资产，在尚未办理竣工决算之前，需要根据工程预算、工程造价等资料，对固定资产的成本进行估计，按估计价值确定固定资产的入账价值。待办理竣工决算后，再按实际成本和暂估价的差额，调整固定资产的账面成本。

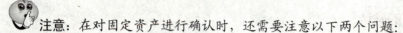 **注意**：在对固定资产进行确认时，还需要注意以下两个问题：

1. 固定资产的各组成部分具有不同使用寿命或者以不同方式为企业提供经济利益，适用不同折旧率或折旧方法的，应当分别将各组成部分确认为单项固定资产。

2. 与固定资产有关的后续支出，符合固定资产确认条件的，应当计入固定资产成本；不符合固定资产确认条件的，应当在发生时计入当期损益。

三、固定资产的分类

企业的固定资产种类繁多、规格不一，为了加强管理，便于组织会计核算，需要对其进行科学、合理的分类。根据不同的管理需要和核算要求以及不同的分类标准，可以对固定资产进行不同的分类，主要有以下几种分类方法：

（一）按经济用途分类

按固定资产的经济用途分类，可分为生产经营用固定资产和非生产经营用固定资产。

（1）生产经营用固定资产，是指直接服务于企业生产、经营过程的各种固定资产，如生产经营用的房屋、建筑物、机器、设备、器具、工具等。

（2）非生产经营用固定资产，是指不直接服务于生产、经营过程的各种固定资产，如职工宿舍、食堂、浴室、理发室等使用的房屋、设备和其他固定资产等。

按照固定资产的经济用途分类，可以归类反映和监督企业生产经营用固定资产和非生产经营用固定资产之间，以及生产经营用各类固定资产之间的组成和变化情况，借以考核和分析企业固定资产的利用情况，促使企业合理地配备固定资产，充分发挥其效用。

（二）按使用情况分类

按固定资产使用情况分类，可分为使用中的固定资产、未使用的固定资产和不需用的固定资产。

（1）使用中的固定资产，是指正在使用中的经营性和非经营性的固定资产。由于季节性经营或大修理等原因，暂时停止使用的固定资产仍属于企业使用中的固定资产；企业出租给其他单位使用的固定资产和内部替换使用的固定资产，也属于使用中的固定资产。

（2）未使用的固定资产，是指已完工或已购建的尚未交付使用的新增固定资产以及因进行改建、扩建等原因暂停使用的固定资产，如企业购建的尚待安装的固定资产、经营任务变更停止使用的固定资产等。

（3）不需用的固定资产，是指本企业多余或不适用，需要调配处理的各种固定资产。

按照固定资产的使用情况分类，有利于反映企业固定资产的使用情况，便于分析固定资产的利用效率，挖掘使用潜力，促使企业合理使用固定资产。

（三）按所有权分类

按固定资产的所有权分类，可分为自有固定资产和租入固定资产。

（1）自有固定资产，是指企业拥有所有权，可自由支配使用的固定资产。

（2）租入固定资产，是指企业采用融资租赁方式租入的固定资产。该固定资产的所有权仍属于出租单位，但企业拥有其使用权和实质性的控制权。

（四）综合分类

按固定资产的经济用途和使用情况等综合分类，可把企业的固定资产划分为七大类：

（1）生产经营用固定资产；

（2）非生产经营用固定资产；

（3）租出固定资产（指在经营租赁方式下出租给外单位使用的固定资产）；

（4）不需用固定资产；

（5）未使用固定资产；

（6）土地（指过去已经估价单独入账的土地。因征地而支付的补偿费，应计入与土地有关的房屋、建筑物的价值内，不单独作为土地价值入账。企业取得的土地使用权，应作为无形资产管理，不作为固定资产管理）；

（7）融资租入固定资产（指企业以融资租赁方式租入的固定资产，在租赁期内，应视同自有固定资产进行管理）。

由于企业的经营性质不同，经营规模各异，对固定资产的分类不可能完全一致。但实际工作中，企业大多采用综合分类的方法作为编制固定资产目录，进行固定资产核算的依据。

　会计实务中应如何判断与固定资产有关的经济利益是否很可能流入企业？

项目二　取得固定资产的核算

企业取得固定资产的方式有多种，包括外购固定资产、自行建造固定资产、投资者投入固定资产、接受捐赠固定资产、融资租入固定资产、盘盈固定资产等。本处重点学习外购和自行建造固定资产的会计核算。

相关知识

固定资产增加的核算对于客观反映固定资产的价值，正确计提折旧，确定企业净收益具有重要的意义。固定资产取得时应按其实际成本计价。

对于企业外购的固定资产，应按实际支付的买价、不能抵扣的增值税、进口关税等相关税费，以及为使用固定资产达到预定可使用状态所发生的可直接归属于该资产的其他支出，如场地整理费、运输费、装卸费等，作为固定资产的入账价值。如果以一笔款项购入多项没有单独标价的固定资产，应按各项固定资产的公允价值的比例对总成本进行分配，分别确定各项固定资产的入账价值。

企业自行建造的固定资产按建造该项资产达到预定可使用状态前所发生的必要支出作为入账价值。

需要注意的是，纳税人自用固定资产，纳税人自用的应征消费税的摩托车、汽车、游艇，其进项税额不得从销项税额中抵扣。

工作任务

外购固定资产的会计处理

（一）科目设置

1. "固定资产"科目核算企业固定资产的原价。该科目借方登记企业增加的固定资产原价，贷方登记企业减少的固定资产原价，期末借方余额，反映企业期末固定资产的账面原价。"固定资产"科目一般分为三级，企业除了应设置"固定资产"总账科目，还应设置"固定资产登记簿"和"固定资产卡片"，按固定资产类别、使用部门和每项固定资产进行明细核算。

（1）"固定资产"总账科目。"固定资产"总账科目总括反映固定资产原值的增减变动和结存情况。

（2）固定资产登记簿，即固定资产二级账。固定资产二级账一般按固定资产类别开设账页，账内按照使用和保管单位开设专栏。月末，应将固定资产登记簿与固定资产总账进行核算，各类固定资产登记簿的余额之和，应与"固定资产"总账科目余额核对相符。

（3）固定资产明细账。固定资产明细账即固定资产卡片账。应按照每一项独立的固定资产设置，登记固定资产的原值、预计净残值、预计使用年限、月折旧率、开始使用时间、使用期间内的停用记录和大修理记录以及其他与该项固定资产相关的纪录，并按照固定资产的类别和使用、保管单位的顺序排列。月末，应将固定资产卡片账与固定资产登记簿进行核算，各类固定资产卡片账的原值合计数，应与该类固定资产登记簿余额核对相符。

2. "工程物资"科目核算企业为基建工程等而准备的各种物资的实际成本。该科目的借方登记企业购入工程物资的实际成本，贷方登记领用工程物资的实际成本，期末借方余额反映企业为工程购入但尚未领用的专用物资的实际成本。

3. "在建工程"科目核算企业进行建造工程、安装工程等发生的实际支出，包括需要安装的设备的价值。该科目的借方登记企业各项在建工程的实际支出，贷方登记完工工程转出的实际支出，期末借方余额反映企业尚未完工的在建工程发生的实际支出。

（二）账务处理

1. 外购固定资产

（1）购入不需要安装的固定资产

企业购入的不需要安装的固定资产，是指企业购置的不需要安装即可直接交付使用的固定资产，即不需要安装直接达到预定可使用状态的固定资产。

购入不需要安装的固定资产，应按购入时实际支付的全部价款，包括支付的买价、不能抵扣的增值税、进口关税等相关税费，以及为使固定资产达到预定可使用状态所发生的可直接归属于该资产的其他支出，作为固定资产的入账价值，借记"固定资产"科目，贷记"银行存款"等科目。

【任务 7-1】 购进不需要安装的固定资产的业务

※工作资料

2012 年 1 月 1 日青山服装有限公司购入不需要安装的电动缝纫机 8 台，发票价格 80 000 元，增值税额为 13 600 元，发生的运费 2 500 元，款项以银行存款支付，已全部付清。（电汇回单、增值税发票、运输发票略）

表 7-1

固定资产验收交接单　　　　№：0313

2012-1-2　　　　　　金额单位：元

资产编号	资产名称	型号规格或结构面积	计量单位	数量	设备价值或工程造价	设备基础或安装费用	附加费用	合	计
2103	电动缝纫机	F20型	台	8	80,000	2500		82,500	
资产来源	购入		耐用年限				主要附属设备		
制造厂名	北京第一机械厂		估计残值						
制造日期、编号	2009年1月		折旧率						
工程项目或使用部门	二车间		复杂系数						
交验部门主管　王军		点交人　赵震			接验部门主管　郭萍			接验人　黄明宏	

※工作行动

根据设备的购货发票、运费发票、固定资产验收单借记"固定资产"科目，根据发票上的增值税额借记"应交税费——应交增值税（进项税额）"科目，同时根据电汇凭证回单贷记"银行存款"科目。

※工作成果

借：固定资产   82 500

　　应交税费——应交增值税（进项税额）   13 600

　　　贷：银行存款   96 100

（2）购入需要安装的固定资产

企业购入需要安装的固定资产，是指企业购置的需要经过安装以后才能交付使用的固定资产，即需要安装才能达到预定可使用状态的固定资产。

购入需要安装的固定资产，应在购入不需要安装的固定资产取得成本的基础上加上安装调试成本等，作为固定资产的入账价值。购入时，按实际支付的价款，借记"在建工程"科目，贷记"银行存款"等科目；支付安装费用时，借记"在建工程"科目，贷记"银行存款"等科目；待安装完毕达到预定可使用状态时，按在建工程的累计成本，从"在建工程"科目转入"固定资产"科目，借记"固定资产"科目，贷记"在建工程"科目。

【任务 7-2】 购进需要安装固定资产的业务

※工作资料

2012年1月15日，青山服装有限公司购入需要安装的一条自动流水线，发票价格50 000元，增值税额为 8 500 元，发生运费 1 000 元，安装设备时支付安装费 2 000 元，款项以转账支票支付。（固定资产申购单、转账支票、增值税专用发票、电汇回单、运输费和安装费发票、固定资产验收交接单略）

※工作行动

（1）根据设备的购货发票、运费发票、安装费发票借记"在建工程"科目，根据发票上的增值税额借记"应交税费——应交增值税（进项税额）"科目，同时根据支票存根贷记"银行存款"科目。

（2）待机器设备安装好达到预定可使用状态时，根据"工程验收单"借记"固定资产"科目，贷记"在建工程"科目。

※工作成果

（1）支付机器设备价款、税金及运费时：

借：在建工程   51 000

　　应交税费——应交增值税（进项税）   8 500

　　　贷：银行存款   59 500

（2）支付安装费时：

借：在建工程   2 000

　　　贷：银行存款   2 000

（3）验收交接时：

借：固定资产   53 000

　　　贷：在建工程   53 000

注意：由于受产品价格等因素的影响，企业可能以一笔款项购入多项没有单独标价的固定资产。如果购入的这些资产均符合固定资产的定义，并同时满足固定资产的确认条件，企业应将各项资产单独确认为固定资产。并按各项固定资产的公允价值的比例对总成本进行分配，分别确定各项固定资产的成本。

【任务 7-3】　一笔款项购进多项没有单独标价固定资产的业务

※工作资料

甲公司向乙公司一次购进了三台不同型号的生产设备 A、B、C，共支付买价 900 000 元，增值税额 153 000 元，运杂费 15 000 元，全部以银行存款转账支付。假定设备 A、B、C 均满足固定资产的定义及确认标准，其公允价值分别为 350 000 元、200 000 元、450 000 元。不考虑其他相关税费。（原始单据略）

※工作行动

（1）确定应计入固定资产成本的金额，包括购买价款、增值税额和运杂费，即

900 000 + 153 000 + 15 000=1 068 000（元）

（2）确定设备 A、B、C 的公允价值的比例

① A 设备应分配的固定资产价值比例为：

$$\frac{350\,000}{350\,000+200\,000+450\,000}\times100\%=35\%$$

② B 设备应分配的固定资产价值比例为：

$$\frac{200\,000}{350\,000+200\,000+450\,000}\times100\%=20\%$$

③ C 设备应分配的固定资产价值比例为：

$$\frac{450\,000}{350\,000+200\,000+450\,000}\times100\%=45\%$$

（3）确定设备 A、B、C 各自的入账价值

A 设备的成本为：1 068 000×35%=373 800（元）

B 设备的成本为：1 068 000×20%=213 600（元）

C 设备的成本为：1 068 000×45%=480 600（元）

※工作成果

借：固定资产——A 设备	373 800
——B 设备	213 600
——C 设备	480 600
贷：银行存款	1 068 000

2. 自行建造固定资产

企业自行建造固定资产，应先通过"在建工程"科目核算，待工程达到预定可使用状态时，再从"在建工程"科目转入"固定资产"科目。

企业自建固定资产，主要有自营和出包两种方式。企业自建固定资产采用的方式不同，其会计处理也不同。

（1）自营工程的核算

自营工程是指企业自行组织工程物资采购、自行组织施工人员施工的建筑工程和安装工程。

购入工程物资时，按实际支付的全部价款，借记"工程物资"科目，贷记"银行存款"等科目。领用工程物资时，借记"在建工程"科目，贷记"工程物资"科目。在建工程领用本企业原材料时，借记"在建工程"科目，贷记"原材料""应交税费——应交增值税（进项税额转出）"等科目。在建工程领用本企业生产的库存商品时，借记"在建工程"科目，贷记"库存商品""应交税费——应交增值税（销项税额）"等科目。自营工程发生的其他费用，借记"在建工程"科目，贷记"银行存款""应付职工薪酬"等科目。自营工程达到预定可使用状态时，按工程实际发生的全部支出，借记"固定资产"科目，贷记"在建工程"科目。

【任务 7-4】 自行建造固定资产业务

※工作资料

青山服装有限公司 2012 年 1 月自行建造仓库一座，购入为工程准备的各种物资 100 000 元，支付的增值税额为 17 000 元，实际领用工程物资 80 000 元，剩余物资转作企业存货；另外还领用了其他的原材料一批，实际成本为 15 000 元，支付工程人员工资 25 000 元，工程完工交付使用。（转账支票、增值税专用发票略）

※工作行动

（1）根据购货增值税发票、入库单等借记"工程物资"科目，同时根据支票存根贷记"银行存款"科目。此处要注意企业购买或自行建造的不动产所包含的增值税进项税额不允许抵扣。

（2）工程开工后，由"工程物资"科目的贷方转入"在建工程"科目的借方，从此直至工程完工，所有的建造成本均在"在建工程"科目中归集。

（3）在建工程另外领用其他的原材料时，借记"在建工程"，同时贷记"原材料"科目，即继续归集在建工程材料的成本。

（4）用银行存款支付工程人员工资时，借记"在建工程"，同时贷记"应付职工薪酬"科目，即归集在建工程的人工成本。

（5）工程完工时，"在建工程"科目汇集齐了所有的建造成本后，从"在建工程"科目的贷方转入"固定资产"科目的借方。

（6）工程剩余物资，从"工程物资"科目的贷方转入"原材料"科目的借方进行核算。

※工作成果

(1) 借: 工程物资　　　　　　　　　　　　　　　　　117 000
　　　贷: 银行存款　　　　　　　　　　　　　　　　　　117 000
(2) 借: 在建工程——仓库　　　　　　　　　　　　　　93 600
　　　贷: 工程物资　　　　　　　　　　　　　　　　　　 93 600
(3) 借: 在建工程——仓库　　　　　　　　　　　　　　17 550
　　　贷: 原材料　　　　　　　　　　　　　　　　　　　 15 000
　　　　　应交税费——应交增值税(进项税额转出)　　　 2 550
(4) 借: 在建工程　　　　　　　　　　　　　　　　　　25 000
　　　贷: 应付职工薪酬——工资　　　　　　　　　　　　 25 000
(5) 借: 固定资产　　　　　　　　　　　　　　　　　 136 150
　　　贷: 在建工程——仓库　　　　　　　　　　　　　　136 150
(6) 借: 原材料　　　　　　　　　　　　　　　　　　 20 000
　　　　应交税费——应交增值税(进项税额)　　　　　　 3 400
　　　贷: 工程物资　　　　　　　　　　　　　　　　　　 23 400

(2) 出包工程的核算

出包工程是指企业通过招标等方式将工程项目发包给建造承包商,由建造承包商组织施工的建筑工程和安装工程。企业采用出包方式建造固定资产的,其入账价值应当按照建造该项固定资产达到预定可使用状态前所发生的必要支出确定,具体包括建筑工程支出、安装工程支出、在安装设备支出以及需分摊计入的待摊支出。以出包方式建造固定资产的具体支出,由建造承包商核算,出包企业将与建造承包商结算的工程价款作为工程成本,通过"在建工程"科目进行核算,因此,"在建工程"科目实际上成为出包企业与建造承包商的结算科目。

企业通过出包方式建造固定资产发生的、需分摊计入固定资产价值的待摊支出,应按下列公式进行分摊:

$$待摊支出分配率=\frac{累计发生的待摊支出}{建筑工程支出+安装工程支出+在安装设备支出}×100\%$$

某工程应分配的待摊支出=某工程的建筑工程支出、安装工程支出和
在安装设备支出合计×分配率

 如何确定自行建造固定资产的成本?

项目三　固定资产折旧的核算

相关知识

（一）固定资产折旧的概念

折旧是指在固定资产的使用寿命内，按照确定的方法对应计折旧额进行系统分摊。应计折旧额是指应当计提折旧的固定资产的原价扣除其预计净残值[①]后的金额。已计提减值准备的固定资产，还应当扣除已计提的固定资产减值准备累计金额。

固定资产折旧，是对固定资产由于磨损和损耗而转移到成本费用中去的那一部分价值的补偿。固定资产磨损和损耗包括固定资产的有形损耗和无形损耗。其中，有形损耗又分为实物损耗和自然损耗。固定资产的实物损耗是指固定资产在使用过程中其实物形态由于运转磨损等原因发生的损耗，一般是指机器磨损。固定资产本身结构、质量和使用状况，以及固定资产的维修情况，对固定资产实物磨损程度起决定性的作用。固定资产的自然损耗，是指固定资产受自然条件的影响发生的腐蚀性损失。固定资产的无形损耗，是指固定资产在使用过程中由于技术进步等非实物磨损、非自然损耗等原因发生的价值损失。

固定资产折旧是固定资产由于磨损和损耗而逐渐转移的价值。这部分转移的价值以折旧费的形式计入相关成本费用，并从企业的营业收入中得到补偿。因此，企业应当在固定资产的使用寿命内，按照确定的方法对应计折旧额进行系统分摊。

（二）影响固定资产折旧的因素

影响折旧的因素主要有以下几个方面：

1. 固定资产原价，即固定资产的成本。

2. 由于在计算折旧时，对固定资产的残余价值和清理费用是人为估计的，所以净残值的确定有一定的主观性。

3. 固定资产减值准备，是指固定资产已计提的固定资产减值准备累计金额。

4. 固定资产的使用寿命，是指企业使用固定资产的预计期间，或者该固定资产所能生产产品或提供劳务的数量。固定资产使用寿命的长短直接影响各期应计提的折旧额。在确定固定资产使用寿命时，主要应当考虑下列因素：

（1）该项资产预计生产能力或实物产量；

（2）该项资产预计有形损耗，如设备使用中发生磨损、房屋建筑物受到自然侵蚀等；

（3）该项资产预计无形损耗，如因新技术的出现而使现有的资产技术水平相对陈旧、市场需求变化使产品过时等；

（4）法律或者类似规定对该项资产使用的限制。

为此，企业应当根据固定资产的性质和使用情况，合理确定固定资产的使用寿命和预

---

① 预计净残值：指假定固定资产预计使用寿命已满并处于使用寿命终了时的预期状态，企业目前从该项资产处置中获得的扣除预计处置费用后的金额。

计净残值，并根据科技发展、环境及其他因素，选择合理的固定资产折旧方法，按照管理权限，经股东大会或董事会，或经理（厂长）会议或类似机构批准，作为计提折旧的依据。同时，按照法律、行政法规的规定报送有关各方备案，同时备置于企业所在地，以供投资者等有关各方查阅。企业已经确定并对外报送，或备置于企业所在地的有关固定资产预计使用年限和预计净残值、折旧方法等，一经确定不得随意变更，如需变更，仍然应按照上述程序，经批准后报送有关各方备案，并在会计报表附注中予以说明。

（三）固定资产折旧的范围

1. 折旧的空间范围

《企业会计准则第 4 号——固定资产》规定：企业应当对所有的固定资产计提折旧。但是，已提足折旧仍继续使用的固定资产和单独计价入账的土地除外。

需要注意的是，企业以融资租赁方式租入的固定资产和以经营租赁方式租出的固定资产，应当计提折旧；企业以融资租赁方式租出的固定资产和以经营租赁方式租入的固定资产，不应当计提折旧。

2. 折旧的时间范围

在实际工作中，企业一般应按月计提固定资产折旧。企业在实际计提固定资产折旧时，当月增加的固定资产，当月不提折旧，从下月起计提折旧；当月减少的固定资产，当月照提折旧，从下月起不提折旧。固定资产提足折旧[①]后，不论能否继续使用，均不再计提折旧；提前报废的固定资产，也不再补提折旧。

3. 确定折旧范围时应注意的几点问题

已达到预定可使用状态但尚未办理竣工决算的固定资产，应当按照估计价值确定其成本，并计提折旧；待办理竣工决算后，再按照实际成本调整原来的暂估价值，但不需要调整原已计提的折旧额。

处于更新改造过程停止使用的固定资产，应将其账面价值转入在建工程，不再计提折旧。更新改造项目达到预定可使用状态转为固定资产后，再按照重新确定的折旧方法和该项固定资产尚可使用寿命计提折旧。

因进行大修理而停用的固定资产，应当照提折旧，计提的折旧额应计入相关资产成本或当期损益。

工作任务

固定资产折旧的方法

企业应当根据与固定资产有关的经济利益的预期实现方式，合理选择固定资产折旧方

---

① 所谓提足折旧，是指已经提足该项固定资产应提的折旧总额。

法。可选用的折旧方法包括年限平均法（直线法）、工作量法、双倍余额递减法和年数总和法等。固定资产的折旧方法一经确定，不得随意变更。

（一）年限平均法

年限平均法又称直线法，是将固定资产的折旧额均衡地分摊到各期的一种方法。采用这种方法计算的每一期折旧额是等额的。计算公式如下：

$$年折旧率=（1-预计净残值率）÷预计使用年限×100\%$$
$$月折旧率=年折旧率÷12$$
$$月折旧额=固定资产原价×月折旧率$$

【任务 7-5】 年限平均法计算折旧

※**工作资料**

某服装厂有一厂房，原值为 800 000 元，预计使用年限为 20 年，预计净残值率为 4%。

※**工作行动及成果**

该厂房的年折旧率、月折旧率、月折旧额计算如下：

年折旧率=（1-4%）÷20×100%=4.8%

月折旧率=4.8%÷12=0.4%

月折旧额=800 000×0.4%=3 200（元）

（二）工作量法

工作量法是根据实际工作量计提折旧额的一种方法。这种方法弥补平均年限法只重使用时间，不考虑使用强度的缺点，其计算公式为：

$$每单位工作量折旧额=固定资产原价×（1-残值率）/预计总工作量$$
$$某项固定资产月折旧额=该项固定资产当月工作量×每单位工作量折旧额$$

【任务 7-6】 工作量法计算折旧

※**工作资料**

某服装厂的一辆货运卡车的原价为 120 000 元，预计总行驶里程为 100 万千米，预计净残值率为 5%，本月行驶里程为 5 000 千米。

※**工作行动及成果**

该辆汽车的月折旧额如下：

单位里程折旧额 = [120 000×（1-5%）]/1 000 000 = 0.114

本月折旧额 = 5 000×0.114 = 570（元）

（三）加速折旧法

加速折旧法也称为快速折旧法，其特点是在固定资产有效使用年限的前期多提折旧，后期则逐年减少，从而使固定资产成本在有效使用年限中加快得到补偿。常用的方法有以下两种：

（1）双倍余额递减法。双倍余额递减法是在不考虑固定资产残值的情况下，根据每期期初固定资产账面余额和双倍的直线法折旧率计算固定资产折旧的一种方法。计算公式为：

年折旧率=2÷预计的折旧年限×100%

月折旧率=年折旧率÷12

月折旧额=固定资产账面净值×月折旧率

双倍余额递减法不考虑残值收入，因此，企业在选用双倍余额递减法计提折旧时，残值不能从固定资产价值中递减。由于只要该项固定资产仍使用，则其账面净值就不可能被冲销完毕，因此在固定资产使用的后期，如果发现使用双倍余额递减法计算的折旧额小于采用直线法计算的折旧额时，就可以使用直线法计提折旧。实际做法为，对采用双倍余额递减法计提折旧的固定资产，应当在其折旧年限到期前两年内，将固定资产账面净值扣除预计净残值后的金额平均摊销。

【任务 7-7】 双倍余额递减法计算折旧

※工作资料

某项固定资产原值为 30 000 元，预计使用 5 年，预计净残值收入 3 500 元。

※工作行动及成果

每年的折旧额计算见表 7-2。

年折旧率=2÷5×100%＝40%

表 7-2

折旧计算表（双倍余额递减法）

年份	期初账面折余价值	折旧率	折旧额	累计折旧	期末账面折余价值
1	30 000	40%	12 000	12 000	18 000
2	18 000	40%	7 200	19 200	10 800
3	10 800	40%	4 320	23 520	6 480
4	6 480		1 490	25 010	4 990
5	4 990		1 490	26 500	3 500

（2）年数总和法。年数总和法又称合计年限法，是将固定资产的原值减去预计净残值后的净额乘一个逐年递减的分数计算每年的折旧额，这个分数的分子代表固定资产尚可使用的年限，分母代表使用年数的逐年数字总和。

年折旧率=（预计使用年限－已使用年限）÷预计使用年限的年数总和×100%

月折旧率=年折旧率÷12

月折旧额=（固定资产原值－预计净残值）×月折旧率

【任务 7-8】 年数总和法计算折旧

※工作资料

某项固定资产的原值为 80 000 元，预计使用年限为 5 年，预计净残值为 5 000 元。

※工作行动及成果

各年折旧率和折旧额计算见表 7-3。

表 7-3

折旧计算表（年数总和法）

年份	尚可使用年限	原值－净残值	折旧率	年折旧额	累计折旧
1	5	75 000	5/15	25 000	25 000
2	4	75 000	4/15	20 000	45 000
3	3	75 000	3/15	15 000	60 000
4	2	75 000	2/15	10 000	70 000
5	1	75 000	1/15	5 000	75 000

  固定资产折旧的直线法和加速折旧法的特点和区别？

工作任务

固定资产折旧的会计处理

（一）科目设置

企业进行固定资产折旧核算时应设置"累计折旧"科目，核算企业固定资产提取的累计折旧，该科目是"固定资产"的备抵科目，贷方登记计提的固定资产折旧，借方登记减少的固定资产转出的累计已提折旧，期末贷方余额反映企业提取的固定资产折旧累计数。

（二）账务处理

固定资产应当按月计提折旧，并根据用途计入相关资产的成本或者当期损益。基本生产车间使用的固定资产，所计提的折旧应计入制造费用，并最终计入所生产的产品成本；管理部门使用的固定资产，所计提的折旧应计入管理费用；销售部门使用的固定资产，所计提的折旧应计入销售费用；企业自行建造固定资产过程中使用的固定资产，所计提的折旧应计入在建工程成本；经营租出的固定资产，所计提的折旧应计入其他业务成本；未使用的固定资产，所计提的折旧应计入管理费用。企业计提固定资产折旧时，应借记"制造费用""管理费用""销售费用""在建工程""其他业务成本"等科目，贷记"累计折旧"科目。

企业各月计算提取折旧额时，可以在上月计提折旧的基础上，对上月固定资产的增减情况进行调整后，计算当月应计提的折旧额。

当月固定资产应计提的折旧额=上月固定资产应计提的折旧额＋上月增加固定资产应计提的折旧额－上月减少固定资产应计提的折旧额

【任务 7-9】 提取固定资产折旧业务

※工作资料

青山服装有限公司 2012 年 5 月折旧计算表如下所示。

表 7-4

固定资产折旧计算表

2012 年 05 月 31 日

使用单位部门	上月固定资产折旧额	上月增加固定资产应计提折旧额	上月减少固定资产应计提折旧额	本月应计提的折旧额
生产车间	86 300		2 000	84 300
管理部门	4 000	1 600		5 600
合　计	90 300	1 600	2 000	89 900

主管：李俊杰　　　审核：赵明霞　　　制表：孙伟

※工作行动

根据本月"固定资产折旧计算表"中本月应计提折旧额栏的数据可以确认本月"制造费用"和"管理费用"分别增加 84 300 元和 5 600 元，同时根据合计栏的数据可以确认累计折旧额本月增加 89 900 元。

※工作成果

借：制造费用　　　　　　　　　　　　　　　　　　84 300
　　管理费用　　　　　　　　　　　　　　　　　　5 600
　贷：累计折旧　　　　　　　　　　　　　　　　　89 900

企业至少应当于每年年度终了，对固定资产的使用寿命、预计净残值和折旧方法进行复核。使用寿命预计数与原先估计数有差异的，应当调整固定资产使用寿命。预计净残值预计数与原先估计数有差异的，应当调整预计净残值。与固定资产有关的经济利益预期实现方式有重大改变的，应当改变固定资产折旧方法。固定资产使用寿命、预计净残值和折旧方法的改变应当作为会计估计变更。

项目四　固定资产后续支出的核算

相关知识

　　固定资产的后续支出，是指企业的固定资产投入使用后，为了适应新技术发展的需要，或者为了维护或提高固定资产的使用效能，而对现有固定资产进行维护、修理、改建、扩建或者改良等所发生的各项必要支出。企业发生固定资产后续支出时，需要对支出的性质进行分析，确定这些支出应该资本化还是费用化，并分别采用不同的方法进行核算。

　　固定资产的后续支出，在满足固定资产确认条件时，应当计入固定资产成本；不满足固定资产确认条件的后续支出，应当在发生时计入当期损益。

工作任务

资本化后续支出的会计处理

（一）资本化的后续支出

　　企业发生固定资产的更新改造等后续支出时，如果满足固定资产确认条件的，则这些后续支出应予以资本化，计入固定资产账面价值，但增计后的金额不应超过该固定资产的可收回金额。

　　在实际工作中，企业通过对厂房进行改建、扩建而使其更加坚固耐用，延长了厂房等固定资产的使用寿命；企业通过对设备的更新改造，提高了其单位时间内产品的产出数量，提高了机器设备等固定资产的生产能力；企业通过对车床的改良，大大提高了其生产产品的精确度，实现了企业产品的更新换代；企业通过对生产线的改良，促使其大大降低了产品的成本，提高了企业产品的价格竞争力等，通常都表明后续支出提高了固定资产原定的创利能力。此时，企业就应当将这些固定资产的后续支出予以资本化。

　　企业在发生应资本化的固定资产后续支出时，应先将该固定资产的账面原价、已计提的累计折旧和减值准备转销，将固定资产的账面价值转入"在建工程"科目；然后，将发生的各项后续支出通过"在建工程"科目核算；当发生后续支出的固定资产完工并达到预定可使用状态时，应在后续支出资本化后的固定资产账面价值不超过其可收回金额的范围内，从"在建工程"科目转入"固定资产"科目。

【任务 7-10】　资本化后续支出业务

※工作资料

　　2012 年 1 月 1 日，青山服装有限公司所拥有的一条生产线原价为 600 000 元，已提累计折旧为 237 600 元（未提减值准备）。企业决定对此生产线进行改良，以提高其生产能力。经过两个月的改良，完成其改良过程。共发生支出 125 000 元，全部以银行存款支付。该改良过程达到预定可使用状态后，大大提高了其生产产品的速度和精确度，提高了生产线的创利能力。

表 7-5

固定资产卡片账（正面）

名称	生产线	资产编号	2023
型号	ZQ-15型	规格	
制造厂	昆明机床厂	出厂时间	2005年12月
使用单位	青山服装有限公司5车间	出厂编号	
资金来源	自有	资产原值	600 000
列账凭证		起用年月	2005年12月
附件或附属物		验收日期	2005年12月
转移记录		折旧年限	15年
停用记录		预计净残值	6 000
报废清理记录		原安装费	

表 7-6

折旧记录（背）　　折旧方法：直线法

原值：600 000元　　预计净残值：6 000元　　年折旧率：6.6%　　月折旧率：0.55%

年份	年折旧率	年折旧额	月折旧额	累计折旧	年份	年折旧率	年折旧额	月折旧额	累计折旧
2006	6.60%	39 600	3 300	39 600					
2007	6.60%	39 600	3 300	79 200					
2008	6.60%	39 600	3 300	118 800					
2009	6.60%	39 600	3 300	158 400					
2010	6.60%	39 600	3 300	198 000					
2011	6.60%	39 600	3 300	237 600					

表 7-7

生产线改造工程决算书

竣工日期：2012年2月28日				№.006
工程项目	ZQ-15型生产线	施工方式	出包工程 施工单位	北京市第一机械厂
预算价	12 600.00元	决算价		12 500.00元
累计已付工程款			12 500.00元	
决算已付工程款			12 500.00元	

总工程师：马静　　　　　　　　　总会计师：王丽

表 7-8

工程项目竣工验收单

批准文号：8410　　　　　　　　　　　　　　　　　　　　　填报日期：*2012年2月28日*

项目	名称	ZQ-15型生产线	金额	批准	*12 600*	日期	批准	*2011年12月31日*
	性质	**改造**		实际	*12 500*		完成	*2012年2月28日*

定额	情况 名称	修理费用工时	停歇时间	清洗用油	费用	材料消耗费						
						钢	铜	木材	水泥	五金	备品	其他
	计划	7000		2000	65000	2000	1500	1000	900	600	300	100
	实际	7000		1900	60000	2000	1350	1100	950	600	300	200

验收意见	**质量达到设计要求，验收合格，同意交付使用。**			
验收人员	使用部门	*秦海斌*	安全员	
	公司	*王奉礼、赵小华*	财务部	*谢亚莉*

主管 **马静**　　　　　　　　　　　　　　　经办人：*刘俊*

※工作行动

（1）2012年1月1日，根据"固定资产改良审批单""固定资产调拨单"，可以确认固定资产退出使用过程，固定资产转入改良工程时，贷记"固定资产"，借记"在建工程"科目，同时借记"累计折旧"。

（2）改良工程发生各项支出时，应根据相关的领料单、工资结算单等，确认借记"在建工程"，同时还根据相关结算凭证贷记"银行存款"，若当时没有及时付款，则贷记"应付账款"。

（3）2012年2月28日，改良工程达到预定可使用状态时，根据相关手续单据借记"固定资产"，贷记"在建工程"。

※工作成果

（1）借：在建工程　　　　　　　　　　　　　　　　362 400
　　　　累计折旧　　　　　　　　　　　　　　　　237 600
　　　　　贷：固定资产　　　　　　　　　　　　　　　　600 000

（2）借：在建工程　　　　　　　　　　　　　　　　125 000
　　　　　贷：银行存款　　　　　　　　　　　　　　　　125 000

（3）借：固定资产　　　　　　　　　　　　　　　　487 400
　　　　　贷：在建工程　　　　　　　　　　　　　　　　487 400

（二）费用化的后续支出

企业发生的固定资产后续支出，如果不满足固定资产确认条件，即不符合资本化的条件，则应予以费用化，即在发生时直接计入当期损益。固定资产的大修理、中小修理等维护性支出，就属于这种情况。

一般情况下，固定资产投入使用之后，由于固定资产磨损、各组成部分的耐用程度不同，可能导致固定资产的局部损坏，为了维护固定资产的正常运转和使用，充分发挥其使用效能，企业就需要对固定资产进行必要的维护。企业发生的固定资产维护支出只是确保固定资产处于正常工作状态，它并不导致固定资产性能的改变和固定资产未来经济利益的增加。因此，企业应在固定资产维护支出发生时，根据固定资产的使用地点和用途，直接计入当期损益。在会计处理上，借记"管理费用""销售费用""其他业务成本"等科目，贷记"银行存款"等科目。如企业生产车间和行政管理部门等发生的固定资产修理费用等后续支出，借记"管理费用"科目，贷记"银行存款"等科目；企业发生的与专设销售机构的固定资产相关的修理费用等后续支出，借记"销售费用"科目，贷记"银行存款"等科目。

【任务 7-11】 费用化后续支出业务

※**工作资料**

青山服装有限公司 2012 年 3 月 5 日对行政管理部门的小轿车进行维修，以银行存款支付维修费 2 000 元。（维修发票和相关银行存款付款凭证略）

※**工作行动**

（1）2012 年 3 月 5 日根据维修发票，可以确认此项后续支出为费用化支出。应计入本期的"管理费用"。

（2）根据维修发票和相关银行存款付款凭证，编制记账凭证，借记"管理费用"科目，贷记"银行存款"科目。

※**工作成果**

借：管理费用   1 000

   贷：银行存款   1 000

 固定资产的后续支出资本化和费用化的条件是什么？

项目五　处置固定资产的核算

相关知识

企业在生产经营过程中，可能将不适用或不需用的固定资产对外出售转让，或因磨损、技术进步等原因将固定资产进行报废，还可能由于遭受自然灾害等而对毁损的固定资产进行处理；此外，企业对外投资、捐赠、调拨固定资产等都会引起固定资产的减少。

固定资产处置，包括固定资产的出售、报废、毁损、对外投资、非货币性资产交换、债务重组等。

固定资产满足下列条件之一的，应当予以终止确认：

（1）该固定资产处于处置状态。

（2）该固定资产预期通过使用或处置不能产生经济利益。

工作任务

固定资产处置的会计处理

（一）科目设置

为了核算企业因出售、报废和毁损等原因而转入清理的固定资产价值及其在清理过程中所发生的清理费用和清理收入的情况，应设置"固定资产清理"科目。该科目借方登记转入清理的固定资产净值、清理过程中发生的清理费用以及应交的税金，贷方登记清理固定资产的变价收入、保险公司或过失人的赔偿款等，期末余额反映企业尚未清理完毕的固定资产价值以及清理净收益或净损失。清理完毕，结转净损益前，如果该科目余额在借方，反映尚未结转的清理净损失，应作为营业外支出从该科目的贷方转出；反之，如果余额在贷方，则反映尚未结转的清理净收益，应作为营业外收入从该科目的借方转出。该科目应按被清理的固定资产设置明细账，进行明细核算。

（二）账务处理

企业出售、转让、报废固定资产或发生固定资产毁损，应当将处置收入扣除账面价值和相关税费后的金额计入当期损益。固定资产的账面价值是固定资产成本扣减累计折旧和累计减值准备后的金额。

企业出售、报废、毁损等原因减少的固定资产，其核算的基本程序如下：

1. 将出售、报废和毁损的固定资产转入清理

按清理固定资产的净值，借记"固定资产清理"科目，按已提的折旧，借记"累计折旧"科目，按固定资产原价，贷记"固定资产"科目。

2. 核算发生的清理费用

固定资产清理过程中发生的清理费用以及应交的税金，按实际发生额借记"固定资产清理"科目，贷记"银行存款""应交税费"等科目。

3. 核算出售收入和残料

企业收回出售固定资产的价款、报废固定资产的残料价值和变价收入等，应冲减清理支出，按实际收到的出售价款及残料变价收入等，借记"银行存款""原材料"等科目，贷记"固定资产清理"科目。

4. 核算保险赔偿

企业计算或收到的应由保险公司或过失人赔偿的报废、毁损固定资产的损失时，应冲减清理支出，借记"银行存款"或"其他应收款"科目，贷记"固定资产清理"科目。

5. 核算清理净损益

固定资产清理后的净收益，属于生产经营期间的，计入当期损益，借记"固定资产清理"科目，贷记"营业外收入——非流动资产处置利得"科目；固定资产清理后的净损失，若属于自然灾害等原因造成的损失，借记"营业外支出——非常损失"科目，贷记"固定资产清理"科目；若属于生产期间正常的处理损失，借记"营业外支出——非流动资产处置损失"科目，贷记"固定资产清理"科目。

【任务 7-12】 固定资产出售业务

※工作资料

某企业 2012 年 12 月 6 日将一台企业不适用的龙门刨床对外出售，收到款项 140 000 元，支付清理费用 2 800 元，该固定资产原价为 600 000 元，已提折旧 435 600 元。(场地清理费和进账单略)

※工作行动

(1)固定资产退出使用过程，将该固定资产对外出售时，根据相关文件将该机床由原来的"固定资产"科目转入"固定资产清理"科目，根据该"固定资产卡片账"上的折旧数额，计算将其净值转入"固定资产清理"科目的借方，将已经计提的折旧总额从"累计折旧"科目的借方转销，将其原值全数从"固定资产"的贷方转走；

(2)支付清理费用时，根据发票和支票存根分别借记"固定资产清理"，贷记"银行存款"；

(3)收到款项时，借记"银行存款"，同时贷记"固定资产清理"；

(4)将清理后的净收益由"固定资产清理"的借方转入"营业外收入"的贷方，将清理净损失由"固定资产清理"的贷方转入"营业外支出"的借方。

※工作成果

(1)固定资产转入清理时：

借：固定资产清理	164 400
累计折旧	435 600
贷：固定资产	600 000

(2)支付清理费用时：

借：固定资产清理	2 800
贷：银行存款	2 800

(3)收到款项时：

借：银行存款	140 000
贷：固定资产清理	140 000

(4)计算销售该固定资产应交纳的营业税，适用的营业税税率为 5%，即 140 000×5%=7 000 元。

借：固定资产清理	7 000
贷：应交税费——应交营业税	7 000

（5）结转固定资产清理后净损益：

借：营业外支出——非流动资产处置损失 34 200

    贷：固定资产清理 34 200

【任务 7-13】 固定资产报废业务

※工作资料

2012 年 12 月 17 日，青山服装有限公司一台电动下料机正常报废，原价 15 000 元，已经计提折旧 14 000 元，支付清理费用 500 元，取得清理收入 2 600 元。（固定资产卡片、支出凭单、进账单略）

※工作行动

（1）将报废机床已提的折旧总额从"累计折旧"科目的借方转销，原值全数从"固定资产"的贷方转走，计算其净值转入"固定资产清理"科目的借方。

（2）支付清理费用时，根据支出凭单分别借记"固定资产清理"科目，贷记"银行存款"科目。

（3）收到款项时，借记"银行存款"科目，同时贷记"固定资产清理"科目。

（4）将净收益由"固定资产清理"科目的借方转入"营业外收入"科目的贷方。

※工作成果

（1）将机器转入清理时：

借：固定资产清理 1 000

    累计折旧 14 000

    贷：固定资产 15 000

（2）支付清理费用时：

借：固定资产清理 500

    贷：银行存款 500

（3）取得清理收入时：

借：银行存款 2 600

    贷：固定资产清理 2 600

（4）结转固定资产清理净损益：

借：固定资产清理 1 100

    贷：营业外收入 1 100

【任务 7-14】 固定资产毁损业务

※工作资料

2012 年 9 月 15 日，青山服装有限公司机修车间失火毁损电焊机一台，原值 40 000 元，已提折旧 15 600 元，预计净残值 1 000 元。收到保险公司赔款 20 810 元。

※工作行动

（1）根据固定资产毁损报废申请书，将该机床已提折旧总额从"累计折旧"科目的借方转销，原值全数从"固定资产"的贷方转走，将其净值转入"固定资产清理"科目的借方。

（2）收到保险公司赔款时，根据火灾原因鉴定书、出险损失计算书、银行存款收款凭证借记"银行存款"科目，同时贷记"固定资产清理"科目。

（3）将清理后的净损失由"固定资产清理"科目的贷方转入"营业外支出"科目的借方。

※工作成果

（1）将毁损固定资产转入清理时：

借：固定资产清理		24 400
累计折旧		15 600
贷：固定资产		40 000

（2）收到保险公司赔款：

借：银行存款		20 810
贷：固定资产清理		20 810

（3）结转固定资产清理净损益：

借：营业外支出		3 590
贷：固定资产清理		3 590

项目六　固定资产清查的核算

相关知识

固定资产是企业重要的劳动资料，其使用期限较长，单位价值较高。为了保证固定资产核算资料的真实性，企业应当定期或者至少每年年末对固定资产进行清查盘点。对清查过程中发现的盘盈、盘亏的固定资产，应当及时查明原因，编制固定资产盘盈盘亏报告表，作为调整固定资产账簿记录的依据。

工作任务

固定资产盘盈的会计处理

（一）科目设置

企业应设置"以前年度损益调整"科目，核算企业本年度发生的调整以前年度损益的事项以及本年度发现的重要前期差错更正涉及调整以前年度损益的事项。企业在资产负债表日至财务报告批准报出日之间发生的需要调整报告年度损益的事项，以及本年度发生的以前年度的重大会计差错的调整，也在本科目核算。本科目借方登记企业调整减少的以前年度利润或调整增加的以前年度亏损，以及相应增加的所得税；贷方登记企业调整增加的以前年度利润或调整减少的以前年度亏损，以及相应减少的所得税；期末应将本科目的余额结转至"利润分配——未分配利润"科目。

（二）账务处理

企业在财产清查中盘盈的固定资产，作为前期差错处理。盘盈的固定资产，应按以下规定确定其入账价值：如果同类或类似固定资产存在活跃市场的，按同类或类似固定资产的市场价格，减去按该项资产的新旧程度估计的价值损耗后的余额，作为入账价值；如果同类或类似固定资产不存在活跃市场的，按该项固定资产的预计未来现金流量现值，作为入账价值。

企业在财产清查中盘盈的固定资产，在按管理权限报经批准处理前应先通过"以前年度损益调整"科目核算。在报经批准处理前，按同类或类似固定资产的市场价格，减去按该项资产的新旧程度估计的价值损耗后的余额，借记"固定资产"科目，贷记"以前年度损益调整"科目。

【任务 7-15】 固定资产的盘盈业务

※工作资料

青山服装有限公司 2012 年 6 月 30 日在固定资产清查过程中，发现未入账的设备一台，按同类或类似固定资产市场价格，减去按该项资产的新旧程度估计的价值损耗后的余额为 10 000 元（假定与其计税基础不存在差异）。根据相关规定，该盘盈固定资产作为前期差错进行处理。假定该企业适用的所得税税率为 30%，该企业按净利润的 10%提取法定盈余公积。

※工作行动

根据盘点工作的结果填制"固定资产清查报告单"，将盘盈的固定资产按照《企业会计准则第 28 号——会计政策、会计估计变更和差错更正》的规定，作将盘盈电动缝纫机记入"以前年度损益调整"科目；并据此填制所得税计算表，调整应交所得税；填制盈余公积计算表，将"以前年度损益调整"科目的余额结转为留存收益。

※工作成果

（1）盘盈固定资产时：

借：固定资产　　　　　　　　　　　　　　　　　　　　　　　10 000
　　贷：以前年度损益调整　　　　　　　　　　　　　　　　　　　　10 000

（2）确定应交纳的所得税时：

借：以前年度损益调整　　　　　　　　　　　　　　　　　　　　3 000
　　贷：应交税费——应交所得税　　　　　　　　　　　　　　　　　3 000

（3）结转为留存收益时：

借：以前年度损益调整　　　　　　　　　　　　　　　　　　　　7 000
　　贷：盈余公积——法定盈余公积　　　　　　　　　　　　　　　　　700
　　　　利润分配——未分配利润　　　　　　　　　　　　　　　　　6 300

固定资产盘亏的会计处理

企业在财产清查中盘亏的固定资产，先通过"待处理财产损溢"科目核算，报经批准后转入"营业外支出"科目。企业发生固定资产盘亏时，按盘亏固定资产的净值，借记"待处理财产损溢"科目，按已计提的累计折旧，借记"累计折旧"科目，按固定资产的原价，贷记"固定资产"科目。盘亏的固定资产报经批准后，按可收回的保险赔款或过失人赔偿，借记"其他应收款"科目，按应计入营业外支出的金额，借记"营业外支出——盘亏损失"科目，贷记"待处理财产损溢"科目。

【任务 7-16】 固定资产的盘亏业务

※**工作资料**

2012 年 6 月 30 日青山服装有限公司在清查固定资产的过程中，发现盘亏设备一台，原值 50 000 元，已提折旧 38 000 元。

※**工作行动**

根据盘点工作的结果填制"固定资产清查报告单"，据此将盘亏固定资产的净值借记"待处理财产损溢"科目，借记"累计折旧"，金额为累计计提的折旧额；同时贷记"固定资产"，金额为该固定资产的原值；上报公司会议批准后，根据批复的文件将盘亏固定资产的净值贷记"待处理财产损溢"科目，借记"营业外支出"科目，即转入当期的损益。

※**工作成果**

（1）发现盘亏时：

借：待处理财产损溢——待处理固定资产损溢	12 000
累计折旧	38 000
贷：固定资产	50 000

（2）批准后，转入当期损益：

借：营业外支出——固定资产盘亏	12 000
贷：待处理财产损溢——待处理固定资产损溢	12 000

固定资产的盘盈和盘亏账务处理有什么区别？

项目七　固定资产的期末计量

相关知识

企业应定期对固定资产的账面价值进行检查，至少每年一次。在资产负债表日，固定资产存在可能发生减值的迹象时，其可收回金额低于账面价值的，企业应当将该固定资产的账面价值减记至可收回金额，减记的金额确认为减值损失，计入当期损益，同时计提相应的固定资产减值准备。固定资产减值准备一经确认，在以后会计期间不得转回。

工作任务

固定资产减值的会计处理

（一）科目设置

"固定资产减值准备"科目核算企业提取的固定资产减值准备。该科目贷方登记企业发生的固定资产减值金额，借方登记已计提减值准备固定资产价值得以回复的金额，期末贷方余额反映企业已提取的固定资产减值准备。

（二）账务处理

固定资产在资产负债表日存在可能发生减值的迹象时，其可收回金额低于账面价值的，企业应当将该固定资产的账面价值减记至可收回金额，减记的金额确认为减值损失，计入当期损益，同时计提相应的固定资产减值准备，借记"资产减值损失——计提的固定资产减值准备"科目，贷记"固定资产减值准备"科目。固定资产减值损失一经确认，在以后会计期间不得转回。

【任务 7-17】 固定资产的减值准备业务

※**工作资料**

2012 年 12 月 31 日，青山服装有限公司的一台固定资产存在可能发生减值的迹象。经计算，该固定资产的可收回金额为 570 000 元，原值为 2 000 000 元，已经提取折旧额为 1 350 000 元，假设以前年度未对该固定资产计提过减值准备。（此处省略固定资产折旧计算表）

※**工作行动**

（1）本例中，该固定资产的可收回金额为 570 000 元，而账面价值为 650 000 元（2 000 000-1 350 000），可收回金额低于账面价值 80 000 元（650 000-570 000），应按两者之间的差额计入当期损益，同时计提相应的固定资产减值准备。

（2）编制固定资产减值计算表（此处略）。

（3）根据固定资产减值计算表编制会计分录。

※**工作成果**

借：资产减值损失——计提的固定资产减值准备　　　　　　　　　　　80 000
　　贷：固定资产减值准备　　　　　　　　　　　　　　　　　　　　　80 000

注意：固定资产减值准备应当按单项计提，已全额计提减值准备的固定资产不再计提折旧。

单元八　无形资产的核算

● **知识目标**

掌握无形资产的概念及确认条件

理解无形资产的内容、特征

掌握无形资产取得、摊销、处置及报废的核算

了解无形资产减值的会计处理

掌握长期待摊费用的概念及会计处理

● **能力目标**

能对无形资产进行辨认

能对无形资产相关业务进行相应的会计处理

能确认长期待摊费用的内容

能对长期待摊费用进行正确的会计处理

企业在生产经营过程中，由于掌握某些核心技术、先进的管理经验，或拥有良好的企业声誉等，往往能拥有高于一般企业的获利能力，这些不具有实物形态的经济资源，都属于无形资产。在市场竞争愈来愈激烈的今天，无形资产的作用越来越大，而且对企业发展起着关键的作用。

项目一　无形资产认知

一、无形资产的概念

（一）无形资产的概念及特征

无形资产是指企业拥有或者控制的没有实物形态的可辨认非货币性资产。相对于其他资产，无形资产具有以下三个主要特征：

1. 不具有实物形态

无形资产是不具有实物形态的非货币性资产，它不像固定资产、存货等有形资产具有实物形体。无形资产体现的是一种权利或获得超额利润的能力，无形资产价值的体现与发

挥需要与企业的管理状况相结合，如果企业具有良好的管理能力，无形资产会使企业获得高于同行业的利润水平。所以无形资产虽然没有实物形态，但却具有价值。

2. 具有可辨认性

资产满足下列条件之一的符合无形资产定义中的可辨认性标准：

（1）能够从企业中分离或者划分出来，并能单独或者与相关合同、资产或负债一起，用于出售、转移、授予许可、租赁或者交换。

（2）源自合同性权利或其他法定权利，无论这些权利是否可以从企业或其他权利和义务中转移或者分离。

商誉的存在无法与企业自身分离，不具有可辨认性，所以不属于本章所指的无形资产。

3. 属于非货币性长期资产

企业资产中不具有实物形态的还有其他一些，例如应收账款、其他应收款等，但上述资产属于流动资产，属于货币性资产。而无形资产是非货币性资产，是长期资产。无形资产的使用年限在一年以上，它能够在多个会计期间为企业带来经济利益。所以企业取得无形资产的价值将在各个受益期间分期进行摊销。

二、无形资产的确认条件

某个项目要确认为无形资产，首先要符合无形资产的定义，并同时满足以下条件时才能予以确认：

1. 与该无形资产有关的经济利益很可能流入企业

无形资产首先应该是企业的一项资产，而资产最基本的特征是产生的经济利益预期很可能流入企业，如果某一项目产生的经济利益预期不能流入企业，则不能将其确认为企业的资产。所以对无形资产的确认而言，必须具备其所包含的经济利益能够流入企业这一条件。

在实务工作中，要确定无形资产产生的经济利益是否很可能流入企业，需要进行职业判断。例如企业是否有足够的人力资源、高素质的管理队伍和相关硬件设备等来配合无形资产为企业创造经济利益。同时，更为重要的是还应该关注外界因素的影响，比如是否存在相关的新技术、新产品的冲击，与无形资产相关的技术或利用其生产的产品的市场因素等。

2. 该无形资产的成本能够可靠地计量

成本能够可靠地计量是资产确认的一项基本条件，对于无形资产而言同样需要满足这一条件。例如，企业自创的商誉、内部产生的品牌等，因其成本无法可靠地计量，所以不能确认为无形资产。

三、无形资产的内容

无形资产主要包括专利权、非专利技术、商标权、著作权、土地使用权和特许经营权等内容。

1. 专利权

专利权是指国家专利主管机关依法授予发明创造专利申请人对其发明创造在法定期限内所享有的专有权利，包括发明专利权、实用新型专利权和外观设计专利权。它给予持有者独家使用或控制某项发明的特殊权利。《中华人民共和国专利法》明确规定专利人拥有的专利权受到国家法律保护，专利权是允许其持有者独家使用或控制的特权，但它并不保证一定能给持有者带来经济效益，如有的专利可能会被另外更有经济价值的专利所淘汰等。因此企业不应将其所拥有的一切专利权都予以资本化作为无形资产管理和核算。一般而言只有从外单位购入的专利或者自行开发并按法律程序申请取得的专利，才能作为无形资产管理和核算。

2. 商标权

商标是用来辨认特定的商品或劳务的标记。商标权是指专门在某类指定的商品或产品上使用特定的名称或图案的权利。商标经过注册登记就获得了法律上的保护。《中华人民共和国商标法》明确规定，经商标局核准注册的商标为注册商标，商标注册人享有商标专用权，受法律的保护。商标权包括独占权和禁止使用权两个方面。

商标权的取得，可以是企业自创，也可以是外购。如果是企业自创，一般来说申请注册登记所花费用不大，可以不作为无形资产核算和管理。如果是购入的商标权，一次性支出费用较大的，可以将其资本化作为无形资产管理。按照《中华人民共和国商标法》的规定，商标可以转让但受让人应保证使用该注册商标的产品质量。

3. 土地使用权

土地使用权是指国家准许，某一企业或单位在一定期间内，对国有土地享有开发、利用、经营的权利。企业取得土地使用权，如果未花费任何代价，不能作为无形资产核算；有偿取得的土地使用权，应将取得时发生的支出资本化，作为无形资产进行管理与核算。

4. 非专利技术

非专利技术即专有技术或技术秘密、技术诀窍，是指先进的、未公开的、未申请专利、可以带来经济效益的技术及诀窍。主要内容包括一是工业专有技术，即在生产上已经采用，仅限于少数人知道，不享有专利权或发明权的生产装配修理工艺或加工方法的技术知识；二是商业贸易专有技术，即具有保密性质的市场情报，原材料价格情报以及用户、竞争对象的情况和有关知识；三是管理专有技术，即生产组织的经营方式、管理方式、培训职工方法等保密知识。非专利技术并不是专利法的保护对象，专有技术所有人依靠自我保密的方式来维持其独占权，非专利技术可以用于转让和投资。

非专利技术的取得，可以是企业自己开发研究的，也可以是从外部购入的。如果是企业自己开发研究的，应将符合无形资产准则规定的开发支出资本化条件的，确认为无形资产；对于从外部购入的非专利技术应将实际发生的支出予以资本化作为无形资产入账。

5. 著作权

著作权又称版权，是指作者对其创作的文学、科学和艺术作品依法享有的出版、发行等方面的专有权利。著作权包括发表权、署名权、修改权、保护作品完整权、使用权和获得报酬权等。

6. 特许权

特许权又称经营特许权或专营权，是指企业在某一地区经营或销售某种特定商品的权利，或是一家企业接受另一家企业使用其商标、商号、技术秘密等的权利。前者一般是指政府机关授权，准许企业使用或在一定地区享有经营某种业务的特权，如水、电、邮电通讯等专营权，烟草专卖权等。后者指企业间依照签订的合同有限期或无限期使用另一家企业的某些权利，如连锁店分店使用总店的名称等。

企业取得的特许权，如果没有花费代价，则不作为无形资产核算和管理；只有支付了费用取得的特许权才能作为无形资产核算。

 只要符合无形资产定义与特征的项目就可以确认为无形资产吗？

项目二　无形资产取得的核算

相关知识

（一）无形资产的取得途径

企业取得无形资产的主要方式有外购、自行研究开发、接受投资人投入等，无形资产取得方式不同，其成本构成和会计处理也会有所差别。

（二）无形资产取得成本的确定

无形资产应当按照成本进行初始计量。

1. 外购无形资产成本的确定

外购的无形资产其成本包括购买价款、相关税费以及直接归属于使该项资产达到预定用途所发生的其他支出。

2. 自行研究开发无形资产成本的确定

企业自行研制开发的无形资产，应将整个研制开发阶段分为两个阶段：一是研究阶段，二是开发阶段。研究开发项目的支出,应当区分研究阶段支出与开发阶段支出分别处理。研究阶段,是指为获取新的科学或技术知识并理解它们而进行的独创性的有计划调查。开发阶段,是指在进行商业性生产或使用前,将研究成果或其他知识应用于某项计划或设计,以生产出新的或具有实质性改进的材料、装置、产品等。

研究阶段的支出,应当于发生时计入当期损益。开发阶段的支出,满足下列条件时,应当确认为无形资产:①从技术上来讲,完成该无形资产以使其能够使用或出售具有可行性;②具有完成该无形资产并使用或出售的意图;③无形资产产生未来经济利益的方式,包括能够证明运用该无形资产生产的产品存在市场或无形资产自身存在市场;无形资产将在内部使用时,应当证明其有用性;④有足够的技术、财务资源和其他资源支持,以完成该无形资产的开发,并有能力使用或出售该无形资产;⑤归属于该无形资产开发阶段的支出能够可靠计量。

3. 接受投资人投入无形资产成本的确定

投资者投入的无形资产,应当按照投资合同或协议约定的价值作为成本,但合同或协议约定价值不公允的除外。

工作任务

无形资产取得的账务处理

为了核算无形资产的取得情况,企业应当设置"无形资产"和"研发支出"等相关的会计科目。

1. "无形资产"科目

"无形资产"科目属于资产类会计科目,核算企业持有的无形资产的成本,借方登记取得无形资产的成本,贷方登记无形资产出售等原因减少的金额。期末余额在借方,反映企业拥有无形资产的实际成本。本科目应该按无形资产的项目设置明细账,进行明细核算。

2. "研发支出"科目

"研发支出"属于成本类科目,核算企业自行研究开发无形资产过程中发生的相关支出。该科目借方登记发生的研发支出,贷方登记转出的金额。期末余额在借方,反映企业研发无形资产过程中发生的实际成本。本科目应该按费用化支出与资本化支出设置明细账,进行明细核算。

【任务 8-1】 购买无形资产业务

※工作资料

宏远股份有限公司于 2012 年 1 月 2 日从国家专利局购买了一项专利技术,该项专利的购买价款为 500 000 元,款项已通过银行存款支付。

※工作行动

（1）审核购买协议，核对需要支付的购买价款及相关费用；

（2）签发转账支票，支付购买价款；

（3）办理无形资产的接收手续，并根据支付的购买价款及相关费用确定无形资产的入账价值；

（4）根据审核无误的原始凭证编制记账凭证：根据购买协议及无形资产的接收手续，借记"无形资产"，根据支票存根贷记"银行存款"，金额依据支票存根金额填写；

（5）根据编制好的记账凭证，出纳登记"银行存款日记账"，会计登记"无形资产"明细账。

※工作成果

借：无形资产——专利技术	500 000
贷：银行存款	500 000

【任务 8-2】　自行研究开发无形资产业务

※工作资料

四海科技有限公司于 2012 年 1 月 2 日自行研制开发一项非专利技术，截止 2012 年 12 月 31 日共计支出 350 000 元，全部是以银行存款支付的。其中在前期研究阶段 2012 年 1 月的支出为 150 000 元，2012 年 2 月开始进入后期开发阶段，共计支出 200 000 元，符合资本化条件。2012 年 12 月，经有关专家鉴定，符合相关技术要求，可以投入使用，形成无形资产。

※工作行动

（1）审核 2012 年 1 月 31 日之前的每笔支出单据，共计 150 000 元；

（2）根据上述审核无误的原始凭证编制记账凭证：2012 年 1 月属于前期研究阶段，其支出不能资本化，所以应借记"研发支出——费用化支出"，根据支票存根贷记"银行存款"，金额依据支票存根金额填写，共计 150 000 元；

（3）月末编制记账凭证，结转本月发生的费用化支出：借记"管理费用"，贷记"研发支出——费用化支出"，金额根据本月费用化实际支出登记，共计 150 000 元；

（4）审核 2012 年 2 月以后发生的每笔支出单据，共计 200 000 元；

（5）根据上述审核无误的原始凭证编制记账凭证：2012 年 2 月属于无形资产的开发阶段，而且 2 月开始以后的每笔支出符合资本化条件，所以应借记"研发支出——资本化支出"，根据支票存根贷记"银行存款"，金额依据支票存根金额填写，共计 200 000 元；

（6）根据专家鉴定意见将达到预计使用状态的非专利技术转为无形资产，编制记账凭证：借记"无形资产"，贷记"研发支出——资本化支出"，金额共计 200 000 元；

（7）根据编制好的记账凭证，出纳登记"银行存款日记账"，会计登记"管理费用""研发支出"以及"无形资产"等明细账。

※工作成果

借：研发支出——费用化支出	150 000

　　贷：银行存款　　　　　　　　　　　　　　　　　　　　　　　　　150 000
借：管理费用　　　　　　　　　　　　　　　　　　　　　　　　　　150 000
　　贷：研发支出——费用化支出　　　　　　　　　　　　　　　　　150 000
借：研发支出——资本化支出　　　　　　　　　　　　　　　　　　　200 000
　　贷：银行存款　　　　　　　　　　　　　　　　　　　　　　　　200 000
借：无形资产　　　　　　　　　　　　　　　　　　　　　　　　　　200 000
　　贷：研发支出——资本化支出　　　　　　　　　　　　　　　　　200 000

【任务 8-3】　接受投资人投入无形资产业务

※工作资料

2012 年 1 月 10 日宏远有限责任公司接受伟业科技责任公司作为资本投入的一项专利权，投资协议确认的价值为 700 000 元，与该项专利的市场价值相符。

※工作行动

（1）审核投资协议，核对该项专利权的市场价值与协议价值是否相符；

（2）办理无形资产的接收手续，并根据投资协议确定无形资产的入账价值；

（3）根据审核无误的原始凭证编制记账凭证：根据投资协议及无形资产的接收手续，借记"无形资产"，贷记"实收资本"，金额依据投资协议金额填写；

（4）根据编制好的记账凭证，会计人员登记"无形资产"和"实收资本"明细账。

※工作成果

借：无形资产——专利权　　　　　　　　　　　　　　　　　　　　　700 000
　　贷：实收资本　　　　　　　　　　　　　　　　　　　　　　　　700 000

 无形资产的研究开发支出如何处理？

项目三　无形资产使用的核算

相关知识

（一）无形资产使用寿命的确定

　　无形资产应该在取得时分析判断其使用寿命是否有限，使用寿命有限的无形资产需要将无形资产的价值在其使用寿命内进行合理摊销。而使用寿命无法预见的无形资产不需要进行摊销。

　　估计无形资产使用寿命应考虑的因素主要包括：

1. 运用该资产生产的产品通常的寿命周期、可获得的类似资产使用寿命的信息；

2. 技术、工艺等方面的现阶段情况及对未来发展趋势的估计；

3. 以该资产生产的产品或提供服务的市场需求情况；

4. 现在或潜在的竞争者预期将采取的行动；

5. 为维持该资产带来经济利益能力的预期维护支出，以及企业预计支付有关支出的能力；

6. 对该资产控制预期的相关法律规定或类似限制，如特许使用期、租赁期等；

7. 与企业持有的其他资产使用寿命的关联性等。

（二）无形资产残值的确定

无形资产的残值一般应当视为零，但下述两种情况除外：

1. 有第三方承诺在无形资产使用寿命结束时购买该无形资产；

2. 可以根据活跃市场得到预计残值信息并且该市场在无形资产使用寿命结束时很可能存在。

工作任务

无形资产摊销的会计处理

使用寿命有限的无形资产，应在其预计的使用寿命内采用系统合理的方法对应摊销的金额进行摊销。

（一）应摊销金额的确定

无形资产的应摊销金额，是指无形资产的成本扣除预计残值后的金额。已计提减值准备的无形资产，还应扣除已计提的无形资产减值准备累计金额。使用寿命有限的无形资产的残值一般视为零。

（二）摊销期和摊销方法

对于使用寿命有限的无形资产，应当自可供使用（即其达到预定用途）当月起开始摊销，处置当月不再摊销。

无形资产摊销方法包括直线法、生产总量法等。企业选择的无形资产的摊销方法应当反映与该项无形资产有关的经济利益的预期实现方式，无法可靠确定预期实现方式的应当采用直线法摊销。

无形资产的摊销方式一经选定，应该一致地运用于不同的会计期间。

（三）科目设置

"累计摊销"科目属于资产类科目，是"无形资产"的调整科目，核算企业对使用寿命有限的无形资产计提的摊销金额。该科目贷方登记计提的无形资产摊销金额，借方登记因处置无形资产转出的摊销金额。期末余额应该在贷方，反映企业无形资产累计计提的摊销额。

（四）使用寿命有限的无形资产摊销的账务处理

无形资产摊销时，应该考虑该无形资产所服务的对象，并以此为基础，将其价值计入相关资产的成本或当期损益。

【任务 8-4】　自用无形资产摊销业务

※工作资料

鹏程有限责任公司 2012 年 1 月 1 日购买了一项特许经营权，支付价款 660 000 元。合同规定受益年限为 10 年，公司按月进行摊销。

※工作行动

（1）根据购买合同的约定，审核无形资产的受益年限；

（2）根据无形资产的入账价值，以及合同规定的受益年限，确定无形资产的摊销方法为直线法，并编制无形资产摊销的计算表 8-1；

表 8-1

无形资产摊销表

2012 年 1 月 31 日

无形资产名称	原值	预计摊销年限	已摊销价值	本月摊销额	摊余价值
特许经营权	660 000	10		5 500	654 500
合　计				5 500	654 500

主管：吴晓丽　　　　　审核：张红　　　　　制单：王佳

（3）审核无形资产摊销计算表，并编制记账凭证：该特许经营权属于企业自用的无形资产，摊销时应借记"管理费用"，贷记"累计摊销"，摊销金额依据无形资产摊销计算表的金额 5 500 元登记；

（4）根据编制好的记账凭证，会计登记"管理费用"以及"累计摊销"明细账。

※工作成果

借：管理费用　　　　　　　　　　　　　　　　　　　　　　　　　　　　　5 500

　贷：累计摊销　　　　　　　　　　　　　　　　　　　　　　　　　　　　　5 500

【任务 8-5】　出租无形资产摊销业务

※工作资料

鹏程有限责任公司 2010 年 1 月 1 日将其购买的特许经营权出租，每月收取租金 6 500 元。租期为 3 年，合同约定每月月初承租方支付当月租金。该特许经营权每月摊销额为 5 500 元。

※工作行动

（1）核对出租协议与银行进账单，审核银行进账单金额与出租协议金额是否相符；

（2）根据审核无误的原始凭证编制记账凭证：根据银行进账单借记"银行存款"，同时确认租金收入，贷记"其他业务收入"，金额根据进账单金额填写；

（3）编制无形资产摊销计算表；

（4）根据审核无误的摊销计算表，编制记账凭证：因为出租的无形资产收取租金时确认为"其他业务收入"，所以出租无形资产的摊销金额应借记"其他业务成本"，同时贷记

"累计摊销";

（5）根据编制好的记账凭证，出纳登记"银行存款日记账"，会计登记"其他业务收入""其他业务成本"以及"累计摊销"明细账。

※**工作成果**

（1）每月收取租金时

借：银行存款   6 500

  贷：其他业务收入   6 500

（2）每月摊销时

借：其他业务成本   5 500

  贷：累计摊销   5 500

无形资产摊销与固定资产折旧是一回事吗？无形资产摊销的金额和方法如何确定？

项目四　无形资产处置的核算

相关知识

无形资产处置包括无形资产的出租、无形资产出售和无形资产报废等内容。

无形资产出租是指企业将所拥有的无形资产使用权让渡给他人，并收取租金。

无形资产出售是指企业将所拥有的无形资产所有权转移给他人，并获取相应的利得。

无形资产的报废是指无形资产不能为企业带来经济利益流入。如企业持有的某项专利技术被其他新技术取代。

工作任务

无形资产处置的会计处理

（一）科目设置

1."营业外收入"科目

"营业外收入"科目属于损益类科目，核算企业非日常活动形成的利得。该科目贷方登记增加的利得金额，借方登记期末转入"本年利润"科目的贷方余额。

2."营业外支出"科目

"营业外支出"科目属于损益类科目，核算企业非日常活动导致的损失。该科目借方登记发生的损失金额，贷方登记期末转入"本年利润"科目的借方余额。

（二）账务处理

企业出租无形资产的收入应当计入"其他业务收入"，出租无形资产进行摊销时，摊销的价值应当计入"其他业务成本"。

出售无形资产的损益确认为处置非流动资产的损失或利得。企业出售无形资产的净收益，应当计入"营业外收入"科目，出租无形资产的净损失应当计入"营业外支出"科目。企业出售无形资产应当缴纳的税金应当计入"应交税费——应交营业税"科目。

如果无形资产预期不能为企业带来经济利益，应将其报废并予以转销，其账面价值转入当期损益。转销时，按已计提的累计摊销金额，借记"累计摊销"科目；按其账面余额，贷记"无形资产"科目；借贷方的差额计入"营业外支出——处置非流动资产损失"科目；如果该无形资产计提过减值准备，还应同时结转减值准备。

【任务 8-6】　无形资产出售业务

※工作资料

2012 年 12 月 10 日，鹏程有限责任公司将其研制开发的一项专利权出售给华夏有限责任公司，该专利的账面原价 600 000 元，已摊销 220 000 元，取得出售收入 500 000 元，应按出售价款的 5%计算缴纳营业税，出售所得款项已存入银行。

※工作行动

（1）审核出售协议确定的出售价款与银行对账单金额是否相符；

（2）根据出售价款计算应支付的营业税金额；

（3）计算无形资产出售利得；

（4）根据审核无误的原始凭证，编制记账凭证：无形资产出售后应注销其账面价值，借记"累计摊销"，贷记"无形资产"，金额依据无形资产明细账和累计摊销明细账登记的金额分别填写；同时根据取得的出售价款借记"银行存款"，根据应支付的营业税金额贷记"应交税费——应交营业税"；根据出售利得贷记"营业外收入"科目；

（5）根据编制好的记账凭证，出纳登记"银行存款日记账"，会计登记"无形资产""累计摊销""应交税费——应交营业税"以及"营业外收入"等明细账。

※工作成果

借：银行存款		500 000
累计摊销		220 000
贷：无形资产		600 000
应交税费——应交营业税		25 000
营业外收入——非流动资产处置利得		95 000

【任务 8-7】　无形资产报废业务

※工作资料

浩天股份有限公司 2008 年 1 月 10 日购买的财务软件作为无形资产核算，2012 年 1 月 1 日起企业将执行新的企业会计准则，该财务软件无法继续使用，经有关部门批准予以报废。该财务软件的账面原价 50 000 元，已摊销 30 000 元。

※工作行动

（1）审核无形资产报废的批复意见；

（2）计算无形资产报废的损失；

（3）根据审核后的原始凭证编制记账凭证：无形资产批准报废后应注销其账面价值，借记"累计摊销"，贷记"无形资产"，金额依据无形资产明细账和累计摊销明细账登记的金额分别填写；将无形资产账面价值贷记"营业外支出"，金额根据无形资产原值减去其累计摊销的金额计算填写；

（4）根据编制好的记账凭证，会计登记"无形资产""累计摊销"以及"营业外支出"明细账。

※工作成果

借：累计摊销   30 000

营业外支出——非流动资产处置损失   20 000

贷：无形资产   50 000

 出售无形资产与出租无形资产在会计处理上有什么区别？

项目五　无形资产减值的核算

相关知识

无形资产在资产负债表日存在可能发生减值的迹象时，应该进行减值测试：即比较无形资产的账面价值与可收回金额。如果无形资产的账面价值低于其可收回金额，说明无形资产发生减值，企业应当将该无形资产的账面价值减记至可收回金额，减记的金额确认为减值损失，计入当期损益，同时计提相应的资产减值准备。

工作任务

无形资产减值的会计处理

（一）科目设置

核算无形资产减值需要使用"无形资产减值准备"科目，该科目属于资产类会计科目，也是"无形资产"的调整科目，核算企业无形资产发生减值的金额。贷方登记无形资产发生减值时计提的减值准备金额，借方登记因处置无形资产转出的减值准备金额。

（二）账务处理

无形资产在资产负债表日存在可能发生减值的迹象时，其可收回金额低于账面价值的，企业应当将该无形资产的账面价值减记至可收回金额，减记的金额确认为减值损失，计入当期损益，同时计提相应的资产减值准备，按应减记的金额，借记"资产减值损失——计提的无形资产减值准备"科目，贷记"无形资产减值准备"科目。无形资产减值损失一经确认，在以后会计期间不得转回。

【任务 8-8】 无形资产减值业务

※**工作资料**

2012 年 12 月 31 日，市场上某项技术生产的产品销售势头较好，已对四海科技公司产品的销售产生重大不利影响。四海科技公司外购的同类专利技术的账面价值为 800 000 元，剩余摊销年限为 4 年，经减值测试，该专利技术的可收回金额为 750 000 元。

※**工作行动**

（1）计算无形资产账面价值与可收回金额之间的差额：800 000-750 000=50 000（元）；

（2）确认无形资产的减值金额为 50 000 元；

（3）编制记账凭证：确认的减值金额借记"资产减值损失——计提的无形资产减值准备"科目，贷记"无形资产减值准备"科目；

（4）根据编制好的记账凭证，会计人员登记"资产减值损失——计提的无形资产减值准备"和登记"无形资产减值准备"等明细账。

※**工作成果**

借：资产减值损失——计提的无形资产减值准备   50 000

    贷：无形资产减值准备   50 000

项目六　其他资产的核算

相关知识

其他资产是指除货币资金、交易性金融资产、应收及预付款项、存货、长期股权投资、固定资产、无形资产等以外的资产，如长期待摊费用等。

工作任务

长期待摊费用的会计处理

长期待摊费用，是指企业已经发生但应由本期和以后各期负担的分摊期限在一年以上的各项费用。如，以经营租赁方式租入的固定资产发生的改良支出等。

（一）科目设置

企业应设置"长期待摊费用"科目，核算长期待摊费用的发生、摊销和结存等情况，该会计科目属于资产类科目，借方登记发生的长期待摊费用，贷方登记已经摊销的长期待摊费用，期末余额在借方，反映企业已经发生尚未摊销的费用。

（二）长期待摊费用的账务处理

企业发生的长期待摊费用，借记"长期待摊费用"，贷记"银行存款""原材料"等科目。摊销长期待摊费用，借记"管理费用""销售费用"等科目，贷记"长期待摊费用"。

如果长期待摊费用项目不能使以后会计期间受益的，应当将尚未摊销的该项目的摊余价值全部转入当期损益。

【任务 8-9】 长期待摊费用业务

※工作资料

2012 年 1 月 1 日创维公司租入一栋办公楼，租期为 5 年。租入后进行装修，2012 年 12 月 30 日装修完毕，创维公司向装修公司支付装修费共计 60 000 元。该笔装修费用按 5 年进行摊销。假定不考虑其他费用。

※工作行动

（1）审核装修协议，核对需要支付的装修费用；

（2）签发转账支票，支付装修价款；

（3）根据审核无误的原始凭证编制记账凭证：根据支票存根和发票，借记"长期待摊费用"，贷记"银行存款"，金额依据支票存根金额填写；

（4）根据编制好的记账凭证，出纳登记"银行存款日记账"，会计登记"长期待摊费用"明细账；

（5）根据装修费的摊销年限计算每年应摊销的装修费用：60 000÷5=12 000（元）；

（6）编制记账凭证：本年度需要摊销的装修费用，借记"管理费用"，贷记"长期待摊费用"；

（7）根据编制好的记账凭证，会计人员登记"管理费用"和"长期待摊费用"等明细账。

※工作成果

（1）支付装修费时

借：长期待摊费用   60 000

    贷：银行存款   60 000

（2）每年摊销装修费用时

借：管理费用   12 000

    贷：长期待摊费用   12 000

单元九　流　动　负　债

学习目标

- **知识目标**

  了解流动负债的概念和特点

  掌握短期借款利息的计算和处理

  掌握应付票据和应付账款的会计处理

  理解应付职工薪酬的核算内容

  掌握应交税费的会计处理

  掌握应付股利的会计处理

- **能力目标**

  能正确计算短期借款利息，熟练进行短期借款取得和偿还的会计处理

  能熟练进行应付票据和应付账款业务的会计处理

  能熟练进行预收账款业务的会计处理

  能正确进行应付职工薪酬业务的会计处理

  能熟练进行增值税、消费税、营业税的会计处理

  能熟练进行应付利息、应付股利、其他应付款业务的会计处理

在现代市场经济中，企业因交易或事项需要承担并偿还各种债务，包括流动负债和非流动负债和递延税项（负债）等。

项目一　流动负债认知

一、流动负债的概念

流动负债，是指将在 1 年或超过 1 年的一个营业周期内偿还的债务，主要包括短期借款、应付票据、应付账款、应付利息、预收账款、应付职工薪酬、应交税费、应付股利、其他应付款等。

二、流动负债的性质及特点

流动负债除具有负债的基本特征外，还具有以下特点：

1. 偿还期限短。流动负债通常要在一个正常营业周期中偿还，一般企业无权将清偿日

推迟。

2. 筹资成本低。流动负债的筹资成本一般低于非流动负债的筹资成本。

3. 偿还方式灵活。

4. 流动负债的数额相对较小，举债的目的是为了满足经营周转资金的需要。

5. 一般以企业的流动资金来偿付。

三、流动负债的分类

1. 按流动负债产生的原因分类。流动负债可以分以下四类：（1）借贷形成的流动负债；（2）结算过程中产生的流动负债；（3）经营过程中产生的流动负债；（4）利润分配产生的流动负债。

2. 按流动负债应付金额是否肯定分类，流动负债可以分成以下三类：（1）应付金额肯定的流动负债；（2）应付金额视经营情况而定的流动负债；（3）应付金额须予以估计的流动负债。

 什么是流动负债？产生流动负债的原因有哪些？

项目二　短期借款的核算

相关知识

短期借款是指企业向银行或其他金融机构等借入的期限在 1 年以下（含 1 年）的各种借款，通常是为了满足正常生产经营的需要。无论借入款项的来源如何，企业均需要向债权人按期偿还借款的本金及利息。在会计核算上，企业要及时如实地反映短期借款的借入、利息的发生和本金及利息的偿还情况。

工作任务

短期借款的会计处理

（一）科目设置

企业应通过"短期借款"科目，核算短期借款的发生、偿还等情况。"短期借款"科目属负债类科目，借方登记归还短期借款的数额；贷方登记借入短期借款的数额；期末余额在贷方，表示尚未归还的短期借款。该科目可以按借款种类、债权人和币种设置明细科目。

（二）账务处理

企业从银行或其他金融机构取得短期借款时，借记"银行存款"科目，贷记"短期借款"科目。

在实际工作中，银行一般于每季度末收取短期借款利息，为此，企业的短期借款利息一般采用月末预提的方式进行核算。短期借款利息属于筹资费用，应记入"财务费用"科目。企业应当在资产负债表日按照计算确定的短期借款利息费用，借记"财务费用"科目，贷记"应付利息"科目；实际支付利息时，借记"应付利息"科目，贷记"银行存款"科目。

企业短期借款到期偿还本金时，借记"短期借款"科目，贷记"银行存款"科目。

【任务 9-1】 取得短期借款本金核算业务

※工作资料

北京华雄机床有限公司 2012 年 1 月 1 日向银行借入一笔生产经营用短期借款，共计 200 000 元，期限为 6 个月，年利率为 5.4%。根据与银行签署的借款协议，该项借款的本金到期后一次归还；利息分月预提，按季支付。

表 9-1

短期借款申请书

2012 年 1 月 1 日

企业名称	北京华雄机床有限公司	法人代表	王海	企业性质	有限责任
地址	大屯东路 35 号	财务负责人	高林	联系电话	81786524
经营范围	生产各种机床			主管部门	
借款期限	自 2012 年 1 月 1 日至 2012 年 7 月 1 日			申请金额	200 000 元
主要用途及效益说明：					
本公司近半年来，生产情况很好，产品销售情况好转，但由于回收贷款较困难，特申请短期贷款。					
申请单位财务章：			信贷员意见：		
财务部门负责人：高林 经办人：杜宇		行主管领导：张富		业务部门负责人：李华	

表 9-2

贷款凭证（3）（收账通知）

2012 年 1 月 1 日

贷款单位名称	北京华雄机床有限公司	种类	流动资金贷款	贷款户账号	83852674
金额	人民币（大写）：贰拾万元整			¥200 000 00	
用途	生产周转	单位申请期限	自 2012 年 1 月 1 日起至 2012 年 7 月 1 日止	利率	5.40%
		银行核定期限	自 2012 年 1 月 1 日起至 2012 年 7 月 1 日止		
上列贷款已核准发放				单位会计分录	
				收入 付出	
并已转收你单位 大屯办事处 83854752 账号账户。				复核 记账	
				主管 会计	
	银行签章 2012 年 1 月 1 日				

（1）取得短期借款申请书和贷款凭证（收账通知），对其进行审核，核对借款金额大小

写是否正确，本金、期限、利率与借款合同是否相符。

（2）依据审核无误的原始凭证编制记账凭证。根据贷款凭证银行签章栏的内容得知此凭证是银行把贷款本金转入企业借款科目的一张凭证。依据贷款凭证贷记"短期借款"，依据贷款凭证贷款户账号栏的"83852674"借记"银行存款"，金额依据贷款凭证金额栏的"200000.00"填写。

（3）依据编制好的记账凭证，出纳登记"银行存款日记账"，会计登记"短期借款"明细账。

※工作成果

借：银行存款   200 000

 贷：短期借款   200 000

【任务9-2】 计提短期借款利息核算业务

※工作资料

承【任务9-1】，按月预提该笔短期借款利息。

※工作行动

（1）1月末预提本月借款利息，依据借款合同和任务9-1的贷款凭证编制短期借款利息计算表。

月利息额=200 000×5.4%÷12=900（元）

表9-3

短期借款利息计算表

2012年1月31日

计息期间	借款余额	年利率	计息金额
1月1日—1月31日	200 000	5.40%	900

（2）依据审核无误的短期借款利息计算表编制记账凭证。短期借款利息属于筹资费用，应计入当期财务费用，企业按月预提时，借记"财务费用"科目，贷记"应付利息"科目，金额依据短期借款利息计算表"计息金额"栏的"900.00"填写。

（3）依据编制好的记账凭证，会计登记"财务费用"和"应付利息"明细账。

※工作成果

借：财务费用   900

 贷：应付利息   900

注：2月末预提2月份借款利息的账务处理与1月末相同。

【任务 9-3】 支付短期借款利息核算业务

※工作资料

承【任务 9-1】【任务 9-2】，北京华雄机床有限公司 3 月 31 日支付该笔短期借款第一季度利息。

表 9-4

中国工商银行大屯办事处贷款利息凭证

2012 年 3 月 31 日

<table>
<tr><td rowspan="3">收款单位</td><td>账号</td><td>261</td><td rowspan="3">付款单位</td><td>账号</td><td colspan="2">83854752</td></tr>
<tr><td>户名</td><td>中国工商银行北京分行</td><td>户名</td><td colspan="2">北京华雄机床有限公司</td></tr>
<tr><td>开户银行</td><td>中国工商银行大屯办事处</td><td>开户银行</td><td colspan="2">中国工商银行大屯办事处</td></tr>
<tr><td>积数</td><td colspan="2">200 000</td><td>利率</td><td>5.40%</td><td>利息</td><td>2 700</td></tr>
<tr><td rowspan="3" colspan="3">大屯办事处 83852674 户第一季度利息</td><td></td><td>科目</td><td colspan="2"></td></tr>
<tr><td></td><td>对方科目</td><td colspan="2"></td></tr>
<tr><td></td><td>复核员</td><td></td><td>记账员</td></tr>
</table>

※工作行动

（1）取得银行返回的贷款利息凭证，对其进行审核。并编制当月短期借款利息计算表（短期借款利息计算表略）。核对贷款利息凭证上的利息金额是否与 1 月至 3 月三个月的短期借款利息计算表的利息金额合计数相符。

（2）依据审核无误的短期借款利息计算表和贷款利息凭证编制记账凭证。贷款利息凭证是企业实际支付利息后银行返回的凭证。按前两月已经计提的利息，借记"应付利息"科目，金额为 1 月、2 月预提的该笔借款利息合计数 1 800 元；依据短期借款利息计算表，应计入 3 月的利息 900 元，记入"财务费用"；根据贷款利息凭证的"账号"栏和"利息"栏，贷记"银行存款"科目，金额 2 700 元。

（3）依据编制好的记账凭证，出纳登记"银行存款日记账"，会计登记"财务费用""应付利息"明细账。

※工作成果

借：财务费用   900

    应付利息   1 800

  贷：银行存款   2 700

【任务 9-4】 偿还短期借款本金核算业务

※工作资料

承【任务 9-1】—【任务 9-3】，北京华雄机床有限公司 2012 年 7 月 1 日偿还该笔短期借款本金。（转账支票存根略）

表 9-5

（短期贷款）还款凭证（回单）

2012年 07月 01 日　　　合同编号

借款单位	名　　　称	北京华雄机床有限公司	付款单位	名　　　称	北京华雄机床有限公司
	放 款 户 账 号	83852674		往 来 户 账 号	83854752
	开 户 银 行	中国工商银行大屯办事处		开 户 银 行	中国工商银行大屯办事处

还款日期	2012 年 07 月 01 日	还款次序	第　　次还款

偿还金额	人民币（大写）	贰拾万元整	亿	千	百	十	万	千	百	十	元	角	分
					¥	2	0	0	0	0	0	0	0

还款内容	偿还本金	
由我单位往来划转归还上述借款		会计分录： （借） 对方科目（贷）
借款单位预留往来户印鉴		会计　　　复核　　　记账

※工作行动

（1）开出转账支票偿还短期借款，取得短期贷款还款凭证，对其进行审核，核对还款金额与转账支票存根是否相符。

（2）依据审核无误的原始凭证编制记账凭证。短期贷款还款凭证是企业偿还贷款本金后银行返回的一张凭证。根据短期贷款还款凭证"偿还金额"栏借记"短期借款"，金额 200 000 元，依据转账支票存根"金额"栏贷记"银行存款"，金额 200 000 元。

（3）依据编制好的记账凭证，出纳登记"银行存款日记账"，会计登记"短期借款"明细账。

※工作成果

借：短期借款　　　　　　　　　　　　　　　　　　　　　　　　　　　200 000
　　贷：银行存款　　　　　　　　　　　　　　　　　　　　　　　　　200 000

如果已经预提了 4、5、6 三个月利息，利息未支付，则偿还本金的同时还要偿还第二季度利息。则会计分录为：

借：应付利息　　　　　　　　　　　　　　　　　　　　　　　　　　　　2 700
　　短期借款　　　　　　　　　　　　　　　　　　　　　　　　　　　200 000
　　贷：银行存款　　　　　　　　　　　　　　　　　　　　　　　　　202 700

短期借款发生的利息支出应该如何处理？

项目三　应付账款的核算

相关知识

应付账款是指企业因购买材料、商品或接受劳务供应等经营活动应支付的款项。应付账款，一般应在与所购买物资所有权相关的主要风险和报酬已经转移，或者所购买的劳务已经接受时确认。

在实务工作中，为了使所购入物资的金额、品种、数量和质量等与合同规定的条款相符，避免因验收时发现所购物资存在数量或质量问题而对入账的物资或应付账款金额进行改动，在物资和发票账单同时到达的情况下，一般在所购物资验收入库后，再根据发票账单登记入账，确认应付账款。在所购物资已经验收入库，但是发票账单未能同时到达的情况下，企业应付物资供应单位的债务已经成立，在会计期末，为了反映企业的负债情况，需要将所购物资和相关的应付账款暂估入账，待下月初再用红字予以冲回。

工作任务

应付账款的会计处理

（一）科目设置

企业应通过"应付账款"科目，核算应付账款的发生、偿还、转销等情况。该科目贷方登记企业购买材料、商品和接受劳务等而发生的应付账款，借方登记偿还的应付账款，或开出商业汇票抵付应付账款的款项，或已冲销的无法支付的应付账款，余额一般在贷方，表示企业尚未支付的应付账款余额。本科目一般应按照债权人设置明细科目进行明细核算。

（二）账务处理

1. 发生应付账款

企业购入材料、商品等或接受劳务所产生的应付账款，应按应付金额入账。购入材料、商品等验收入库，但货款尚未支付，根据有关凭证（发票账单、随货同行发票上记载的实际价款或暂估价值），借记"材料采购""在途物资"等科目，按可抵扣的增值税额，借记"应交税费——应交增值税（进项税额）"科目，按应付的价款，贷记"应付账款"科目。企业接受供应单位提供劳务而发生的应付未付款项，根据供应单位的发票账单，借记"生产成本""管理费用"等科目，贷记"应付账款"科目。

2. 偿还应付账款

企业偿还应付账款或开出商业汇票抵付应付账款时，借记"应付账款"科目，贷记"银行存款""应付票据"等科目。

3. 转销应付账款

企业转销确实无法支付的应付账款（比如因债权人撤销等原因而产生无法支付的应付账款），应按其账面余额计入营业外收入，借记"应付账款"科目，贷记"营业外收入"科目。

【任务 9-5】 应付账款确认和清偿核算业务

※工作资料

光明机械厂从远大公司购入原材料一批，增值税专用发票上注明价款 50 000 元，增值税额 8 500 元，付款条件为 2/10，n/30。该材料已验收入库，原材料按实际成本进行日常核算。计算现金折扣时不考虑增值税。

※工作行动

（1）对远大公司开具的"增值税专用发票"、仓库转来的"收料单"所记载的内容进行审核。

（2）根据审核无误的原始凭证编制记账凭证。根据"收料单"记载的材料实际成本，借记"原材料"科目，根据"增值税专用发票"税额栏的金额，借记"应交税费——应交增值税（进项税额），同时，贷记"应付账款"科目。

（3）根据"收料单"登记"原材料"明细账，根据记账凭证登记"应交增值税"明细账和"应付账款"明细账。

（4）支付款项时，根据出纳员填制的"支票存根"，借记"应付账款"科目，贷记"银行存款"科目。在折扣期限内付款而获得的现金折扣，应在偿付应付账款时冲减财务费用。

※工作成果

（1）材料验收入库时：

借：原材料——甲材料	50 000
应交税费——应交增值税（进项税额）	8 500
贷：应付账款——远大公司	58 500

（2）若在 10 天内付款，应编制会计分录如下：

借：应付账款——远大公司	58 500
贷：财务费用	1 000
银行存款	57 500

（3）若 10 天后付款，应编制会计分录如下：

借：应付账款——远大公司	58 500
贷：银行存款	58 500

注意：应付账款附有现金折扣的，应按照扣除现金折扣前的应付款总额入账。因在折扣期限内付款而获得的现金折扣，应在偿付应付账款时冲减财务费用。

项目四　应付票据的核算

相关知识

应付票据是指企业购买材料、商品和接受劳务供应等而开出、承兑的商业汇票，包括商业承兑汇票和银行承兑汇票。银行承兑汇票是由出票人签发经银行承兑的汇票；商业承兑汇票是由出票人签发经付款人（购买单位）承兑的汇票。

企业应当设置"应付票据备查簿"，详细登记商业汇票的种类、号数和出票日期、到期日、票面余额、交易合同号和收款人姓名或单位名称以及付款日期和金额等资料。应付票据到期结清时，应当在备查簿内予以注销。

商业票据按照是否带息，分为带息票据和不带息票据。不带息票据，其面值就是企业到期时应支付的金额。带息票据的票面金额仅表示本金，票据到期时除按面值支付外，还应另行支付利息。

工作任务

应付票据的会计处理

（一）科目设置

企业应通过"应付票据"科目，核算应付票据的发生、偿付等情况。该科目贷方登记开出、承兑汇票的面值及带息票据的预提利息，借方登记支付票据的金额，余额在贷方，表示企业尚未到期的商业汇票的票面金额和应计未付的利息。

（二）账务处理

1. 发生应付票据

通常而言，商业汇票的付款期限不超过 6 个月，因此在会计上应作为流动负债管理和核算。同时，由于应付票据的偿付时间较短，在会计实务中，一般均按照开出、承兑的应付票据的面值入账。

企业因购买材料、商品和接受劳务供应等而开出、承兑的商业汇票，应当按其票面金额作为应付票据的入账金额，借记"材料采购""库存商品""应付账款""应交税费——应交增值税（进项税额）"等科目，贷记"应付票据"科目。

企业支付的银行承兑汇票手续费应当计入当期财务费用，借记"财务费用"科目，贷记"银行存款"科目。

【任务 9-6】 发生应付票据核算业务

※工作资料

2012 年 9 月 1 日，光明机械厂开出一张面值为 117 000 元、期限为 3 个月的不带息商业承兑汇票，从远大公司购入材料一批。增值税专用发票上注明的材料价款为 100 000 元，增值税款为 17 000 元。材料已验收入库，该公司原材料按实际成本进行日常核算。

※工作行动

（1）对远大公司开具的"增值税专用发票"、仓库转来的"收料单"所记载的内容进行审核。

（2）根据审核无误的原始凭证编制记账凭证。根据"收料单"记载的材料实际成本，借记"原材料"科目，根据"增值税专用发票"税额栏的金额，借记"应交税费——应交增值税（进项税额）"，根据商业汇票的面值，贷记"应付票据"科目。

（3）根据"收料单"登记"原材料"明细账，根据记账凭证登记"应交税费"和"应付票据"明细账。

※工作成果

借：原材料　　　　　　　　　　　　　　　　　　　　　　　　　100 000
　　应交税费——应交增值税（进项税额）　　　　　　　　　　　 17 000
　　贷：应付票据——远大公司　　　　　　　　　　　　　　　　　　　117 000

2. 偿还应付票据

应付票据到期支付票款时，应按账面余额予以结转，借记"应付票据"科目，贷记"银行存款"科目。

【任务 9-7】 偿还应付票据核算业务

※工作资料

承【任务 9-6】，上述商业承兑汇票到期，光明机械厂开出转账支票偿付票据款。

※工作行动

（1）会计部门开具"转账支票"偿付票据款。

（2）根据审核无误的原始凭证编制记账凭证。借记"应付票据"科目，同时，根据支票存根，贷记"银行存款"科目。

（3）依据记账凭证，出纳登记"银行存款日记账"，会计登记"应付票据"明细账。

※工作成果

借：应付票据——远大公司　　　　　　　　　　　　　　117 000
　　贷：银行存款　　　　　　　　　　　　　　　　　　　　117 000

3. 转销应付票据

应付商业承兑汇票到期，如企业无力支付票款，应将应付票据按账面余额转作应付账款，借记"应付票据"科目，贷记"应付账款"科目。应付银行承兑汇票到期，如企业无力支付票款，应将应付票据的账面余额转作短期借款，借记"应付票据"科目，贷记"短期借款"科目。

【任务 9-8】 转销应付票据核算业务

※工作资料

承【任务 9-6】，上述商业承兑汇票到期，光明机械厂无力付款，转销应付票据。
※工作行动
（1）企业无力支付票款，出具将应付票据转作应付账款的说明。
（2）根据上述原始凭证，编制转销应付票据的记账凭证。企业无力支付票款，应将应付票据按账面余额转作应付账款，借记"应付票据"科目，贷记"应付账款"科目。
（3）根据记账凭证登记"应付票据"和"应付账款"明细账。
※工作成果

借：应付票据——远大公司　　　　　　　　　　　　　　58 500
　　贷：应付账款——远大公司　　　　　　　　　　　　　　58 500

企业对带息应付票据应如何核算？

项目五　预收账款的核算

相关知识

预收账款是指企业按照合同规定向购货单位预收的款项。与应付账款不同，预收账款所形成的负债不是以货币偿付，而是以货物偿付。有些购销合同规定，销货企业可向购货企业预先收取一部分货款，待向对方发货后再收取其余货款。企业在发货前收取的货款，表明企业承担了会在未来导致经济利益流出企业的应履行的义务，由此成为企业的一项负债。

预收账款的会计处理

（一）科目设置

企业应通过"预收账款"科目，核算预收账款的取得、偿付等情况。该科目贷方登记发生的预收账款数额和购货单位补付账款的数额，借方登记企业向购货方发货后冲销的预收账款数额和退回购货方多付账款的数额；余额一般在贷方，反映企业向购货单位预收的款项但尚未向购货方发货的数额，如为借方余额，反映企业尚未转销的款项。企业应当按照购货单位设置明细科目进行明细核算。

注意：预收货款业务不多的企业，可以不单独设置"预收账款"科目，其所发生的预收货款，可通过"应收账款"科目核算。

（二）账务处理

企业预收购货单位的款项时，借记"银行存款"科目，贷记"预收账款"科目；销售实现时，按实现的收入和应交的增值税销项税额，借记"预收账款"科目，按照实现的营业收入，贷记"主营业务收入"科目，按照增值税专用发票上注明的增值税额，贷记"应交税费——应交增值税（销项税额）"等科目；企业收到购货单位补付的款项，借记"银行存款"科目，贷记"预收账款"科目；向购货单位退回其多付的款项时，借记"预收账款"科目，贷记"银行存款"科目。

【任务 9-9】 预收账款核算业务

※工作资料

科睿公司与远大公司签订协议，采用预收款方式向远大公司销售一批商品。该批商品实际成本为 600 000 元。协议约定，该批商品销售价格为 800 000 元，增值税额为 136 000 元；远大公司应在协议签订时预付 60%的货款（按销售价格计算），剩余货款于 2 个月后支付。

※工作行动

（1）财会部门收到银行进账单，确认收到远大公司预付的款项。根据银行进账单，编制预收款项的记账凭证。

（2）企业交付商品给远大公司，并开具增值税专用发票。根据增值税专用发票编制记账凭证，确认销售收入。

（3）根据提货单，编制结转销售成本的记账凭证。

（4）根据记账凭证，登记预收账款、主营业务收入、主营业务成本、库存商品、应交税费明细账。

（5）补收款项时，根据收到的银行进账单，编制记账凭证。并登记"银行存款日记账""预收账款"明细账。

※工作成果

（1）预收款项时：

借：银行存款　　　　　　　　　　　　　　　　480 000

　　贷：预收账款　　　　　　　　　　　　　　　　480 000

（2）发出商品，确认销售收入、结转销售成本：

借：预收账款　　　　　　　　　　　　　　　　936 000

　　贷：主营业务收入　　　　　　　　　　　　　　800 000

　　　　应交税费——应交增值税（销项税额）　　136 000

借：主营业务成本　　　　　　　　　　　　　　600 000

　　贷：库存商品　　　　　　　　　　　　　　　　600 000

（3）补收款项时：

借：银行存款　　　　　　　　　　　　　　　　456 000

　　贷：预收账款　　　　　　　　　　　　　　　　456 000

项目六　应付职工薪酬的核算

相关知识

职工薪酬，是指企业为获得职工提供的服务或解除劳动关系而给予的各种形式的报酬或补偿。职工薪酬包括短期薪酬、离职后福利、辞退福利和其他长期职工福利。企业提供给职工配偶、子女、受赡养人、已故员工遗属及其他受益人等的福利，也属于职工薪酬。

短期薪酬，是指企业在职工提供相关服务的年度报告期间结束后十二个月内需要全部予以支付的职工薪酬，因解除与职工的劳动关系给予的补偿除外。短期薪酬具体包括：职工工资、奖金、津贴和补贴，职工福利费，医疗保险费、工伤保险费和生育保险费等社会保险费，住房公积金，工会经费和职工教育经费，短期带薪缺勤，短期利润分享计划，非货币性福利以及其他短期薪酬。

带薪缺勤，是指企业支付工资或提供补偿的职工缺勤，包括年休假、病假、短期伤残、婚假、产假、丧假、探亲假等。

利润分享计划，是指因职工提供服务而与职工达成的基于利润或其他经营成果提供薪酬的协议。

离职后福利，是指企业为获得职工提供的服务而在职工退休或与企业解除劳动关系后，提供的各种形式的报酬和福利，短期薪酬和辞退福利除外。

辞退福利，是指企业在职工劳动合同到期之前解除与职工的劳动关系，或者为鼓励职工自愿接受裁减而给予职工的补偿。

其他长期职工福利，是指除短期薪酬、离职后福利、辞退福利之外所有的职工薪酬，包括长期带薪缺勤、长期残疾福利、长期利润分享计划等。

这里所称职工，是指与企业订立劳动合同的所有人员，含全职、兼职和临时职工，也包括虽未与企业订立劳动合同但由企业正式任命的人员。

未与企业订立劳动合同或未由其正式任命，但向企业所提供服务与职工所提供服务类似的人员，也属于职工的范畴，包括通过企业与劳务中介公司签订用工合同而向企业提供服务的人员。

工作任务

应付职工薪酬的会计处理

（一）科目设置

企业应当通过"应付职工薪酬"科目，核算应付职工薪酬的提取、结算、使用等情况。该科目的贷方登记已分配计入有关成本费用项目的职工薪酬的数额，借方登记实际发放职工薪酬的数额；该科目期末贷方余额，反映企业应付未付的职工薪酬。"应付职工薪酬"科目应当按照"工资""职工福利""社会保险费""住房公积金""工会经费""职工教育经费""非货币性福利"等应付职工薪酬项目设置明细科目，进行明细核算。

（二）账务处理

1. 货币性职工薪酬

（1）确认应付职工薪酬

企业应当在职工为其提供服务的会计期间，根据职工提供服务的受益对象，将应确认的职工薪酬计入相关资产成本或当期损益，同时确认为应付职工薪酬。具体分别以下情况进行处理：

① 生产部门人员的职工薪酬，借记"生产成本""制造费用""劳务成本"等科目，贷记"应付职工薪酬"科目。

② 管理部门人员的职工薪酬，借记"管理费用"科目，贷记"应付职工薪酬"科目。

③ 销售人员的职工薪酬，借记"销售费用"科目，贷记"应付职工薪酬"科目。

④ 应由在建工程、研发支出负担的职工薪酬，借记"在建工程""研发支出"科目，贷记"应付职工薪酬"科目。

企业在计量应付职工薪酬时，应当注意是否国家有相关的明确计提标准加以区别处理：

一般而言，企业应向社会保险经办机构（或企业年金基金账户管理人）缴纳的医疗保险费、养老保险费、失业保险费、工伤保险费、生育保险费等社会保险费，应向住房公积金管理中心缴存的住房公积金，以及应向工会部门缴纳的工会经费等，国家（或企业年金计划）统一规定了计提基础和计提比例，应当按照国家规定的标准计提；而职工福利费等职工薪酬，国家（或企业年金计划）没有明确规定计提基础和计提比例，企业应当根据历史经验数据和实际情况，合理预计当期应付职工薪酬。当期实际发生金额大于预计金额的，应当补提应付职工薪酬；当期实际发生金额小于预计金额的，应当冲回多提的应付职工薪酬。

【任务 9-10】 确认应付职工薪酬核算业务

※工作资料

润华公司 2012 年 5 月应付职工薪酬（工资）、企业负担的住房公积金、社会保险费如表 9-6 所示：

表 9-6

部门人员			工资	住房公积金（企业负担）	社会保险费（企业负担）
基本生产车间	第一车间	生产工人	40 000	4 000	12 000
		管理人员	18 000	1 800	5 400
	第二车间	生产工人	30 000	3 000	9 000
		管理人员	15 600	1 560	4 680
辅助生产车间	供电车间		5 000	500	1 500
	机修车间		3 600	360	1 080
管理部门人员			40 000	4 000	12 000
销售机构人员			20 200	2 020	6 060
在建工程人员			12 800	1 280	3 840
合计			185 200	18 520	55 560

※工作行动

（1）根据所给资料，编制工资分配汇总表。其中：工会经费按规定比例 2% 计提，职工教育经费按规定比例 1.5% 计提。

（2）编制工资分配、计提住房公积金、社会保险费、工会经费、职工教育经费的记账凭证。

（3）根据记账凭证，登记生产成本、制造费用、管理费用、销售费用、在建工程、应付职工薪酬明细账。

※工作成果

表 9-7

工资分配汇总表

2012 年 5 月

应借科目			工资	住房公积金	社会保险费	工会经费（2%）	职工教育经费（1.5%）	合计
生产成本	基本生产成本	第一车间	40 000	4 000	12 000	800	600	57 400
		第二车间	30 000	3 000	9 000	600	450	43 050
	辅助生产成本	供电车间	5 000	500	1 500	100	75	7 175
		机修车间	3 600	360	1 080	72	54	5 166
制造费用		第一车间	18 000	1 800	5 400	360	270	25 830
		第二车间	15 600	1 560	4 680	312	234	22 386
管理费用			40 000	4 000	12 000	800	600	57 400
销售费用			20 200	2 020	6 060	404	303	28 987
在建工程			12 800	1 280	3 840	256	192	18 368
合计			18 5200	18 520	55 560	3 704	2 778	265 762

```
借：生产成本——基本生产成本——第一车间                           57 400
                        ——第二车间                           43 050
          ——辅助生产成本——供电车间                           7 175
                        ——机修车间                            5 166
     制造费用——第一车间                                       25 830
          ——第二车间                                         22 386
     管理费用                                                 57 400
     销售费用                                                 28 987
     在建工程                                                 18 368
  贷：应付职工薪酬——工资                                     185 200
          ——住房公积金                                        18 520
          ——社会保险费                                        55 560
          ——工会经费                                           3 704
          ——职工教育经费                                       2 778
```

（2）发放职工薪酬

① 支付职工工资、奖金、津贴和补贴。

企业按照有关规定向职工支付工资、奖金、津贴等，借记"应付职工薪酬——工资"科目，贷记"银行存款""库存现金"等科目；企业从应付职工薪酬中扣还的各种款项（代垫的家属药费等），借记"应付职工薪酬"科目，贷记"其他应收款"科目；从应付职工薪酬中代扣的各种款项如代扣个人负担的住房公积金、社会保险费、个人所得税等，借记"应付职工薪酬——工资"科目，贷记"应付职工薪酬——住房公积金""应付职工薪酬——社会保险费""应交税费——应交个人所得税"等科目。

实务中，企业一般在每月发放工资前，根据"工资结算汇总表"中的"实发金额"栏的合计数向开户银行提取现金，借记"库存现金"科目，贷记"银行存款"科目；然后再向职工发放。

【任务 9-11】 发放工资核算业务

※工作资料
润华公司 2012 年 5 月工资结算汇总表如下表（转账支票略）。

表 9-8

工资结算汇总表

2012 年 5 月

单位：元

部门			应付职工薪酬（工资）				代扣款项			实发金额
			基础工资	各种津贴	奖金	小计	住房公积	社会保险	小计	
基本生产车间	第一车间	生产工人	32 000	4 000	4 000	40 000	3 200	4 000	7 200	32 800
		管理人员	16 000	1 000	1 000	18 000	1 440	1 800	3 240	14 760
	第二车间	生产工人	24 000	3 000	3 000	30 000	2 400	3 000	5 400	24 600
		管理人员	14 000	800	800	15 600	1 248	1 560	2 808	12 792
辅助生产车间	供电车间		4 000	500	500	5 000	400	500	900	4 100
	机修车间		3 000	300	300	3 600	288	360	648	2 952
管理部门			36 000	2 000	2 000	40 000	3 200	4 000	7 200	32 800
销售机构			18 000	1 000	1 200	20 200	1 640	2 000	3 640	16 560
在建工程人员			12 000	500	300	12 800	1 000	1 300	2 300	10 500
合计			159 000	13 100	13 100	185 200	14 816	18 520	33 336	151 864

※工作行动
（1）根据工资结算汇总表实发金额发放工资。
（2）根据工资结算汇总表、支票存根编制发放工资的记账凭证。
（3）根据工资结算汇总表编制代扣款项的记账凭证。
（4）根据记账凭证，登记 "银行存款日记账""应付职工薪酬"明细账。

※工作成果
（1）发放工资，将银行存款转存入职工个人账户：

借：应付职工薪酬——工资   151 864

   贷：银行存款   151 864

（2）代扣款项：

借：应付职工薪酬——工资   33 336

   贷：应付职工薪酬——住房公积金（个人负担部分）   14 816

         ——社会保险费（个人负担部分）   18 520

注意：住房公积金、社会保险费由个人、企业共同负担，个人负担部分由企业代扣代缴。

② 支付职工福利费。

企业向职工食堂、职工医院、生活困难职工等支付职工福利费时，借记"应付职工薪酬——职工福利"科目，贷记"银行存款""库存现金"等科目。

【任务 9-12】 职工福利费核算业务

※工作资料

华明公司下设一所职工食堂，2012 年 5 月根据在岗职工数量及岗位分布情况，计算需要补贴食堂的金额，企业在岗职工共计 300 人，其中生产车间生产工人 180 人，车间管理人员 20 人，企业管理部门人员 100 人，企业对每名职工每月补贴食堂 120 元。以银行存款36 000 元支付职工食堂补贴款。

※工作行动

（1）计算不同部门人员应享受的食堂补贴款，编制确认应付职工薪酬的记账凭证。

生产车间生产工人：120×180=21 600（元）

车间管理人员：120×20=2 400（元）

企业管理部门人员 120×100=12 000（元）

表 9-9

食堂补贴汇总表

人员	食堂补贴金额
生产车间生产工人	21 600
车间管理人员	2 400
企业管理部门人员	12 000
合计	36 000

企业向职工发放福利，按照受益对象分别记入资产成本或当期费用。发放给基本生产车间生产工人，计入"生产成本——基本生产成本"科目；发放给车间管理人员，计入"制造费用"科目；发放给企业管理部门人员，计入"管理费用"科目。

（2）根据支票存根编制支付职工食堂补贴款的记账凭证。

（3）根据记账凭证，登记"银行存款日记账""应付职工薪酬"明细账。

※工作成果

借：生产成本——基本生产成本　　　　　　　　　　　　　　　　　21 600

　　制造费用　　　　　　　　　　　　　　　　　　　　　　　　　 2 400

　　管理费用　　　　　　　　　　　　　　　　　　　　　　　　　12 000

　　贷：应付职工薪酬——职工福利　　　　　　　　　　　　　　　　　　36 000

借：应付职工薪酬——职工福利　　　　　　　　　　　　　　　　　36 000

　　贷：银行存款　　　　　　　　　　　　　　　　　　　　　　　　　　36 000

③ 支付工会经费、职工教育经费和缴纳社会保险费、住房公积金。

企业支付工会经费和职工教育经费用于工会运作和职工培训，或按照国家有关规定缴纳社会保险费或住房公积金时，借记"应付职工薪酬——工会经费（或职工教育经费、社会保险费、住房公积金）"科目，贷记"银行存款""库存现金"等科目。

【任务 9-13】 支付工会经费业务

※工作资料

华明公司 2012 年 5 月工会活动用银行存款购买体育用品 2 000 元。（转账支票存根和购货发票略）

※工作行动

（1）根据发票、支票存根编制工会活动购买体育用品的记账凭证。
（2）根据记账凭证，登记"银行存款日记账""应付职工薪酬"明细账。

※工作成果

借：应付职工薪酬——工会经费   2 000
 贷：银行存款   2 000

【任务 9-14】 缴纳社会保险费、住房公积金核算业务

※工作资料

华明公司 2012 年 5 月缴存住房公积金 33 600 元，养老保险 26 000 元，转账支票略。

表 9-10

同城特约委托收款凭证（付款通知） 2   第 332 号

委托日期 贰零壹贰年伍月贰拾捌日   委托号码：

付款人	全 称	华明有限责任公司	收款人	全 称	北京市东城区社会保险基金管理中心
	账 号	01001088808103625		账 号	2011333555152011
	开户银行	工商银行和平分理处		开户银行	工商银行临丰支行

委收金额	人民币（大写）	贰万陆仟元整	千	百	十	万	千	百	十	元	角	分
					¥	2	6	0	0	0	0	0

款项内容	合同号		收款人联系电话	64528908

收2012年5月 养老保险：26000元	备注：	（收款人签章） 北京市东城区社会保险基金管理中心 财务专用章	中国工商银行 和平分理处 2012.5.28 转讫 付款人开户行签章

付款人开户行给付款人按期付款的通知

单位主管：   会计：   复核：   记账：

※**工作行动**

（1）根据支票存根编制缴存住房公积金的记账凭证。

（2）根据同城特约委托收款凭证（付款通知）编制缴纳养老保险的记账凭证。

（3）根据记账凭证，登记"银行存款日记账""应付职工薪酬"明细账。

※**工作成果**

借：应付职工薪酬——住房公积金	33 600
贷：银行存款	33 600
借：应付职工薪酬——社会保险费	26 000
贷：银行存款	26 000

2. 非货币性职工薪酬

（1）确认应付职工薪酬

企业以其自产产品作为非货币性福利发放给职工的，应当根据受益对象，按照该产品的公允价值，计入相关资产成本或当期损益，同时确认应付职工薪酬，借记"管理费用""生产成本""制造费用"等科目，贷记"应付职工薪酬——非货币性福利"科目。

将企业拥有的房屋等资产无偿提供给职工使用的，应当根据受益对象，将该住房每期应计提的折旧计入相关资产成本或当期损益，同时确认应付职工薪酬，借记"管理费用""生产成本""制造费用"等科目，贷记"应付职工薪酬——非货币性福利"科目，并且同时借记"应付职工薪酬——非货币性福利"科目，贷记"累计折旧"科目。

租赁住房等资产供职工无偿使用的，应当根据受益对象，将每期应付的租金计入相关资产成本或当期损益，并确认应付职工薪酬，借记"管理费用""生产成本""制造费用"等科目，贷记"应付职工薪酬——非货币性福利"科目。

难以认定受益对象的非货币性福利，直接计入当期损益和应付职工薪酬。

（2）发放非货币性福利

企业以自产产品作为职工薪酬发放给职工时，应确认主营业务收入，借记"应付职工薪酬——非货币性福利"科目，贷记"主营业务收入"科目，同时结转相关成本，涉及增值税销项税额的，还应进行相应的处理。

企业支付租赁住房等资产供职工无偿使用所发生的租金，借记"应付职工薪酬——非货币性福利"科目，贷记"银行存款"等科目。

【任务 9-15】 企业以其自产产品作为非货币性福利发放给职工核算业务

※**工作资料**

华明公司为小家电生产企业，共有职工 300 名，其中 200 名为直接参加生产的职工，30 名为车间管理人员，70 名为总部管理人员。2012 年 5 月公司以其生产的每台成本为 900元的电暖器作为春节福利发放给公司每名职工。该型号的电暖器市场销售价为每台 1 000元，该公司适用的增值税税率为 17%。

表 9-11

产品出库单 （记账凭证）

第 116 号

科目_____　　　　　　日期：*2012* 年 *5* 月 *6* 日　　　　　对方科目_____

名　称	单位	数量	单价	金　额									用途或原因	
				百	十	万	千	百	十	元	角	分		附件
电暖器	台	*200*	*900*		*1*	*8*	*0*	*0*	*0*	*0*	*0*	*0*	发放生产工人福利	
电暖器	台	*30*	*900*			*2*	*7*	*0*	*0*	*0*	*0*	*0*	发放车间管理人员福利	
电暖器	台	*70*	*900*			*6*	*3*	*0*	*0*	*0*	*0*	*0*	发放总部管理人员福利	
合　计					*2*	*7*	*0*	*0*	*0*	*0*	*0*	*0*		

主管：　　会计：　　质检员：*杨洁*　保管员：*林雪*　经手人：*赵伟*

※工作行动

（1）编制确认应付职工薪酬的记账凭证。企业以其自产产品作为非货币性福利发放给职工的，应当根据受益对象，计入相关资产成本或当期损益，同时确认应付职工薪酬。提供给基本生产车间生产工人，计入"生产成本——基本生产成本"科目；提供给基本生产车间管理人员，计入"制造费用"科目；提供给企业管理部门人员，计入"管理费用"科目；将应付的职工薪酬确认为负债，计入"应付职工薪酬——非货币性福利"科目。

（2）编制确认主营业务收入的记账凭证。企业以产品作为非货币性福利提供给职工，应视同销售，确认主营业务收入。

（3）编制结转商品成本的记账凭证。根据产品出库单结转商品成本，借记"主营业务成本"科目，贷记"库存商品"科目。

（4）根据记账凭证，登记生产成本、制造费用、管理费用、应付职工薪酬明细账。

※工作成果

应确认的应付职工薪酬=1 000×300×（1+17%）=351 000（元）

计入"生产成本"的金额=1 000×200×（1+17%）=234 000（元）

计入"制造费用"的金额=1 000×30×（1+17%）=35 100（元）

计入"管理费用"的金额=1 000×70×（1+17%）=81 900（元）

借：生产成本——基本生产成本　　　　　　　　　　　　　　　　234 000

　　制造费用　　　　　　　　　　　　　　　　　　　　　　　　 35 100

　　管理费用　　　　　　　　　　　　　　　　　　　　　　　　 81 900

　　贷：应付职工薪酬——非货币性福利　　　　　　　　　　　　　　　351 000

借：应付职工薪酬——非货币性福利　　　　　　　　　　　　　　351 000

　　贷：主营业务收入　　　　　　　　　　　　　　　　　　　　　　300 000

　　　　应交税费——应交增值税（销项税额）　　　　　　　　　　　51 000

借：主营业务成本　　　　　　　　　　　　　　　　　　　　　　270 000

　　贷：库存商品　　　　　　　　　　　　　　　　　　　　　　　　270 000

【任务 9-16】 将企业拥有的房屋等资产无偿提供给职工使用以及租赁住房等资产供职工无偿使用核算业务

※**工作资料**

华明公司为副总裁以上高级管理人员（5 名）每人提供免费住房一套，面积为 160 平方米，每套住房每月计提折旧 10 000 元。同时为总部各部门经理级别以上职工（10 名）、各车间主任（10 名），每人租赁一套 80 平方米的住房，免费使用，月租金为每套 3 000 元。

※**工作行动**

（1）编制确认应付职工薪酬的记账凭证。企业无偿向职工提供住房或租赁资产等，应计的折旧或支付的租金，按受益对象分别计入相关资产成本或当期损益，同时确认应付职工薪酬。

（2）编制计提折旧的记账凭证。企业无偿向职工提供住房计提折旧时，借记"应付职工薪酬——非货币性福利"科目，贷记"累计折旧"科目。

（3）编制支付住房租金的记账凭证。租赁住房等资产供职工无偿使用，每期支付租金时，借记"应付职工薪酬——非货币性福利"科目，贷记"银行存款"科目。

（4）根据记账凭证，登记生产成本、制造费用、管理费用、应付职工薪酬明细账。

※**工作成果**

应确认的应付职工薪酬=10 000×5 + 3 000×20=110 000（元）

计入"制造费用"的金额=3 000×10=30 000（元）

计入"管理费用"的金额=10 000×5 + 3 000×10=80 000（元）

借：制造费用　　　　　　　　　　　　　　　　　30 000
　　管理费用　　　　　　　　　　　　　　　　　80 000
　　贷：应付职工薪酬——非货币性福利　　　　　　　　110 000
借：应付职工薪酬——非货币性福利　　　　　　　50 000
　　贷：累计折旧　　　　　　　　　　　　　　　　　50 000
借：应付职工薪酬——非货币性福利　　　　　　　60 000
　　贷：银行存款　　　　　　　　　　　　　　　　　60 000

项目七　应交税费的核算

相关知识

企业根据税法规定应交纳的各种税费包括：增值税、消费税、营业税、城市维护建设税、资源税、所得税、土地增值税、房产税、车船税、土地使用税、教育费附加、矿产资源补偿费、印花税、耕地占用税等。

（一）增值税

增值税是以商品（含应税劳务）在流转过程中产生的增值额作为计税依据而征收的一种流转税。按照我国增值税法的规定，增值税的纳税人是在我国境内销售货物、进口货物，或提供加工、修理修配劳务的企业单位和个人。按照纳税人的经营规模及会计核算的健全程度，增值税纳税人分为一般纳税人和小规模纳税人。一般纳税人应纳增值税额，根据当期销项税额减去当期进项税额计算确定；小规模纳税人应纳增值税额，按照销售额和规定的征收率计算确定。

各国实行的增值税在计算增值额时一般都实行税款抵扣制度，即在计算企业应纳税款时，要扣除商品在以前生产环节已负担的税款，以避免重复征税。依据实行增值税的各个国家允许抵扣已纳税款的扣除项目范围的大小，增值税分为生产型增值税、收入型增值税和消费型增值税三种类型。它们之间的主要区别在于对购入固定资产的处理上。生产型增值税在计算增值额时，对购入的固定资产及其折旧均不予扣除。收入型增值税对于购置用于生产、经营用的固定资产，允许将已提折旧的价值额予以扣除。消费型增值税允许将用于生产、经营的固定资产价值中已含的税款，在购置当期全部一次扣除。2008年，我国修订了《中华人民共和国增值税暂行条例》，实现了生产型增值税向消费型增值税的转型。修订后的《中华人民共和国增值税暂行条例》自2009年1月1日起在全国范围内实施。

在税收征管上，从世界各国来看，一般都实行凭购物发票进行抵扣。按照《中华人民共和国增值税暂行条例》规定，企业购入货物或接受应税劳务支付的增值税（即进项税额），可从销售货物或提供劳务按规定收取的增值税（即销项税额）中抵扣。准予从销项税额中抵扣的进项税额通常包括：（1）从销售方取得的增值税专用发票上注明的增值税额；（2）从海关取得的完税凭证上注明的增值税额。

（二）消费税

消费税是指在我国境内生产、委托加工和进口应税消费品的单位和个人，按其流转额交纳的一种税。消费税有从价定率和从量定额两种征收方法。采取从价定率方法征收的消费税，以不含增值税的销售额为税基，按照税法规定的税率计算。企业的销售收入包含增值税的，应将其换算为不含增值税的销售额。采取从量定额计征的消费税，根据按税法确定的企业应税消费品的数量和单位应税消费品应缴纳的消费税计算确定。

（三）营业税

营业税是对在我国境内提供应税劳务、转让无形资产或销售不动产的单位和个人征收的流转税。其中：应税劳务是指属于交通运输业、建筑业、金融保险业、邮电通信业、文化体育业、娱乐业、服务业税目征收范围的劳务，不包括加工、修理修配等劳务；转让无形资产，是指转让无形资产的所有权或使用权的行为；销售不动产，是指有偿转让不动产的所有权，转让不动产的有限产权或永久使用权，以及单位将不动产无偿赠与他人等视同销售不动产的行为。

营业税以营业额作为计税依据。营业额是指纳税人提供应税劳务、转让无形资产和销售不动产而向对方收取的全部价款和价外费用。税率从3%～20%不等。

（四）资源税

资源税是对在我国境内开采矿产品或者生产盐的单位和个人征收的税。资源税按照应税产品的课税数量和规定的单位税额计算。开采或生产应税产品对外销售的，以销售数量为课税数量；开采或生产应税产品自用的，以自用数量为课税数量。

（五）城市维护建设税

城市维护建设税是以增值税、消费税、营业税为计税依据征收的一种税。

（六）土地增值税

土地增值税是指在我国境内有偿转让土地使用权及地上建筑物和其他附着物产权的单位和个人，就其土地增值额征收的一种税。土地增值额是指转让收入减去规定扣除项目金额后的余额。转让收入包括货币收入、实物收入和其他收入。扣除项目主要包括取得土地使用权所支付的金额、开发土地的费用、新建及配套设施的成本、旧房及建筑物的评估价格等。

（七）房产税

房产税是国家对在城市、县城、建制县和工矿区征收的由产权所有人缴纳的一种税。房产税依照房产原值一次减除10%至30%后的余额计算交纳。没有房产原值作为依据的，由房产所在地税务机关参考同类房产核定；房产出租的，以房产租金收入为房产税的计税依据。

（八）土地使用税

土地使用税是国家为了合理利用城镇土地，调节土地级差收入，提高土地使用效益，加强土地管理而开征的一种税，以纳税人实际占用的土地面积为计税依据，依照规定税额计算征收。

（九）车船使用税

车船使用税由拥有并且使用车船的单位和个人交纳。车船税按照适用税额计算交纳。

（十）所得税

所得税包括企业所得税和个人所得税。企业所得税是指国家对在我国境内从事生产、经营所得和其他所得依法征收的一种税。个人所得税是指对在我国境内的个人所得和来源于我国的个人所得征收的一种税，个人所得税由单位代扣代交。

（十一）教育费附加

教育费附加是为了发展教育事业而向企业征收的附加费用，企业按应交流转税的一定比例计算交纳。

（十二）矿产资源补偿费

矿产资源补偿费是对在我国领域和管辖海域开采矿产资源而征收的费用。矿产资源补偿费按照矿产品销售收入的一定比例激增，由采矿人交纳。

（十三）印花税

印花税是对经济活动和经济交往中书立、领受的凭证征收的一种税。印花税的征税对象是印花税暂行条例所列举的各种凭证，由凭证的书立，领受人缴纳，是一种兼有行为性质的凭证税。

（十四）耕地占用税

耕地占用税是国家对占用耕地建房或者从事其他非农业建设的单位和个人，依据实际占用耕地面积、按照规定税额一次性征收的一种税。耕地占用税属行为税范畴。

应交税费的会计处理

企业应通过"应交税费"科目，总括反映各种税费的交纳情况，并按照应交税费的种类进行明细核算。该科目贷方登记应交纳的各种税费等，借方登记实际交纳的税费；期末余额一般在贷方，反映企业尚未交纳的税费，期末余额如在借方，反映企业多交或尚未抵扣的税费。

企业交纳的印花税、耕地占用税等不需要预计应交数的税金，不通过"应交税费"科目核算。

（一）应交增值税的会计处理

1. 一般纳税企业的会计处理

为了核算企业应交增值税的发生、抵扣、交纳、退税及转出等情况，应在"应交税费"科目下设置"应交增值税"明细科目，并在"应交增值税"明细账内设置"进项税额""已交税金""销项税额""出口退税""进项税额转出"等专栏。"应交税费——应交增值税"明细账簿的格式如下表所示。

表 9-12

应交税费——应交增值税

年		凭证		摘要	借　方					贷　方					借或贷	余额
月	日	字	号		进项税额	减免税款	已交税金	—	合计	销项税额	出口退税	进项税额转出	—	合计		

（1）采购商品和接受应税劳务

企业从国内采购商品或接受应税劳务等，根据增值税专用发票上记载的应计入采购成本或应计入加工、修理修配等物资成本的金额，借记"固定资产""材料采购""在途物资""原材料""库存商品"或"生产成本""制造费用""委托加工物资""管理费用"等科目，根据增值税专用发票上注明的可抵扣的增值税税额，借记"应交税费——应交增值税（进项税额）"科目，按照应付或实际支付的总额，贷记"应付账款""应付票据""银行存款"等科目。购入货物发生的退货，做相反的会计分录。

根据修订后的增值税暂行条例，企业购进固定资产所支付的增值税额 51 000 元，允许在购置当期全部一次性扣除。

企业购入免税农产品，按照买价和规定的扣除率计算进项税额，借记"应交税费——应交增值税（进项税额）"科目，按买价扣除按规定计算的进项税额后的差额，借记"材料采购""原材料""库存商品"等科目，按照应付或实际支付的价款，贷记"应付账款""银行存款"等科目。

注意： 按照增值税暂行条例，购进或者销售货物以及在生产经营过程中支付运输费用的，按照运输费用结算单据上注明的运输费用金额和规定的扣除率计算进项税额。

购进的货物用于非增值税应税项目其所支付的增值税额，应计入购入货物的成本。

【任务 9-17】 一般纳税企业购进材料物资增值税核算业务

※工作资料

宏远公司购入原材料一批，增值税专用发票上注明货款 60 000 元，增值税额 10 200 元，货物尚未到达，货款和进项税款已开出转账支票支付。该企业采用计划成本对原材料进行核算。

※工作行动

（1）根据增值税专用发票和转账支票存根编制购进材料的记账凭证：一般纳税人购进材料物资的增值税应该计入"应交税费——应交增值税（进项税额）"的借方，不构成材料成本；采用计划成本计价时，材料成本计入"材料采购"的借方，实际支付的全部购买价款计入"银行存款"的贷方。

（2）根据记账凭证，出纳登记"银行存款日记账"，会计登记"材料采购"和"应交税费"明细账。

※工作成果

借：材料采购   60 000

　　应交税费——应交增值税（进项税额）   10 200

　　贷：银行存款   70 200

【任务 9-18】 一般纳税企业购进机器设备增值税核算业务

※工作资料

宏远公司购入不需要安装设备一台，价款及运输保险等费用合计 500 000 元，增值税专用发票上注明的增值税额 85 000 元，款项尚未支付。

※工作行动

（1）根据审核无误的原始凭证编制记账凭证：根据修订后的增值税暂行条例，企业购进固定资产所支付的增值税额，允许在购置当期全部一次性扣除，计入"应交税费——应交增值税（进项税额）"的借方。

（2）根据记账凭证，会计登记"固定资产""应交税费"和"应付账款"明细账。

※工作成果

借：固定资产	500 000
应交税费——应交增值税（进项税额）	85 000
贷：应付账款	585 000

【任务 9-19】　一般纳税企业购进免税农产品增值税核算业务

※工作资料

文华商场购入免税农产品一批，价款 100 000 元，规定的扣除率为 13%，货物尚未到达，货款已用银行存款支付。该货物采用计划成本进行核算。

※工作行动

（1）根据农产品采购发票上的价款计算允许抵扣的进项税额：100 000×13%=13 000（元）。

（2）计算所购买农产品的实际成本：100 000－13 000=87 000（元）。

（3）根据审核无误的原始凭证编制记账凭证：按农产品的实际成本借记"材料采购"，允许抵扣的进项税额借记"应交税费——应交增值税（进项税额）"，根据转账支票存根上的金额贷记"银行存款"。

（4）根据编制好的记账凭证，出纳登记"银行存款日记账"，会计登记"材料采购"和"应交税费"明细账。

※工作成果

借：材料采购	87 000
应交税费——应交增值税（进项税额）	13 000
贷：银行存款	100 000

【任务 9-20】　一般纳税企业购进工程物资增值税核算业务

※工作资料

昌盛公司购入基建工程所用物资一批，价款及运输保险等费用合计 200 000 元，增值税专用发票上注明的增值税额 34 000 元，物资已验收入库，款项尚未支付。

※工作行动

（1）根据审核无误的原始凭证编制记账凭证：企业购进的货物用于非增值税应税项目，支付的增值税额 34 000 元不得抵扣，应计入购入货物的成本。

（2）根据编制好的记账凭证，会计登记"工程物资"和"应付账款"明细账。

※工作成果

借：工程物资   234 000

 贷：应付账款   234 000

【任务 9-21】 一般纳税企业接受应税劳务增值税核算业务

※工作资料

昌盛公司生产车间委托外单位修理机器设备，对方开来的专用发票上注明修理费用 10 000 元，增值税额 1 700 元，款项已用银行存款支付。

※工作行动

（1）根据审核无误的原始凭证编制记账凭证：企业接受应税劳务，按允许抵扣的进项税额借记"应交税费——应交增值税（进项税额），根据转账支票存根上的金额贷记"银行存款"。

（2）根据编制好的记账凭证，出纳登记"银行存款日记账"，会计登记"制造费用"和"应交税费"明细账。

※工作成果

借：制造费用   10 000

  应交税费——应交增值税（进项税额）   1 700

 贷：银行存款   11 700

【任务 9-22】 一般纳税企业运费增值税核算业务

※工作资料

宏达公司从外地购入原材料一批，增值税专用发票上注明货款 10 000 元，另外向运输公司支付运输费用 5 000 元。货物已运抵并验收入库，货款、进项税款和运输费用已用银行存款支付。增值税税率为 17%，运输费用的进项税额的扣除率为 7%。该企业采用计划成本对原材料进行核算。

※工作行动

（1）根据审核无误的原始凭证编制记账凭证：按照运输费用结算单据上注明的运输费用金额和规定的扣除率计算进项税额，进项税额为：10 000×17%+5 000×7%=2 050（元）。材料成本为：10 000+5 000×（1-7%）=14 650（元）。

（2）根据记账凭证，出纳登记"银行存款日记账"，会计登记"材料采购"和"应交税费"明细账。

※工作成果

借：材料采购   14 650

  应交税费——应交增值税（进项税额）   2 050

 贷：银行存款   16 700

（2）进项税额转出

企业购进的货物发生非常损失，以及将购进货物改变用途（如用于非应税项目、集体福利或个人消费等），其进项税额应通过"应交税费——应交增值税（进项税额转出）"科目转入有关科目，借记"待处理财产损溢""在建工程""应付职工薪酬"等科目，贷记"应交税费——应交增值税（进项税额转出）"科目；属于转作待处理财产损失的进项税额，应与遭受非常损失的购进货物、在产品或库存商品的成本一并处理。

购进货物改变用途通常是指购进的货物在没有经过任何加工的情况下，对内改变用途的行为，如企业下属医务室等福利部门领用原材料等。

【任务 9-23】 购进货物发生非常损失核算业务

※工作资料

宏达公司因火灾毁损库存商品一批，其实际成本 80 000 元，经确认损失外购材料的增值税 13 600 元。

※工作行动

（1）根据产品损失证明，编制记账凭证。存货发生非常损失，外购材料的增值税不允许抵扣。发生非常损失的库存商品贷记"库存商品"，不允许抵扣的进项税额贷记"应交税费——应交增值税（进项税额转出）"；库存商品的实际成本和不允许抵扣的进项税额合计计入"待处理财产损溢"借方。

（2）根据编制好的记账凭证，会计登记"待处理财产损溢""库存商品"和"应交税费"明细账。

※工作成果

借：待处理财产损溢——待处理流动资产损溢	93 600
贷：库存商品	80 000
应交税费——应交增值税（进项税额转出）	13 600

【任务 9-24】 购进货物改变用途核算业务

※工作资料

光华企业所属的职工食堂维修领用原材料 10 000 元，其购入时支付的增值税为 1 700 元。

※工作行动

（1）编制记账凭证。购进原材料改变用途，外购材料的增值税不允许抵扣，不允许抵扣的进项税额贷记"应交税费——应交增值税（进项税额转出）"。

（2）根据编制好的记账凭证，会计登记"应付职工薪酬""原材料"和"应交税费"明细账。

※工作成果

借：应付职工薪酬——职工福利	11 700
贷：原材料	10 000
应交税费——应交增值税（进项税额转出）	1 700

（3）销售物资或者提供应税劳务

企业销售货物或者提供应税劳务，按照营业收入和应收取的增值税税额，借记"应收账款""应收票据""银行存款"等科目，按专用发票上注明的增值税税额，贷记"应交税费——应交增值税（销项税额）"科目，按照实现的营业收入，贷记"主营业务收入""其他业务收入"等科目。发生的销售退回，做相反的会计分录。

此外，企业将自产、委托加工或购买的货物分配给股东，应当参照企业销售物资或者提供应税劳务进行会计处理。

【任务 9-25】 一般纳税企业销售商品增值税核算业务

※工作资料

科睿公司销售产品一批，价款 500 000 元，按规定应收取增值税额 85 000 元，提货单和增值税专用发票已交给买方，款项尚未收到。

※工作行动

（1）编制记账凭证。一般纳税人销售商品时，商品的售价计入"主营业务收入"的贷方，增值税计入"应交税费——应交增值税（销项税额）"的贷方，价税合计计入"应收账款"借方。

（2）根据编制好的记账凭证，会计登记"应收账款""主营业务收入"和"应交税费"明细账。

※工作成果

借：应收账款 585 000
　　贷：主营业务收入 500 000
　　　　应交税费——应交增值税（销项税额） 85 000

【任务 9-26】 一般纳税企业提供应税劳务增值税核算业务

※工作资料

光明公司为外单位代加工零件 400 个，每个收取加工费 100 元，适用的增值税税率为 17%，加工完成，款项已收到并存入银行。

※工作行动

（1）编制记账凭证。一般纳税人提供应税劳务时，劳务的价款计入"主营业务收入"的贷方，增值税计入"应交税费——应交增值税（销项税额）"的贷方，价税合计计入"银行存款"借方。

（2）根据记账凭证，出纳登记"银行存款日记账"，会计登记"主营业务收入"和"应交税费"明细账。

※工作成果

借：银行存款 46 800
　　贷：主营业务收入 40 000
　　　　应交税费——应交增值税（销项税额） 6 800

（4）视同销售行为

企业的有些交易和事项从会计角度看不属于销售行为，不能确认销售收入，但是按照税法规定，应视同对外销售处理，计算应交增值税。视同销售需要交纳增值税的事项如企业将自产或委托加工的货物用于非应税项目、集体福利或个人消费，将自产、委托加工或购买的货物作为投资、分配给股东或投资者、无偿赠送他人等。在这些情况下，企业应当借记"在建工程""长期股权投资""营业外支出"等科目，贷记"应交税费——应交增值税（销项税额）"科目等。

【任务 9-27】 一般纳税企业视同销售核算业务

※**工作资料**

企业将自己生产的产品用于自行建造厂房。该批产品的成本为 200 000 元，计税价格为 300 000 元。增值税税率为 17%。

※**工作行动**

（1）编制记账凭证。将自己生产的产品用于自行建造厂房要视同销售，按商品的成本贷记"库存商品"科目，按计税价乘适用的增值税税率计算视同销售应缴纳的增值税，即企业在建工程领用自己生产的产品的销项税额=300 000×17%=51 000（元），贷记"应交税费——应交增值税（销项税额）"科目，价税合计计入"在建工程"科目的借方。

（2）根据编制好的记账凭证，会计登记"在建工程""库存商品"和"应交税费"明细账。

※**工作成果**

借：在建工程	251 000
贷：库存商品	200 000
应交税费——应交增值税（销项税额）	51 000

（5）出口退税

企业出口产品按规定退税的，按应收的出口退税额，借记"其他应收款"科目，贷记"应交税费——应交增值税（出口退税）"科目。

（6）交纳增值税

企业交纳的增值税，借记"应交税费——应交增值税（已交税金）"科目，贷记"银行存款"科目。"应交税费——应交增值税"科目的贷方余额，表示企业应交纳的增值税。

【任务 9-28】 一般纳税企业缴纳增值税核算业务

※**工作资料**

宏达公司以银行存款交纳本月增值税 80 000 元。

※**工作行动**

（1）根据税费单计算的应交增值税的金额借记"应交税费——应交增值税（已交税金）"科目，根据支票存根金额贷记"银行存款"科目。

（2）根据记账凭证，出纳登记"银行存款日记账"，会计登记"应交税费"明细账。

※**工作成果**

借：应交税费——应交增值税（已交税金）　　　　　　　　　　　80 000
　　贷：银行存款　　　　　　　　　　　　　　　　　　　　　　　　80 000

2. 小规模纳税企业的会计处理

小规模纳税企业应当按照不含税销售额和规定的增值税征收率计算交纳增值税，销售货物或提供应税劳务时只能开具普通发票，不能开具增值税专用发票。小规模纳税企业不享有进项税额的抵扣权，其购进货物或接受应税劳务支付的增值税直接计入有关货物或劳务的成本。因此，小规模纳税企业只需在"应交税费"科目下设置"应交增值税"明细科目，不需要在"应交增值税"明细科目中设置专栏，"应交税费——应交增值税"科目贷方登记应交纳的增值税，借方登记已交纳的增值税；期末贷方余额为尚未交纳的增值税，借方余额为多交纳的增值税。

小规模纳税企业购进货物和接受应税劳务时支付的增值税，直接计入有关货物和劳务的成本，借记"材料采购""在途物资"等科目，贷记"应交税费——应交增值税"科目。

【任务 9-29】 小规模纳税企业购进材料物资增值税核算业务

※工作资料

宏明公司为小规模纳税企业，购入材料一批，取得的专用发票中注明货款 10 000 元，增值税 1 700 元，款项以银行存款支付，材料尚未验收入库（该企业按实际成本计价核算）。

※工作行动

（1）小规模纳税人购买材料物资时，即使取得了增值税专用发票，支付的增值税也不得抵扣，应计入材料的采购成本。根据发票金额借记"在途物资"科目，根据支票存根金额贷记"银行存款"科目。

（2）根据记账凭证，出纳登记"银行存款日记账"，会计登记"在途物资"明细账。

※工作成果

借：在途物资　　　　　　　　　　　　　　　　　　　　　　　　11 700
　　贷：银行存款　　　　　　　　　　　　　　　　　　　　　　　　11 700

【任务 9-30】 小规模纳税人销售商品增值税核算业务

※工作资料

宏明公司为小规模纳税企业，销售产品一批，所开出的普通发票中注明的货款（含税）为 30 900 元，增值税征收率为 3%，款项尚未收到。

※工作行动

（1）小规模纳税人销售商品，开具普通发票，发票金额是价税合计。根据普通发票金额计算不含税的售价和应交增值税：

不含税的售价=30 900÷（1+3%）=30 000（元）

应交增值税=30 000×3%=900（元）

（2）编制确认收入及增值税的记账凭证：根据不含税的售价贷记"主营业务收入"科目，应交增值税的金额贷记"应交税费——应交增值税"科目，根据合计金额借记"应收账款"科目。

（3）根据记账凭证会计人员登记"应收账款""主营业务收入"和"应交税费"明细账。

※**工作成果**

借：应收账款	30 900
贷：主营业务收入	30 000
应交税费——应交增值税	900

【任务 9-31】 小规模纳税人缴纳增值税核算业务

※**工作资料**

承【任务 9-30】，该小规模纳税企业月末开出转账支票上交增值税 900 元。

※**工作行动**

（1）根据申报表金额借记"应交税费——应交增值税"科目，根据支票存根金额贷记"银行存款"科目。

（2）根据记账凭证，出纳登记"银行存款日记账"，会计登记"应交税费"明细账。

※**工作成果**

借：应交税费——应交增值税	900
贷：银行存款	900

（二）应交消费税的会计处理

企业应在"应交税费"科目下设置"应交消费税"明细科目，核算应交消费税的发生、交纳情况。该科目贷方登记应交纳的消费税，借方登记已交纳的消费税；期末贷方余额为尚未交纳的消费税，借方余额为多交纳的消费税。

1. 销售应税消费品

企业销售应税消费品应交的消费税，应借记"营业税金及附加"科目，贷记"应交税费——应交消费税"科目。

【任务 9-32】 销售应税消费品核算业务

※**工作资料**

美丽达公司销售所生产的化妆品，价款 2 000 000 元（不含增值税），适用的消费税税率为 30%。

※**工作行动**

（1）编制税费计算单，应纳消费税额=2 000 000×30%=600 000（元）。

（2）根据税费计算单编制记账凭证：销售应交消费税的商品，其应缴纳的消费税借记"营业税金及附加"科目，贷记"应交税费——应交消费税"科目。

（3）根据记账凭证，会计登记"营业税金及附加"和"应交税费"的明细账。

※**工作成果**

借：营业税金及附加   600 000
  贷：应交税费——应交消费税   600 000

2. 自产自用应税消费品

企业将生产的应税消费品用于在建工程等非生产机构时，按规定应交纳的消费税，借记"在建工程"等科目，贷记"应交税费——应交消费税"科目。

【任务 9-33】 自产自用应税消费品核算业务

※**工作资料**

某企业在建工程领用自产柴油 50 000 元，应纳增值税 10 200 元，应纳消费税 6 000 元。

※**工作行动**

（1）编制记账凭证。将自产的应税消费品用于在建工程要视同销售，计算应缴纳的增值税和消费税。按商品的成本贷记"库存商品"科目，按应缴纳的增值税贷记"应交税费——应交增值税（销项税额）"科目，按应缴纳的消费税贷记"应交税费——应交消费税"科目，价税合计计入"在建工程"科目的借方。

（2）根据编制好的记账凭证，会计登记"在建工程""库存商品"和"应交税费"明细账。

※**工作成果**

借：在建工程   66 200
  贷：库存商品   50 000
    应交税费——应交增值税（销项税额）   10 200
        ——应交消费税   6 000

3. 委托加工应税消费品

企业如有应交消费税的委托加工物资，一般应由受托方代收代交税款，受托方按照应交税款金额，借记"应收账款""银行存款"等科目，贷记"应交税费——应交消费税"科目。受托加工或翻新改制金银首饰按照规定由受托方交纳消费税。

委托加工物资收回后，直接用于销售的，应将受托方代收代交的消费税计入委托加工物资的成本，借记"委托加工物资"等科目，贷记"应付账款""银行存款"等科目；委托加工物资收回后用于连续生产的，按规定准予抵扣的，应按已由受托方代收代交的消费税，借记"应交税费——应交消费税"科目，贷记"应付账款""银行存款"等科目。

【任务 9-34】 委托加工应税消费品核算业务

※**工作资料**

宏达公司委托光明企业代为加工一批应交消费税的材料（非金银首饰）。宏达公司的材料成本为 1 000 000 元，加工费为 200 000 元，由光明企业代收代交的消费税为 80 000 元（不考虑增值税）。材料已经加工完成，并由宏达公司收回验收入库，加工费尚未支付。宏达公司采用实际成本法进行原材料的核算。宏达公司收回的委托加工物资用于继续生产应税消费品。

※工作行动

（1）委托方发出原材料，根据领料单借记"委托加工物资"等科目，贷记"原材料"科目。

（2）编制确认加工费和消费税的记账凭证。委托加工物资收回后用于连续生产的，按规定准予抵扣的消费税，借记"应交税费——应交消费税"科目。

（3）根据编制好的记账凭证，会计登记"委托加工物资""原材料"和"应交税费""应付账款"明细账。

※工作成果

借：委托加工物资	1 000 000
贷：原材料	1 000 000
借：委托加工物资	200 000
应交税费——应交消费税	80 000
贷：应付账款	280 000
借：原材料	1 200 000
贷：委托加工物资	1 200 000

注意：收回的委托加工应税消费品如果直接用于对外销售，应将消费税计入收回的委托加工应税消费品的成本中。

如果宏达公司收回的委托加工物资直接用于对外销售，该企业的有关会计处理如下：

借：委托加工物资	1 000 000
贷：原材料	1 000 000
借：委托加工物资	280 000
贷：应付账款	280 000
借：原材料	1 280 000
贷：委托加工物资	1 280 000

4. 进口应税消费品

企业进口应税物资在进口环节应交的消费税，计入该项物资的成本，借记"材料采购""固定资产"等科目，贷记"银行存款"科目。

【任务 9-35】 进口应税消费品核算业务

※工作资料

宏远企业从国外进口一批需要交纳消费税的商品，商品价值 2 000 000 元，进口环节需要交纳的消费税为 400 000 元（不考虑增值税），采购的商品已经验收入库，货款尚未支付，税款已经用银行存款支付。

※工作行动

（1）编制记账凭证，企业进口应税物资在进口环节应交的消费税，计入该项物资的成本。

（2）根据编制好的记账凭证，出纳登记"银行存款日记账"，会计登记"库存商品"和"应付账款"明细账。

※工作成果

借：库存商品		2 400 000
贷：应付账款		2 000 000
银行存款		400 000

（三）应交营业税的会计处理

企业应在"应交税费"科目下设置"应交营业税"明细科目，核算应交营业税的发生、交纳情况。该科目贷方登记应交纳的营业税，借方登记已交纳的营业税，期末贷方余额为尚未交纳的营业税。

企业按照营业额及其适用的税率，计算应交的营业税，借记"营业税金及附加"科目，贷记"应交税费——应交营业税"科目；企业出售不动产时，计算应交的营业税，借记"固定资产清理"等科目，贷记"应交税费——应交营业税"科目；实际交纳营业税时，借记"应交税费——应交营业税"科目，贷记"银行存款"科目。

【任务9-36】 应交营业税核算业务

※工作资料

康华运输公司2012年10月运营收入为500 000元，适用的营业税税率为3%。

※工作行动

（1）编制税费计算单，当月应交营业税=500 000×3%=15 000（元）。

（2）根据税费计算单编制记账凭证：运输公司提供劳务根据取得的营运收入，其应缴纳的营业税借记"营业税金及附加"科目，贷记"应交税费——应交营业税"科目。

（3）会计根据记账凭证登记"营业税金及附加"和"应交税费"的明细账。

※工作成果

借：营业税金及附加		15 000
贷：应交税费——应交营业税		15 000

（四）其他应交税费的会计处理

其他应交税费是指除上述应交税费以外的应交税费，包括应交资源税、应交城市维护建设税、应交土地增值税、应交所得税、应交房产税、应交土地使用税、应交车船使用税、应交教育费附加、应交矿产资源补偿费、应交个人所得税等。企业应当在"应交税费"科目下设置相应的明细科目进行核算，贷方登记应交纳的有关税费，借方登记已交纳的有关税费，期末贷方余额表示尚未交纳的有关税费。

1. 应交资源税

对外销售应税产品应交纳的资源税应记入"营业税金及附加"科目，借记"营业税金及附加"科目，贷记"应交税费——应交资源税"科目；自产自用应税产品应交纳的资源税应记入"生产成本""制造费用"等科目，借记"生产成本""制造费用"等科目，贷记"应交税费——应交资源税"科目。

【任务 9-37】 对外销售应税矿产品应交资源税核算业务

※工作资料

宏发公司对外销售某种资源税应税矿产品 5 000 吨，每吨应交资源税 10 元。

※工作行动

（1）编制税费计算表，企业对外销售应税产品而应交的资源税=5 000×10=50 000（元）。

（2）根据税费计算单编制记账凭证：对外销售应税产品应交纳的资源税应借记"营业税金及附加"科目，贷记"应交税费——应交资源税"科目。

（3）会计根据记账凭证登记"营业税金及附加"和"应交税费"的明细账。

※工作成果

借：营业税金及附加   50 000

    贷：应交税费——应交资源税   50 000

【任务 9-38】 自产自用应税矿产品应交资源税核算业务

※工作资料

博宇公司将自产的资源税应税矿产品 300 吨用于企业的产品生产，每吨应交资源税 5 元。

※工作行动

（1）编制税费计算表，企业自产自用应税矿产品应交纳的资源税=300×5=1 500（元）。

（2）根据税费计算单编制记账凭证：自产自用应税产品应交纳的资源税应借记"生产成本""制造费用"等科目，贷记"应交税费——应交资源税"科目。

（3）会计根据记账凭证登记"生产成本"和"应交税费"明细账。

※工作成果

借：生产成本   1 500

    贷：应交税费——应交资源税   1 500

2. 应交城市维护建设税

城市维护建设税的纳税人为交纳增值税、消费税、营业税的单位和个人，税率因纳税人所在地不同从 1%~7% 不等。公式为：

应纳税额=（应交增值税＋应交消费税＋应交营业税）×适用税率

企业应交的城市维护建设税，借记"营业税金及附加"等科目，贷记"应交税费——应交城市维护建设税"科目。

【任务 9-39】 应交城市维护建设税核算业务

※工作资料

科睿公司本期实际应上交增值税 500 000 元，消费税 11 000 元，营业税 15 000 元。该企业适用的城市维护建设税税率为 5%。

※工作行动

（1）编制税费计算表，应交的城市维护建设税=（500 000 + 11 000 + 15 000）×5%=26 300（元）。

（2）根据税费计算单编制记账凭证：企业应交的城市维护建设税，借记"营业税金及附加"科目，贷记"应交税费——应交城市维护建设税"科目。

（3）会计根据记账凭证登记"营业税金及附加"和"应交税费"的明细账。

※工作成果

借：营业税金及附加	26 300
贷：应交税费——应交城市维护建设税	26 300

3. 应交教育费附加

企业应交的教育费附加，借记"营业税金及附加" 等科目，贷记"应交税费——应交教育费附加"科目。

【任务 9-40】 应交教育费附加核算业务

※工作资料

科睿公司按税法规定计算，2012 年度第三季度应交纳教育费附加 300 000 元。款项已经开出转账支票支付。

※工作行动

（1）根据税费计算单编制记账凭证：企业应交的教育费附加，借记"营业税金及附加"科目，贷记"应交税费——应交教育费附加"科目。

（2）会计根据记账凭证登记营业税金及附加和应交税费的明细账。

（3）会计部门开出转账支票支付，根据支票存根，编制支付税款的记账凭证。

（4）根据编制好的记账凭证，出纳登记"银行存款日记账"，会计登记"应交税费"明细账。

※工作成果

借：营业税金及附加	300 000
贷：应交税费——应交教育费附加	300 000
借：应交税费——应交教育费附加	300 000
贷：银行存款	300 000

4. 应交土地增值税

企业应交的土地增值税视情况记入不同科目：企业转让的土地使用权连同地上建筑物及其附着物一并在"固定资产"等科目核算的，转让时应交的土地增值税，借记"固定资产清理"科目，贷记"应交税费——应交土地增值税"科目；土地使用权在"无形资产"科目核算的，按实际收到的金额，借记"银行存款"科目，按应交的土地增值税，贷记"应交税费——应交土地增值税"科目，同时冲销土地使用权的账面价值，贷记"无形资产"科目，按其差额，借记"营业外支出"科目或贷记"营业外收入"科目。

【任务 9-41】 应交土地增值税核算业务

※工作资料

科睿公司对外转让一栋厂房，根据税法规定计算的应交土地增值税为 35 000 元。款项已经开出转账支票支付。

※工作行动

（1）根据税费计算单编制记账凭证：企业转让的土地使用权连同地上建筑物及其附着物一并在"固定资产"等科目核算的，转让时应交的土地增值税，借记"固定资产清理"科目，贷记"应交税费——应交土地增值税"科目。

（2）会计根据记账凭证登记固定资产清理和应交税费的明细账。

（3）会计部门开出转账支票支付，根据支票存根，编制缴纳税款的记账凭证。

（4）根据编制好的记账凭证，出纳登记"银行存款日记账"，会计登记"应交税费"明细账。

※工作成果

（1）计算应交纳的土地增值税时：

借：固定资产清理　　　　　　　　　　　　　　　　　　　　　35 000
　　贷：应交税费——应交土地增值税　　　　　　　　　　　　　　　35 000

（2）企业用银行存款交纳应交土地增值税款时：

借：应交税费——应交土地增值税　　　　　　　　　　　　　　35 000
　　贷：银行存款　　　　　　　　　　　　　　　　　　　　　　　35 000

5. 应交房产税、土地使用税、车船使用税和矿产资源补偿费

企业应交的房产税、土地使用税、车船税、矿产资源补偿费，记入"管理费用"科目，企业应交的房产税、土地使用税、车船税、矿产资源补偿费，借记"管理费用"科目，贷记"应交税费——应交房产税（或应交土地使用税、应交车船税、应交矿产资源补偿费）"科目。

6. 应交个人所得税

企业按规定计算的代扣代交的职工个人所得税，借记"应付职工薪酬"科目，贷记"应交税费——应交个人所得税"科目；企业交纳个人所得税时，借记"应交税费——应交个人所得税"科目，贷记"银行存款"等科目。

【任务9-42】 应交个人所得税核算业务

※工作资料

博宇公司结算本月应付职工工资总额 300 000 元，代扣职工个人所得税共计 3 200 元，实发工资 296 800 元。

※工作行动

（1）根据工资结算汇总表编制代扣款项的记账凭证。从应付职工薪酬中代扣的个人所得税借记"应付职工薪酬"科目，贷记"应交税费——应交个人所得税"科目。

（2）根据记账凭证，登记"应付职工薪酬"和"应交税费"明细账。

※工作成果

借：应付职工薪酬——工资   3 200

  贷：应交税费——应交个人所得税   3 200

企业可以在管理费用中列支的税金有哪些？

项目八　应付股利的核算

相关知识

应付股利是指企业根据股东大会或类似机构审议批准的利润分配方案确定分配给投资者的现金股利或利润。企业能否向投资者分配利润，不在于本期赢利多少，而是取决于企业是否拥有和拥有多少可供分配的利润。

工作任务

应付股利的会计处理

（一）科目设置

在会计核算中企业应设置"应付股利"科目，核算企业根据股东大会或类似机构审议批准的利润分配方案确定分配给投资者的现金股利或利润。该科目属于负债类科目，贷方登记应支付的现金股利或利润，借方登记实际支付的现金股利或利润，期末贷方余额反映企业应付未付的现金股利或利润。该科目按投资者设置明细科目进行明细核算。

（二）应付股利的账务处理

企业根据股东大会或类似机构审议批准的利润分配方案，确认应付给投资者的现金股利或利润时，借记"利润分配——应付现金股利"科目，贷记"应付股利"科目；向投资者实际支付现金股利或利润时，借记"应付股利"科目，贷记"银行存款"等科目。

应付股利包括应付给投资者的现金股利、应付给国家以及其他单位或个人的利润等。

注意： 企业董事会或类似机构通过的利润分配方案中拟分配的现金股利或利润，不做账务处理，不作为应付股利核算，但应在附注中披露。企业分配的股票股利不通过"应付股利"科目核算。

【任务 9-43 】　应付股利核算业务

※工作资料

科睿公司 2012 年度实现净利润 5 000 000 元，经过股东大会批准，决定分配现金股利 2 000 000 元。股利已经用银行存款支付。

※工作行动

（1）根据股东投资协议和股东大会利润分配决议编制分配现金股利计算表。

（2）根据原始凭证编制分配股利的记账凭证，并登记"利润分配""应付利润"的明细账。

（3）实际支付股利时，根据银行付款通知编制记账凭证，并登记"银行存款日记账"和"应付股利"明细账。

※工作成果

（1）确认应付现金股利时：

借：利润分配——应付现金股利	2 000 000
贷：应付股利	2 000 000

（2）以银行存款支付现金股利时：

借：应付股利	2 000 000
贷：银行存款	2 000 000

项目九　应付利息的核算

相关知识

应付利息是企业按照合同约定应支付的利息，包括分期付息到期还本的长期借款、企业债券等应支付的利息。

工作任务

应付利息的会计处理

（一）科目设置

企业应当设置"应付利息"科目，核算企业按照合同约定应支付的利息。该科目贷方登记按照合同约定应支付的利息，借方登记企业实际支付的利息；期末贷方余额反映企业按照合同约定应支付但尚未支付的利息。企业应按债权人设置明细账目进行明细核算。

（二）应付利息的账务处理

企业采用合同约定的名义利率计算确定利息费用时，应按合同约定的名义利率计算确定的应付利息的金额，借记"财务费用"等科目，贷记"应付利息"科目；实际支付利息时，借记"应付利息"科目，贷记"银行存款"等科目。

【任务9-44】 应付利息核算业务

※工作资料

远大公司借入5年期到期还本每年付息的长期借款3 000 000元，合同约定年利率为4.5%，假定利息费用不符合资本化条件。要求远大公司每年年末计提利息费用。

※工作行动

（1）编制长期借款利息计算表，计算当期借款利息。企业每年应支付的利息=3 000 000×4.5%=135 000（元）。

（2）依据审核无误的利息计算表编制记账凭证。借记"财务费用"科目，贷记"应付利息"科目，并登记"财务费用"和"应付利息"明细账。

※工作成果

借：财务费用   135 000

    贷：应付利息   135 000

项目十　其他应付款的核算

相关知识

一、其他应付款的内容

其他应付款是指除应付账款、应付票据、预收账款、应付职工薪酬、应交税费、应付股利等经营活动以外的其他应付、暂收款项，如应付租入包装物租金、存入保证金等。

工作任务

其他应付款的会计处理

（一）科目设置

企业应设置"其他应付款"科目，核算其他应付款的增减变动及其结存情况，并按照其他应付款的项目和对方单位（或个人）设置明细科目进行明细核算。该科目贷方登记发生的各种应付、暂收款项，借方登记偿还或转销的各种应付、暂收款项；该科目期末贷方余额反映企业应付未付的其他应付款项。

（二）其他应付款的账务处理

企业发生其他各种应付、暂收款项时，借记"银行存款"等科目，贷记"其他应付款"科目；支付或退回其他各种应付、暂收款项时，借记"其他应付款"科目，贷记"银行存款"等科目。

【任务 9-45】 其他应付款核算业务

※工作资料

科睿公司 2012 年 5 月 16 日向远大公司销售商品时，向远大公司出借包装箱一批，收取押金 8 000 元，远大公司以银行存款付讫。6 月 3 日科睿公司收到远大公司归还的包装箱，开出转账支票，退回押金。

※工作行动

（1）收到出租包装物押金时，根据银行进账单，编制记账凭证并登记"银行存款日记账"和"其他应付款"明细账。

（2）收到远大公司归还的包装箱，开出转账支票退回押金。根据支票存根，编制记账凭证，并登记"银行存款日记账"和"其他应付款"明细账。

※工作成果

借：银行存款　　　　　　　　　　　　　　　　　　　　　　8 000
　　贷：其他应付款——远大公司　　　　　　　　　　　　　　　8 000
借：其他应付款——远大公司　　　　　　　　　　　　　　　　8 000
　　贷：银行存款　　　　　　　　　　　　　　　　　　　　　8 000

单元十　非流动负债的核算

非流动负债是指偿还期在一年以上或者超过一年的一个营业周期以上的负债。包括一年内到期的长期借款、长期应付款和应付债券。

项目一　非流动负债认知

一、非流动负债的概念及特点

非流动负债是指流动负债以外的负债，主要包括长期借款、应付债券、长期应付款等。对于在资产负债表日起一年内到期的负债，企业预计能够自主地将清偿义务展期至资产负债表日后一年以上的，应当归类为非流动负债；不能自主地将清偿义务展期的，即使在资产负债表日后、财务报告批准报出日前签订了重新安排清偿计划协议，该项负债仍应归类为流动负债。非流动负债除了具有负债的共同特征外，与流动负债相比，还有以下特点：

1. 非流动负债的金额较大；

2. 非流动负债偿还期限长；

3. 非流动负债的偿还方式多样。

二、借款费用的确认原则

借款费用是指企业因借款而发生的利息及其他相关成本。借款费用包括借款利息、折价或溢价的摊销、辅助费用以及因外币借款而发生的汇兑差额等。

借款利息包括企业向银行或其他金融机构等借入资金时发生的利息、发行公司债券发生的利息，以及为购建或者生产符合资本化条件的资产而发生的带息债务所承担的利息等；

折价或者溢价的摊销，主要包括发行公司债券等所发生的折价或者溢价在每期的摊销金额；辅助费用，包括企业在借款过程中发生的诸如手续费、佣金、印刷费等交易费用；因外币借款而发生的汇兑差额，是指由于汇率变动导致市场汇率与账面汇率出现差异，从而对外币借款本金及其利息的记账本位币金额所产生的影响金额。

企业发生的借款费用，可直接归属于符合资本化条件的资产的购建或者生产的，应当予以资本化，计入相关资产成本；其他借款费用，应当在发生时根据其发生额确认为费用，计入当期损益。

注意：符合资本化条件的资产，是指需要经过相当长时间的购建或者生产活动才能达到预定可使用或者可销售状态的固定资产、投资性房地产和存货等资产。符合借款费用资本化条件的存货，主要包括房地产开发企业开发的用于对外出售的房地产开发产品、企业制造的用于对外出售的大型机器设备等。这类存货通常需要经过相当长时间的建造或者生产过程，才能达到预定可销售状态。其中"相当长时间"，是指为资产的购建或者生产所必需的时间，通常为 1 年以上（含 1 年）。

借款费用同时满足下列条件的，才能开始资本化：

1. 资产支出已经发生，资产支出包括为购建或者生产符合资本化条件的资产而以支付现金、转移非现金资产或者承担带息债务形式发生的支出；

2. 借款费用已经发生；

3. 为使资产达到预定可使用或者可销售状态所必要的购建或者生产活动已经开始。

在资本化期间内，每一会计期间的利息（包括折价或溢价的摊销）资本化金额，应当按照下列规定确定：

1. 为购建或者生产符合资本化条件的资产而借入专门借款的，应当以专门借款当期实际发生的利息费用，减去将尚未动用的借款资金存入银行取得的利息收入或进行暂时性投资取得的投资收益后的金额确定。

专门借款，是指为购建或者生产符合资本化条件的资产而专门借入的款项。

专门借款应当有明确的专门用途，即为购建或者生产某项符合资本化条件的资产而专门借入的款项，通常应有标明专门用途的借款合同。

2. 为购建或者生产符合资本化条件的资产而占用了一般借款的（一般借款是指除专门借款以外的其他借款），企业应当根据累计资产支出超过专门借款部分的资产支出加权平均数乘以所占用一般借款的资本化率，计算确定一般借款应予资本化的利息金额。资本化率应当根据一般借款加权平均利率计算确定。

一般借款应予资本化的利息金额应当按照下列公式计算：

一般借款利息费用资本化金额=累计资产支出超过专门借款部分的资产支出加权平均数×所占用一般借款的资本化率。

所占用一般借款的资本化率=所占用一般借款加权平均利率=所占用一般借款当期实际发生的利息之和÷所占用一般借款本金加权平均数

所占用一般借款本金加权平均数=$\sum$（所占用每笔一般借款本金×每笔一般借款在当期

所占用的天数/当期天数）

　　资本化期间，是指从借款费用开始资本化时点到停止资本化时点的期间，借款费用暂停资本化的期间不包括在内。

　　借款存在折价或者溢价的，应当按照实际利率法确定每一会计期间应摊销的折价或者溢价金额，调整每期利息金额。

　　在资本化期间内，每一会计期间的利息资本化金额，不应当超过当期相关借款实际发生的利息金额。

　　在资本化期间内，外币专门借款本金及利息的汇兑差额，应当予以资本化，计入符合资本化条件的资产的成本。

　　专门借款发生的辅助费用，在所购建或者生产的符合资本化条件的资产达到预定可使用或者可销售状态之前发生的，应当在发生时根据其发生额予以资本化，计入符合资本化条件的资产的成本；在所购建或者生产的符合资本化条件的资产达到预定可使用或者可销售状态之后发生的，应当在发生时根据其发生额确认为费用，计入当期损益。

　　一般借款发生的辅助费用，应当在发生时根据其发生额确认为费用，计入当期损益。

　什么是专门借款？什么是资本化期间？

项目二　长期借款的核算

相关知识

　　长期借款是企业向银行或其他金融机构借入的偿还期限在一年以上（不含一年）的各种款项。一般用于固定资产的购建、改扩建工程、大修理工程、对外投资以及为了保持长期经营能力等方面。

　　企业向金融部门借入款项时，必须首先提出申请，说明借款原因、使用时间、使用计划、归还期限等，然后签订借款合同，取得银行或其他金融机构的借款。

工作任务

长期借款的会计处理

（一）科目设置

　　企业应设置"长期借款"科目，核算企业长期借款的借入、应计利息和偿还本息等情况。该科目属于负债类科目。贷方登记借入长期借款的本金、应计利息；借方登记归还长期借款的本息；贷方余额反映尚未偿还的长期借款的本金和利息。该科目应按贷款单位和贷款设置明细账，分别"本金""应计利息"和"利息调整"进行明细核算。

（二）账务处理

1. 长期借款的取得

企业借入长期借款并将取得的款项存入银行时，应借记"银行存款"科目，贷记"长期借款"科目。如果已经直接将借款购置了固定资产或用于在建工程项目，应借"固定资产"或"在建工程"科目，贷记"长期借款"科目。

【任务 10-1】　取得长期借款核算业务

※工作资料

2012 年 1 月 1 日，北京华雄机床有限公司取得 2 年期长期借款 4 000 000 元。

※工作行动

（1）取得长期借款申请书和借款凭证，对其进行审核，核对借款金额大小写是否正确，本金、期限、利率与借款合同是否相符。

（2）依据审核无误的原始凭证编制记账凭证。根据借款凭证的内容得知此凭证是银行把贷款本金转入企业借款科目的一张凭证。依据借款凭证贷记"长期借款"，依据贷款凭证银行签章栏的内容栏的内容借记"银行存款"，金额依据借款凭证金额栏的"4 000 000.00"填写。

（3）依据编制好的记账凭证，出纳登记"银行存款日记账"，会计登记"长期借款——本金"明细账。

※工作成果

借：银行存款　　　　　　　　　　　　　　　　　　　　　　　　　4 000 000

　　贷：长期借款——本金　　　　　　　　　　　　　　　　　　　　　　4 000 000

2. 长期借款的利息

长期借款利息费用应当在资产负债表日按照实际利率法计算确定。实际利率与合同利率差异较小的，也可以采用合同利率计算确定的利息费用。利息费用应按以下原则计入有关成本、费用：属于筹建期间的，计入管理费用；属于生产经营期间的，计入财务费用。如果长期借款用于购建固定资产的，在固定资产尚未达到预定可使用状态前所发生的应当资本化的利息支出数，计入在建工程成本。长期借款的应付利息按合同利率计算确定。若长期借款利息是到期一次付息，则在计提利息费用时，贷记"长期借款——应计利息"；若长期借款利息是分期付息，则在计提利息费用时，贷记"应付利息"。

【任务 10-2】　计提长期借款利息业务

※工作资料

续【任务 10-1】，该笔借款到期一次还本付息，不计复利。实际利率与合同利率都是 6%。2012 年 1 月 2 日用该笔借款购买固定资产，当日即投入使用。

※工作行动

（1）1 月末预提本月借款利息，依据借款合同和【任务 10-1】的借款凭证编制长期借款利息计算表。

月利息额=4 000 000×6%÷12=20 000（元）

表 10-1

长期借款利息计算表

2012 年 1 月 31 日

计息期间	借款余额	年利率	计息金额
1 月 1 日至 1 月 31 日	4 000 000	6.00%	20 000

2 月末预提 2 月份借款利息的账务处理与 1 月末相同。

（2）依据审核无误的长期借款利息计算表编制记账凭证。此处长期借款利息属于筹资费用，应计入当期财务费用，企业按月预提时，借记"财务费用"科目，贷记"长期借款——应计利息"科目，金额依据长期借款利息计算表"计息金额"栏的"20 000.00"填写。

（3）依据编制好的记账凭证，会计登记"财务费用"和"长期借款——应计利息"明细账。

※工作成果

借：财务费用　　　　　　　　　　　　　　　　　　　　　　　　20 000

　　贷：长期借款——应计利息　　　　　　　　　　　　　　　　　　　20 000

【任务 10-3】 支付银行长期借款利息核算业务

※工作资料

续【任务 10-2】，2013 年 12 月 31 日，支付长期借款利息共计 480 000 元。

※工作行动

（1）取得银行返回的贷款利息凭证，对其进行审核。依据借款合同和贷款凭证编制长期借款利息计算表。核对贷款利息凭证上的利息金额是否与 2012 年 1 月至 2013 年 12 月 24 个月的长期借款利息计算表的利息金额合计数相符。

表 10-2

长期借款利息计算表

2013 年 12 月 31 日

计息期间	借款余额	年利率	计息金额
12 月 1 日—12 月 31 日	4 000 000	6.00%	20 000

（2）依据审核无误的长期借款利息计算表和贷款利息凭证编制记账凭证。贷款利息凭证是企业实际支付利息后银行返回的凭证。按前 23 个月已经计提的利息，借记"长期借款——应计利息"科目，金额为前 23 个月预提的该笔借款利息合计数 460 000 元；依据长期借款利息计算表，应计入 12 月的利息 20 000 元，记入"财务费用"；根据贷款利息凭证的"账号"栏和"利息"栏，贷记"银行存款"科目，金额 480 000 元。

（3）依据编制好的记账凭证，出纳登记"银行存款日记账"，会计登记"财务费用""长期借款——应计利息"明细账。

　　※**工作成果**

借：财务费用　　　　　　　　　　　　　　　　　　　　　　　　20 000
　　　长期借款——应计利息　　　　　　　　　　　　　　　　　460 000
　　贷：银行存款　　　　　　　　　　　　　　　　　　　　　　　480 000

3. 归还借款

　　长期借款到期，企业支付借款本息时，借记"长期借款——本金"和 "长期借款——
应计利息"或"应付利息"科目，贷记"银行存款"科目。

【任务 10-4】 归还银行长期借款核算业务

　　※**工作资料**

　　续【任务 10-1】，2013 年 12 月 31 日，北京华雄机床有限公司归还长期借款本金。

　　※**工作行动**

　　（1）开出转账支票偿还长期借款，取得长期贷款还款凭证，对其进行审核，核对还款
金额与转账支票存根是否相符。

　　（2）依据审核无误的原始凭证编制记账凭证。长期贷款还款凭证是企业偿还贷款本金
后银行返回的一张凭证。根据长期贷款还款凭证"偿还金额"栏借记"长期借款——本金"，
金额 4 000 000 元，依据转账支票存根"金额"栏贷记"银行存款"，金额 4 000 000 元。

　　（3）依据编制好的记账凭证，出纳登记"银行存款日记账"，会计登记"长期借款——
本金"明细账。

　　※**工作成果**

借：长期借款——本金　　　　　　　　　　　　　　　　　　4 000 000
　　贷：银行存款　　　　　　　　　　　　　　　　　　　　　4 000 000

　　如果已经预提 23 个月的利息，12 月未预提，利息也未支付，则偿还本金的同时还要
偿还利息。

借：财务费用　　　　　　　　　　　　　　　　　　　　　　　20 000
　　　长期借款——应计利息　　　　　　　　　　　　　　　　460 000
　　　长期借款——本金　　　　　　　　　　　　　　　　　4 000 000
　　贷：银行存款　　　　　　　　　　　　　　　　　　　　　4 480 000

　　长期借款业务与短期借款业务的会计处理方式有何不同？

项目三　应付债券的核算

　　相关知识

　　应付债券是指企业为筹集长期资金而发行的债券。债券发行有面值发行、溢价发行和

折价发行三种情况。

投资者可以根据其手中持有的债券在一定的时间按规定的利率向筹集企业收取利息和收回本金。企业发行的超过一年以上的债券，构成一项非流动负债。

（一）应付债券与长期借款的区别

应付债券和长期借款同属于非流动负债，但也有区别，主要表现在：

1. 负债对象不同。应付债券负债对象是公众，长期借款负债对象是银行或其他金融机构。

2. 资信了解程度不同。债权人一般对举借方的偿债能力不太了解。债券发行企业必须有某个金融机构作担保，而银行和金融机构偿债能力较强，受到社会公众认可。

（二）债券与股票的区别

债券与股票都是企业发行的证书，但也有很大区别，主要表现在：

1. 性质不同。债券是一种债权证书。购买债券就等于为发行企业提供了债务，成为债权人，而企业承担了债务，成为债务人。股票是一种所有权证书，购买股票等于购买了企业的一部分产权，是企业资产的所有者，股票反映股票持有者与出售者之间产权之间的经济关系。

2. 权力不同。债券持有者是债权人，不是股东，无权参与企业经营管理活动。股票持有者是股东，享有股东权力，有权参与企业事务。

3. 期限不同。债券有一定的偿还期限，到期要还本付息。而股票在企业经营过程中是不退股的。

4. 风险不同。投资债券风险小，预期收益相对稳定，但债权人只能获得固定数额的本息；无权取得超额利润。投资股票风险大，预期收益不稳定。股东的收益随着企业的经济状况好坏波动，可以取得超额利润。

（三）债券的发行价格

债券的发行价格是企业在发行债券时向购买人收取的价款。债券发行价格的形式主要由债券的票面利率和市场利率之间的关系决定。

名义利率是指企业债券的票面利率，是企业应付债券持有人利息的年利率。实际利率是指债券发行时在金融市场上通行的利率，亦称市场利率。通常，当企业确定的票面利率与市场利率一致时，债券的发行价格等于面值，这时称为平价发行或面值发行。当票面利率高于市场利率时，债券的发行价格高于面值，称之为溢价发行。溢价是企业以后各期多付利息而事先得到的补偿。当票面利率低于市场利率时，企业按低于面值的价格发行，称为折价发行。折价是企业以后各期少付利息而预先给投资者的补偿。溢价或折价是发行债券企业在债券存续期内对利息费用的一种调整。

企业发行债券时，如果发行费用大于发行期间冻结资金所产生的利息收入，按发行费用减去发行期间冻结资金所产生的利息收入的差额，根据发行债券所筹集资金的用途，分别计入财务费用或相关资产成本。如果发行费用小于发行期间冻结资金所产生的利息收入，按发行期间冻结资金所产生的利息收入减去发行费用的差额，视同发行债券的溢价收入，在债券存续期间于计提利息时摊销，分别计入财务费用或相关资产成本。

工作任务

应付债券的会计处理

（一）科目设置

1.“应付债券——面值”：该科目属于负债类科目。企业发行一般公司债券按面值记入“应付债券”的“面值”明细科目借方；到期偿还本息时从贷方转出。

2.“应付债券——利息调整”：该科目属于负债类科目。企业溢价发行时，实际收到的款项与面值的差额记入该明细科目的贷方；企业折价发行时，实际收到的款项与面值的差额记入该明细科目的借方；到期偿还本息时从反方向转出。

3.“应付债券——应计利息”：该科目属于负债类科目。贷方登记预提的一次还本付息债券的利息；借方登记到期偿还的一次还本付息债券的利息。

（二）账务处理

1. 债券按面值发行业务

企业按面值发行债券时，应按实际收到的金额，借记“银行存款”等科目，按债券票面金额，贷记“应付债券——面值”科目。

对于按面值发行的债券，在每期采用票面利率计提利息时，应当按照与长期借款相一致的原则计入有关成本费用，借记“在建工程”“制造费用”“财务费用”“研发支出”等科目；其中，对于分期付息，到期一次还本的债券，其按票面利率计算确定的应付未付利息记入“应付利息”科目；对于一次还本付息的债券，其按票面利率计算确定的应付未付利息记入“应付债券——应计利息”科目。

应付债券到期，企业支付债券本息时，借记“应付债券——面值”和“应付债券——应计利息”“应付利息”等科目，贷记“银行存款”等科目。

【任务 10-5】 取得债券按面值发行款项业务

※**工作资料**

北京华雄机床有限公司于 2012 年 7 月 1 日发行三年期、到期一次还本付息、年利率6%（不计复利）、发行面值总额为 40 000 000 元的债券。按面值发行。

※**工作行动**

（1）取得企业发行债券申请书和进账单，对其进行审核，核对金额大小写是否正确。

（2）依据审核无误的原始凭证编制记账凭证。根据进账单的内容得知此凭证是债券购买单位把债券购买款项转入企业债券发行科目的一张凭证。依据进账单借记“银行存款”，金额是 4 000 万元。依据债券发行申请书人民银行审批栏的内容贷记“应付债券——面值”，金额是面值 4 000 万元。

（3）依据编制好的记账凭证，出纳登记"银行存款日记账"，会计登记"应付债券——面值"明细账。

※**工作成果**

借：银行存款　　　　　　　　　　　　　　　　　　　　　　　40 000 000
　贷：应付债券——面值　　　　　　　　　　　　　　　　　　　40 000 000

【任务 10-6】 按面值发行的债券计提支付利息业务（一次还本付息）

※**工作资料**

续【任务 10-5】，至 2012 年 7 月 31 日工程尚未完工，计提 7 月份长期债券利息。

※**工作行动**

（1）7 月末预提本月应付债券利息，依据债券申请书和进账单编制债券利息计算表。

月利息额=40 000 000×6%÷12=200 000（元）

表 10-3

应付债券利息计算表

2012 年 7 月 31 日

计息期间	债券摊余成本	年利率	计息金额
7 月 1 日—7 月 31 日	40 000 000	6.00%	200 000

（2）依据审核无误的债券利息计算表编制记账凭证。债券利息是因为构建固定资产发生的，而且 7 月末固定资产未完工，债券利息应计入在建工程成本，企业按月预提时，借记"在建工程"科目，贷记"应付债券——应计利息"科目，金额依据应付债券利息计算表"计息金额"栏的"200 000.00"填写。

（3）依据编制好的记账凭证，会计登记"在建工程"和"应付债券——应计利息"明细账。

※**工作成果**

借：在建工程　　　　　　　　　　　　　　　　　　　　　　　　200 000
　贷：应付债券——应计利息　　　　　　　　　　　　　　　　　　200 000

【任务 10-7】 按面值发行的债券到期归还业务（一次还本付息）

※**工作资料**

续【任务 10-5】和【任务 10-6】，至 2015 年 7 月 1 日债券到期，北京华雄机床有限公司偿还本金和利息。

※**工作行动**

（1）开出转账支票偿还债券本金和利息，核对还款金额与债券申请书、利息计算表是否相符。

（2）依据编制好的记账凭证，会计登记 "应付债券——面值"和"应付债券——应计利息"明细账，出纳登记"银行存款日记账"。

※工作成果

借：应付债券——应计利息		7 200 000
应付债券——面值		40 000 000
贷：银行存款		47 200 000

2. 溢价发行债券业务

企业溢价发行债券时，应按实际收到的金额，借记"银行存款"等科目，按债券票面金额，贷记"应付债券——面值"科目；存在差额的，还应贷记"应付债券——利息调整"科目。

债券利息应在债券存续期间采用实际利率法进行摊销。实际利率法，是指按照应付债券的实际利率计算其摊余成本及各期利息费用的方法；实际利率，是指将应付债券在债券存续期间的未来现金流量，折现为该债券当前账面价值所使用的利率。

资产负债表日，对于分期付息、一次还本的债券，企业应按应付债券的摊余成本和实际利率计算确定的债券利息费用，借记"在建工程""制造费用""财务费用"等科目，按票面利率计算确定的应付未付利息，贷记"应付利息"科目，按其差额，借记或贷记"应付债券——利息调整"科目。对于一次还本付息的债券，应于资产负债表日按摊余成本和实际利率计算确定的债券利息费用，借记"在建工程""制造费用""财务费用"等科目，按票面利率计算确定的应付未付利息，贷记"应付债券——应计利息"科目，按其差额，借记或贷记"应付债券——利息调整"科目。

应付债券按实际利率（实际利率与票面利率差异较小时也可按票面利率）计算确定的利息费用，应按照与长期借款相一致的原则计入有关成本、费用。

【任务 10-8】 取得债券按溢价发行款项业务

※工作资料

2012 年 12 月 31 日，北京华雄机床有限公司经批准发行 5 年期一次还本，分期付息付息的公司债券 10 000 000 元，票面利率 6%。发行时的市场利率为 5%。

※工作行动

（1）取得债券发行申请书和进账单，对其进行审核，核对金额大小写是否正确。

（2）依据审核无误的原始凭证编制记账凭证。根据进账单的内容得知此凭证是债券购买单位把债券购买款项转入企业债券发行科目的一张凭证。依据进账单借记"银行存款"，金额是 10 432 700 元，依据债券发行申请书人民银行审批栏的内容贷记"应付债券——面值"，金额是面值 1 000 万元，贷记"应付债券——利息调整"，金额是债券发行溢价 432 700 元。

（3）依据编制好的记账凭证，出纳登记"银行存款日记账"，会计登记"应付债券——面值""应付债券——利息调整"明细账。

※工作成果

借：银行存款　　　　　　　　　　　　　　　　　　　　　　　10 432 700

　　贷：应付债券——面值　　　　　　　　　　　　　　　　　　10 000 000

　　　　应付债券——利息调整　　　　　　　　　　　　　　　　　432 700

【任务 10-9】　按溢价发行的债券计提支付利息业务（分期付息，一次还本）

※工作资料

续【任务 10-8】，2013 年 12 月 31 日，计提债券利息。

※工作行动

（1）编制债券利息计算表。

此债券为一次还本，分期付息债券，假设 I 为发行时的实际利率，则有：

发行价格=面值×（P/F,I,5）+面值×票面利率×期限×（P/A,I,5）

10 432 700=10 000 000×（P/F,I,5）+10 000 000×6%×（P/A,I,5）

查复利现值系数表得：I=5%

表 10-4

应付债券利息计算表

2013 年 12 月 31 日

计息日期	应支付利息	实际利息费用	摊销的利息调整	债券摊余成本
	①=面值×票面利率	②=上期④×实际利率	③=①-②	④=上期④-③
2012 年 12 月 31 日				10 432 700
2013 年 12 月 31 日	600 000	521 635	78 365	10 354 335
2014 年 12 月 31 日	600 000	517 716.75	82 283.25	10 272 051.75
2015 年 12 月 31 日	600 000	513 602.59	86 397.41	10 185 654.34
2016 年 12 月 31 日	600 000	509 282.72	90 717.28	10 094 937.06
2017 年 12 月 31 日	600 000	505 062.94*	94 937.06	10 000 000

*为尾数调整

（2）依据审核无误的债券利息计算表编制记账凭证。债券利息是因为补充流动资金发生的，属于筹资费用，债券利息应计入财务费用，企业按年预提时，借记"财务费用"科目，金额按"实际利息费用"栏金额填列；贷记"应付利息"科目，金额按"应支付利息"栏金额填列；按差额计入"应付债券——利息调整"，即依据应付债券利息计算表"摊销的利息调整"栏的金额填写。

（3）依据编制好的记账凭证，会计登记"财务费用""应付债券——利息调整"和"应付利息"明细账。

※工作成果

（1）2013 年 12 月 31 日计算利息费用：

借：财务费用　　　　　　　　　　　　　　　　　　　　　　　521 635

　　　　应付债券——利息调整　　　　　　　　　　　　　　　78 365
　　贷：应付利息　　　　　　　　　　　　　　　　　　　　　　　600 000
（2）支付利息时：
借：应付利息　　　　　　　　　　　　　　　　　　　　　　　60 000
　　贷：银行存款　　　　　　　　　　　　　　　　　　　　　　 60 000
2014、2015、2016 年确认及支付利息费用的会计处理同 2013 年。

【任务 10-10】　溢价发行的债券到期偿还业务

※工作资料

续【任务 10-8】和【任务 10-9】，2017 年 12 月 31 日，企业归还债券本金和最后一期利息费用。

※工作行动

（1）开出转账支票偿还债券本金和最后一期利息，核对还款金额与债券申请书、利息计算表是否相符。

（2）依据审核无误的转账支票存根和债券利息计算表编制记账凭证。依据【任务 10-9】中应付债券利息计算表，2017 年 12 月 31 日 "应付债券——利息调整" 科目得余额为：

432 700－（78 365+82 283.25+86 397.41+90 717.28）=94 937.06（元）

借记 "应付债券——利息调整"，金额 94 937.06 元；依据债券利息计算表，借记 "财务费用" 505 062.94 元；依据债券申请书，借记 "应付债券——面值"，金额 10 000 000 元；依据转账支票存根 "金额" 栏贷记 "银行存款"，金额 10 600 000 元。

（3）依据编制好的记账凭证，会计登记 "财务费用" "应付债券——利息调整" 和 "应付债券——面值" 明细账，出纳登记 "银行存款日记账"。

※工作成果

借：财务费用　　　　　　　　　　　　　　　　　　　　　505 062.94
　　应付债券——面值　　　　　　　　　　　　　　　　　10 000 000
　　应付债券——利息调整　　　　　　　　　　　　　　　　94 937.06
　　贷：银行存款　　　　　　　　　　　　　　　　　　　 10 600 000

3. 折价发行债券业务

【任务 10-11】　按折价发行的债券收到款项业务（一次还本，分期付息）

※工作资料

2012 年 12 月 31 日，北京华雄机床有限公司经批准发行 3 年期一次还本，分期付息的公司债券 400 000 元，票面利率 6%。发行时的市场利率为 7%。

※工作行动

（1）取得债券发行申请书和进账单，对其进行审核，核对金额大小写是否正确。

（2）发行价格 =400 000×（P/F,7%,3）+400 000×6%×（P/A,7%,3）
　　　　　　 =326 520+62 983.2
　　　　　　 =389 503.2（元）

依据审核无误的原始凭证编制记账凭证。根据进账单的内容得知此凭证是债券购买单位把债券购买款项转入企业债券发行科目的一张凭证。依据进账单借记"银行存款"，金额是 389 503.2 元，依据债券发行申请书人民银行审批栏的内容贷记"应付债券——面值"，金额是面值 40 万元，借记"应付债券——利息调整"，金额是债券发行折价 10 496.8 元。

（3）依据编制好的记账凭证，出纳登记"银行存款日记账"，会计登记"应付债券——面值""应付债券——利息调整"明细账。

※工作成果

借：银行存款	389 503.2
应付债券——利息调整	10 496.8
贷：应付债券——面值	400 000

【任务 10-12】 按折价发行的债券计提利息业务（一次还本，分期付息）

※工作资料

续【任务 10-11】，2013 年 12 月 31 日，计提债券利息。

※工作行动

（1）编制债券利息计算表。

表 10-5

应付债券利息计算表

2013 年 12 月 31 日

计息日期	应支付利息	实际利息费用	摊销的利息调整	债券摊余成本
	①=面值×票面利率	②=上期④×实际利率	③=②-①	④=上期④+③
2012 年 12 月 31 日				389 503.2
2013 年 12 月 31 日	24 000	27 265.2	3 265.2	392 768.4
2014 年 12 月 31 日	24 000	27 493.8	3 493.8	396 262.2
2015 年 12 月 31 日	24 000	27 737.8	3 737.8	400 000

（2）依据审核无误的债券利息计算表编制记账凭证。债券利息是因为补充流动资金发生的，属于筹资费用，债券利息应计入财务费用，企业按年预提时，借记"财务费用"科目，金额按"实际利息费用"栏金额填列；贷记"应付利息"科目，金额按"应支付利息"栏金额填列；按差额计入"应付债券——利息调整"，即依据应付债券利息计算表"摊销的利息调整"栏的金额填写。

（3）依据编制好的记账凭证，会计登记"财务费用""应付债券——利息调整"和"应付利息"明细账。

※工作成果

2013 年 12 月 31 日计算利息费用：

借：财务费用	27 265.2
贷：应付利息	24 000
应付债券——利息调整	3 265.2

支付利息时：

借：应付利息　　　　　　　　　　　　　　　　　　　　　　　　24 000

　贷：银行存款　　　　　　　　　　　　　　　　　　　　　　　　　　24 000

2014 年确认及支付利息费用的会计处理同 2013 年。

【任务 10-13】　按折价发行的债券到期偿还业务（一次还本，分期付息）

※工作资料

续【任务 10-11】和【任务 10-12】，2015 年 12 月 31 日，企业偿还债券本金和最后一年利息。

※工作行动

（1）开出转账支票偿还债券本金和最后一期利息，核对还款金额与债券申请书、利息计算表是否相符。

（2）依据审核无误的转账支票存根和债券利息计算表编制记账凭证。依据【任务 10-12】中的应付债券利息计算表，2015 年 12 月 31 日 "应付债券——利息调整" 科目的余额为：

10 496.8－（3 265.2+3 493.8）=3 737.8（元）

贷记 "应付债券——利息调整"，金额 3 737.8 元；依据债券利息计算表，借记 "财务费用"；依据债券申请书，借记 "应付债券——面值"，金额 400 000 元；依据转账支票存根 "金额" 栏贷记 "银行存款"，金额 424 000 元。

（3）依据编制好的记账凭证，会计登记 "财务费用" "应付债券——利息调整" 和 "应付债券——面值" 明细账，出纳登记 "银行存款日记账"。

※工作成果

借：财务费用　　　　　　　　　　　　　　　　　　　　　　　　27 737.8

　　应付债券——面值　　　　　　　　　　　　　　　　　　　　400 000

　贷：银行存款　　　　　　　　　　　　　　　　　　　　　　　　　424 000

　　　应付债券——利息调整　　　　　　　　　　　　　　　　　　　　3 737.8

 长期借款与应付债券有什么区别？

项目四　长期应付款的核算

相关知识

长期应付款，是指企业除长期借款和应付债券以外的其他各种长期应付款项，包括应付融资租入固定资产的租赁费及分期付款方式购入固定资产发生的应付款项等。

工作任务

长期应付款的会计处理

企业应设置"长期应付款"科目，用以核算企业融资租入固定资产和以分期付款方式购入固定资产时应付的款项及偿还情况。该科目可以按长期应付款的种类和债权人进行明细核算。

（一）应付融资租赁款

应付融资租赁款，是指企业融资租入固定资产而发生的应付款，是在租赁开始日承租人应向出租人支付的最低租赁付款额。

企业采用融资租赁方式租入的固定资产，应按最低租赁付款额，确认长期应付款。

在租赁期开始日，承租人会计分录为：

借：固定资产（或在建工程）（租赁资产公允价值与最低租赁付款额现值两者中较低者+初始直接费用）

　　　未确认融资费用

　贷：长期应付款（最低租赁付款额）

　　　银行存款（初始直接费用）

承租人在计算最低租赁付款额的现值时，能够取得出租人租赁内含利率的，应当采用租赁内含利率作为折现率；否则，应当采用租赁合同规定的利率作为折现率。承租人无法取得出租人的租赁内含利率且租赁合同没有规定利率的，应当采用同期银行贷款利率作为折现率。

租赁内含利率，是指在租赁开始日，使最低租赁收款额的现值与未担保余值的现值之和等于租赁资产公允价值与出租人的初始直接费用之和的折现率。

未确认融资费用应当在租赁期内各个期间进行分摊。企业应当采用实际利率法计算确认当期的融资费用。

（二）具有融资性质的延期付款购买资产

企业延期付款购买资产，如果延期支付的购买价款超过正常信用条件，实质上具有融资性质的，所购资产的成本应当以延期支付购买价款的现值为基础确定。实际支付的价款与购买价款的现值之间的差额，应当在信用期间采用实际利率法进行摊销，计入相关资产成本或当期损益。

具体来说，企业购入资产超过正常信用条件延期付款实质上具有融资性质时，应按购买价款的限制，借记"固定资产""在建工程"等科目，按应支付的价款总额，贷记"长期应付款"科目，按其差额，借记"未确认融资费用"科目。

 未确认融资费用的含义是什么？应如何进行会计处理？

单元十一 所有者权益

学习目标

● **知识目标**

掌握实收资本、留存收益的核算

掌握资本公积的来源及核算

熟悉利润分配的内容

熟悉盈余公积和未分配利润的概念及内容

● **能力目标**

能正确确认实收资本和资本公积的内容，并且能够进行相关的账务处理

能够对留存收益的形成与使用进行正确的会计处理

企业的所有者权益主要包括实收资本、资本公积、盈余公积和未分配利润四部分内容，其中，盈余公积和未分配利润统称为留存收益。

项目一 所有者权益认知

一、所有者权益的概念及特点

所有者权益是指企业资产扣除负债后，由所有者享有的剩余权益。公司的所有者权益又称为股东权益。

所有者权益的金额是资产减去负债后的余额，所以所有者权益的金额取决于资产和负债的计量。

企业的权益包括所有者权益和债权人权益两部分，二者都是企业资产的来源。与债权人的权益相比，所有者权益具有如下特征：

1. 企业的所有者可以参与企业的经营管理，债权人没有企业的经营管理权；

2. 企业的所有者根据出资额的比例，可以参与企业的利润分配，债权人不享有参与利润分配的权利；

3. 投资者投入到企业的资本，在企业持续经营期间，除依法转让外，不得以任何形式收回，债权人借给企业的资金可以到期收回本金和利息；

4. 企业在破产清算的情况下，应当优先偿还负债，如有剩余资产，才能在投资人之间按出资比例进行分配。

二、所有者权益的构成

所有者权益包括实收资本、资本公积、盈余公积和未分配利润等四部分，其中，盈余公积和未分配利润又称为留存收益。

所有者权益的来源包括所有者投入的资本、直接计入所有者权益的利得和损失、留存收益等。

利得是指由企业非日常活动所形成的、会导致所有者权益增加的、与所有者投入资本无关的经济利益的流入。

损失是指由企业非日常活动所发生的、会导致所有者权益减少的、与向所有者分配利润无关的经济利益的流出。

直接计入所有者权益的利得和损失，是指不应计入当期损益、会导致所有者权益发生增减变动的、与所有者投入资本或者向所有者分配利润无关的利得或者损失。

 所有者权益与债权人权益有哪些区别？所有者权益的主要有哪些？

项目二　实收资本的核算

相关知识

（一）实收资本的概念

实收资本是指企业按照章程规定或合同、协议约定，接受投资者投入企业的资本。根据我国《企业法人登记管理条例》的有关规定，企业投资者设立企业必须首先投入资本，必须具备国家规定的与其生产经营和服务管理规模相适应的资金。

实收资本的构成比例，即投资者的出资比例或股东的股权比例，是确定所有者在企业所有者权益中份额的基础，也是企业进行利润或股利分配的主要依据。

（二）实收资本的有关法律规定

我国《公司法》规定，股东可以用货币出资，也可以用实物、知识产权、土地使用权等可以用货币估价并可以依法转让的非货币财产作价出资；但是法律、行政法规规定不得作为出资的财产除外。对作为出资的非货币财产，应当评估作价。核实财产，不得高估或者低估作价。全体股东的货币出资金额不得低于有限责任公司注册资本的 30%。不论以何种方式出资，投资者如在投资过程中违反投资合同或协议约定，不按规定如期缴足出资额，企业可以依法追究投资者的违约责任。

👍 **注意：**企业的实收资本应当与注册资本相一致。当实收资本比注册资本增加或减少的幅度超过 20% 时，企业应持相关文件，到原主管机关申请变更登记。擅自改变注册资金或抽逃资金的，要受到工商行政管理部门的处罚。

工作任务

实收资本的会计处理

（一）科目设置

1. "实收资本"科目

为了反映和监督投资者投入资本的增减变化情况，企业应该设置"实收资本"科目。该科目属于所有者权益类科目，贷方登记实收资本增加的金额，借方登记实收资本减少的金额，余额在贷方，反映企业实收资本的总额。"实收资本"科目应当按投资者设置相应的明细科目，进行明细分类核算。

2. "股本"科目

股份有限公司应当设置"股本"科目，核算股份有限公司核定的股本总额及在核定的股份总额范围内实际发行股票的面值。该科目属于所有者权益类科目，贷方登记公司在核定的范围内实际发行股票的面值，借方登记公司按法定程序经批准，减少的股本数额，余额在贷方，反映公司的股本总额。

（二）账务处理

企业接受投资者投入资本时，应根据有关投资证明，分别不同的投资方式进行相应的会计处理。

1. 接受现金资产直接投资

企业收到投资者投入的货币资金时，按实际收到的金额，借记"库存现金"或"银行存款"科目，按投资人在注册资本中所占的份额，贷记"实收资本"科目，超出部分计入"资本公积"科目。

【任务 11-1】 接受现金资产投资业务

※工作资料

2012 年 1 月 10 日丽人服装公司注册资本为 800 000 元，由两位股东组成，其中宏达有限责任公司占 60% 的股份，伟业有限责任公司占 40% 的股份。公司收到两位股东一次缴足的注册资本 800 000 元。

※**工作行动**

（1）根据投资协议，审核投资者的出资数额与投资协议是否相符。

（2）根据审核无误的原始凭证编制记账凭证：根据银行进账单借记"银行存款"，根据投资协议贷记"实收资本"，金额根据进账单和投资协议确定的金额填写。

（3）根据编制好的记账凭证，出纳登记"银行存款日记账"，会计登记"实收资本"明细账。

※**工作成果**

借：银行存款　　　　　　　　　　　　　　　　　　　　　800 000
　　贷：实收资本——宏达有限责任公司　　　　　　　　　480 000
　　　　　　　　　——伟业有限责任公司　　　　　　　　320 000

2. 接受非现金资产投资

企业接受投资者投入的非现金资产，应该按照投资合同或协议约定的价值确定投入的非现金资产的初始计量金额，但合同或协议约定价值不公允的除外。

【任务 11-2】　接受固定资产投资业务

※**工作资料**

2012 年 3 月 10 日，青山科技有限公司接受威尔有限责任公司作为资本投入的设备一台，双方协商确认的价值为 500 000 元，与其公允价值相符。该设备不需安装，不考虑其他因素。

※**工作行动**

（1）对接受投资者投入的固定资产的公允价值进行评估，审核投资协议确认的价值与公允价值是否相符，审核固定资产的相关发票。

（2）根据投资协议和相关原始凭证，确定固定资产的入账价值。

（3）查验接受的实物资产，办理固定资产的接收登记手续。

（4）根据审核无误的原始凭证编制记账凭证：借记"固定资产"，贷记"实收资本"，金额按投资协议确认的价值填写。

（5）根据编制好的记账凭证，会计登记"固定资产"和"实收资本"明细账。

※**工作成果**

借：固定资产　　　　　　　　　　　　　　　　　　　　500 000
　　贷：实收资本　　　　　　　　　　　　　　　　　　500 000

【任务 11-3】　接受存货投资业务

※**工作资料**

2012 年 3 月 15 日，青山科技有限公司接受北京宏昌科技有限作为资本投入的原材料一批，双方协商确认的价值为 300 000 元，与其公允价值相符。经税务部门批准，该批材料可以抵扣的增值税为 51 000 元。

※工作行动

（1）对投资者投入原材料的公允价值进行评估，审核投资协议确认的价值与公允价值是否相符，审核原材料的相关发票。

（2）根据投资协议和相关原始凭证，确定原材料的入账价值。

（3）查验接受的实物资产，办理原材料的入库手续。

（4）根据审核无误的原始凭证编制记账凭证：借记"原材料""应交税费——应交增值税（进项税额）"，贷记"实收资本"，"原材料"的金额按投资协议确认的金额填写，"应交税费"按税务机关允许抵扣的金额填写，"实收资本"按"原材料"与"应交税费"的合计金额填写。

（5）根据编制好的记账凭证，会计登记"原材料""应交税费——应交增值税（进项税额）"以及"实收资本"明细账。

※工作成果

借：原材料   300 000

　　应交税费——应交增值税（进项税额）   51 000

　　贷：实收资本   351 000

【任务 11-4】 接受无形资产投资

※工作资料

2012 年 3 月 31 日，青山科技有限公司接受北京伟创有限公司作为资本投入的一项专利技术，双方协商确认的价值为 200 000 元，与其公允价值相符。

※工作行动

（1）对投入资产的公允价值进行评估，审核投资协议确认的价值与公允价值是否相符，确定无形资产的入账价值。

（2）办理无形资产的接收手续。

（3）根据审核无误的原始凭证编制记账凭证：借记"无形资产"，贷记"实收资本"，金额按投资协议确认的价值填写。

（4）根据编制好的记账凭证，会计登记"无形资产"以及"实收资本"明细账。

※工作成果

借：无形资产   200 000

　　贷：实收资本   200 000

3. 发行股票筹集资金

企业发行股票时，所产生的相关费用如发行佣金、相关税费的处理：如果股票是溢价发行，在发行收入中直接扣除；如果溢价部分不足支付或按面值发行，首先冲减"资本公积——股本溢价"科目，剩余不足部分依次冲减"盈余公积"和"利润分配——未分配利润"科目的金额。

【任务 11-5】 发行股票筹集资金业务

※工作资料

威力股份有限公司 2011 年 1 月 10 日发行普通股 5 000 000 股，每股面值 1 元。每股发行价格为 4 元，按发行收入的 1%向证券公司支付发行费用。股票全部发行完毕，款项已划入威力股份有限公司银行存款账户，发行费用已从发行收入中扣除。

※工作行动

（1）与证券公司核对发行价格与发行费用。

（2）登记实际发行普通股股数。

（3）计算发行股票实际收款金额与"股本"科目记账金额的差额。

（4）根据审核无误的原始凭证编制记账凭证：借记"银行存款"，金额依据银行进账单的金额填写；贷记"股本"，金额依据实际发行股票的股数及每股面值计算填写；贷记"资本公积——股本溢价"，金额依据实际发行所得款项与"股本"科目记账金额的差额计算填写。

（5）根据编制好的记账凭证，出纳登记"银行存款日记账"，会计登记 "股本"以及"资本公积——股本溢价"明细账。

※工作成果

借：银行存款   19 800 000

   贷：股本   5 000 000

        资本公积——股本溢价   14 800 000

【任务 11-6】 计算应支付的现金股利业务

※工作资料

威力股份有限公司 2012 年 5 月 10 日宣告发放 2011 年的现金股利，每 10 股分配现金股利 0.2 元。该公司普通股股数共计 5 000 000 股。

表 11-1

现金股利计算表

2012 年 5 月 10 日

股东	每股股利	持有股份的数量	分配的金额
天利集团	0.02	3 000 000 股	60 000
明光公司	0.02	1 000 000 股	20 000
李伟	0.02	1 000 000 股	20 000
合　计		5 000 000 股	100 000

主管：李莉　　审核：　　　制单：刘宁

※工作行动

（1）根据上年度实现的净利润，计算应该分配的现金股利。

（2）根据股东大会的决议，确认应该分配的现金股利数额，并编制应付现金股利计算表。

（3）根据审核无误的原始凭证编制记账凭证：借记"利润分配——应付现金股利"，贷记"应付股利"，金额依据现金股利计算表金额填写。

（4）根据编制好的记账凭证，会计登记"利润分配——应付现金股利"以及"应付股利"明细账。

※**工作成果**

借：利润分配——应付现金股利　　　　　　　　　　　　　　　　100 000
　　贷：应付股利——天利集团　　　　　　　　　　　　　　　　　60 000
　　　　　　　　——明光公司　　　　　　　　　　　　　　　　　20 000
　　　　　　　　——李伟　　　　　　　　　　　　　　　　　　　20 000

【任务 11-7】 实际发放现金股利业务

※**工作资料**

威力股份有限公司 2012 年 6 月 10 日实际支付现金股利共计 100 000 元。

※**工作行动**

（1）核对应付现金股利数额。

（2）签发转账支票，实际支付现金股利。

（3）根据审核无误的原始凭证编制记账凭证：借记"应付股利"，贷记"银行存款"，金额依据支票存根金额填写。

（4）根据编制好的记账凭证，出纳登记"银行存款日记账"，会计登记 "应付股利"明细账。

※**工作成果**

借：应付股利——天利集团　　　　　　　　　　　　　　　　　　60 000
　　　　　　——明光公司　　　　　　　　　　　　　　　　　　20 000
　　　　　　——李伟　　　　　　　　　　　　　　　　　　　　20 000
　　贷：银行存款　　　　　　　　　　　　　　　　　　　　　　100 000

4. 实收资本或股本变动

企业资本除符合增资条件和按法律程序批准减少注册资本外，不得随意变动。

（1）实收资本增加

① 企业按规定接受投资者追加投资。其核算原则与投资者初次投入时一样。应根据有关原始凭证，借记"银行存款"或"固定资产""无形资产"等科目，贷记"实收资本"或"股本"科目。

② 企业采用资本公积或盈余公积转增资本。应按转增的资本金额，确认实收资本或股本。用资本公积转增资本时，借记"资本公积——资本溢价或股本溢价"科目，贷记"实收资本"或"股本"科目；用盈余公积转增资本时，借记"盈余公积"科目，贷记"实收资本"或"股本"科目；用资本公积或盈余公积转增资本时，应按原投资者各自出资比例，计算确定各投资者相应增加的出资额。

（2）实收资本减少

① 一般企业减少注册资本。需按法定程序经批准后才可以减少注册资本。按批准的减少注册资本的金额，借记"实收资本"，贷记"银行存款"等科目。

② 股份有限公司采用收购本公司股票方式减少资本。应按股票面值和注销股数计算的股票面值总额，借记"股本"科目，按注销库存股的账面余额，贷记"库存股"科目，按其差额，借记"资本公积——股本溢价"科目。股本溢价不足冲减的应借记"盈余公积""利润分配——未分配利润"科目。如果购回股票支付的价款低于面值总额，应按股票面值总额，借记"股本"科目，按所注销的库存股账面余额，贷记"库存股"科目，按其差额贷记"资本公积——股本溢价"科目。

【任务 11-8】 股份公司回购本公司股票业务

※工作资料

宏远股份有限公司 2012 年 12 月 31 日的股本总数为 5 000 000 股，每股面值 1 元。经股东大会批准，甲公司决定以现金回购本公司股票 1 000 000 股并注销，回购价为每股 3 元。回购时，该公司"资本公积——股本溢价"科目余额为贷方余额 2 000 000 元，"盈余公积"科目为贷方余额 4 000 000 元，不考虑其他因素。

※工作行动

（1）根据董事会决议公告，审核股票回购数量及回购价格。

（2）登记减少的普通股股数。

（3）计算回购股票需要实际支付的金额；计算"股本"与"库存股"科目的差额。

（4）根据审核无误的原始凭证编制记账凭证：

① 回购时：借记"库存股"，贷记"银行存款"，金额依据实际支付的回购价款填写。

② 注销本公司股票时，借记"股本"，金额依据实际减少股票的股数及每股面值计算填写；借记"资本公积——股本溢价"，金额依据"股本"与"库存股"科目的差额计算填写；贷记"库存股"。

（5）根据编制好的记账凭证，出纳登记"银行存款日记账"，会计登记"库存股""股本"以及"资本公积——股本溢价"明细账。

※工作成果

（1）回购本公司股票时

借：库存股	3 000 000
贷：银行存款	3 000 000

（2）注销本公司股票时

借：股本	1 000 000
资本公积——股本溢价	2 000 000
贷：库存股	3 000 000

【任务 11-9】　股份公司回购本公司股票业务

※**工作资料**

根据【任务 11-8】的资料，如果宏远股份有限公司以每股 4 元的价格回购本公司股票，其他资料不变。

※**工作行动**

（1）根据董事会决议公告，审核股票回购数量及回购价格。

（2）登记减少的普通股股数。

（3）计算回购股票需要实际支付的金额；计算"股本"与"库存股"科目的差额。

（4）根据审核无误的原始凭证编制记账凭证：

① 回购时：借记"库存股"，贷记"银行存款"，金额依据实际支付的回购价款填写。

② 注销本公司股票时，借记"股本"，金额依据实际减少股票的股数及每股面值计算填写；借记"资本公积——股本溢价"，金额依据该科目的实际余额填写；借记"盈余公积"，金额为"库存股"科目与"股本"和"资本公积"科目的差额计算填写；贷记"库存股"。

（5）根据编制好的记账凭证，出纳登记"银行存款日记账"，会计登记"库存股""股本""资本公积——股本溢价"和"盈余公积"明细账。

※**工作成果**

（1）回购本公司股票时

借：库存股 　　　　　　　　　　　　　　　　　　　4 000 000

　　贷：银行存款 　　　　　　　　　　　　　　　　　　4 000 000

（2）注销本公司股票时

借：股本 　　　　　　　　　　　　　　　　　　　　1 000 000

　　资本公积——股本溢价 　　　　　　　　　　　　　2 000 000

　　盈余公积 　　　　　　　　　　　　　　　　　　　1 000 000

　　贷：库存股 　　　　　　　　　　　　　　　　　　4 000 000

【任务 11-10】　股份公司回购本公司股票业务

※**工作资料**

根据【任务 11-8】的资料，如果宏远股份有限公司以每股 0.85 元的价格回购本公司股票，其他资料不变。

※**工作行动**

（1）根据董事会决议公告，审核股票回购数量及回购价格。

（2）登记减少的普通股股数。

（3）计算回购股票需要实际支付的金额；计算"股本"与"库存股"科目的差额。

（4）根据审核无误的原始凭证编制记账凭证：

① 回购时：借记"库存股"，贷记"银行存款"，金额依据实际支付的回购价款填写。

② 注销本公司股票时，借记"股本"，金额依据实际减少股票的股数及每股面值计算填写，贷记"资本公积——股本溢价"，金额依据"股本"与"库存股"科目的差额计算填

写；贷记"库存股"。

（5）根据编制好的记账凭证，出纳登记"银行存款日记账"，会计登记 "库存股""股本"以及"资本公积——股本溢价"明细账。

※工作成果

（1）回购本公司股票时

借：库存股 850 000

　　贷：银行存款 850 000

（2）注销本公司股票时

借：股本 1 000 000

　　贷：库存股 850 000

　　　　资本公积——股本溢价 150 000

项目三　资本公积的核算

相关知识

（一）资本公积的来源

资本公积是企业收到投资者出资额超出其在注册资本或股本中所占份额的部分，以及直接计入所有者权益的利得和损失等。资本公积包括资本溢价或股本溢价和直接计入所有者权益的利得和损失等。

资本公积与实收资本和股本一样，都是投资者对企业的投入资本，形成资本溢价或股本溢价的原因是投资者超额缴入资本或企业溢价发行股票等。这部分投入资本超出企业注册资本的金额，不能计入"实收资本"或"股本"科目。另外资本公积还包括直接计入所有者权益的利得和损失等。

资本公积是可以看成企业的一种储备资本，可以按法定程序转增注册资本。

（二）资本公积与实收资本或股本的区别

资本公积与实收资本或股本的区别主要表现在以下几个方面：

1. 来源和性质不同

实收资本或股本是指投资者按照企业章程或合同、协议的约定，实际投入企业并依法进行注册的资本，它体现了企业所有者对企业的基本产权关系。资本公积是投资者的出资中超出其在注册资本中所占份额的部分，以及直接计入所有者权益的利得和损失，它不直接表明所有者对企业的基本产权关系。

2. 用途不同

实收资本或股本的构成比例是确定所有者参与企业财务经营决策的基础，也是企业进行利润分配或股利分配的依据，同时还是企业清算时确定所有者对净资产的要求权的依据。

资本公积的用途主要是用来转增资本或股本，资本公积不体现各所有者的占有比例也不能作为所有者参与企业财务经营决策或进行利润分配或股利分配的依据。

（三）资本公积与留存收益的区别

留存收益是企业从历年实现的利润中提取形成的留存于企业的内部积累，来源于企业生产经营活动实现的利润，所以留存收益也称为经营所得。资本公积的来源不是企业实现的利润，主要来自资本溢价或股本溢价等以及直接计入所有者权益的利得和损失等，资本公积也称为非经营所得。

工作任务

资本公积的会计处理

（一）科目设置

企业为了核算资本公积的增减变动情况，应该设置"资本公积"科目进行核算，该科目属于所有者权益类，贷方登记资本公积增加的金额，借方登记资本公积的减少金额，余额在贷方，表示资本公积的结存数额。"资本公积"科目需要设置明细科目"资本公积——资本溢价（股本溢价）""资本公积——其他资本公积"进行明细核算。

（二）账务处理

1. 资本溢价（或股本溢价）

资本溢价是投资者出资额超出其在注册资本中所占份额的部分，企业在新成立时，注册资本与实收资本一致，一般不会形成资本溢价。在企业经营一段时期后，如有新的投资者要求加入企业，为维护原有投资者的利益，一般会要求新的投资者多出资，少占份额，由此就会形成资本溢价。

【任务 11-11】 资本溢价（股本溢价）业务

※工作资料

富蓝商贸有限公司原来由王卫和李东两位股东组成，注册资本为 400 000 万元，每人出资 200 000 元。两年后，为扩大经营规模，该公司准备吸收新的投资者，注册资本增加到 600 000 元。投资者张兰愿意出资 250 000 元，占三分之一的股份。接到银行通知，张兰的投资额 250 000 元已经到账。

※工作行动

（1）根据投资协议，审核投资者的出资数额与投资协议是否相符。

（2）计算张兰的实际出资额与所占股份的差额。

（3）根据审核无误的原始凭证编制记账凭证：根据银行进账单借记"银行存款"，根据投资协议增加的注册资本金额贷记"实收资本"，张兰的实际出资额与所占股份的差额贷计

"资本公积——股本溢价"。

（4）根据编制好的记账凭证，出纳登记"银行存款日记账"，会计登记"实收资本"和"资本公积——股本溢价"明细账。

※**工作成果**

借：银行存款	250 000
贷：实收资本——张兰	200 000
资本公积——资本溢价	50 000

2．其他资本公积

其他资本公积是指企业除资本溢价或股本溢价以外所形成的资本公积，主要包括直接计入所有者权益的利得和损失。

【任务 11-12】 其他资本公积业务

※**工作资料**

宏远公司持有申达有限责任公司 30%的股权，宏远在取得股权后能对申达有限责任公司的生产经营决策施加重大影响。当期申达有限责任公司因其持有的可供出售金融资产公允价值增加，计入资本公积的金额为 600 000 元。投资时，被投资单位各项资产的公允价值与账面价值相等。不考虑其他因素的影响。

※**工作行动**

（1）取得申达有限责任公司 2011 年度财务报表，计算该公司因持有的可供出售金融资产公允价值增加，导致资本公积增加后由本公司承担的份额为 180 000 元（600 000×30%）。

（2）编制记账凭证。属于被投资单位其他所有者权益的变动，投资企业应按所持表决权资本的比例计算应分担的份额，增加长期股权投资的账面价值，并相应增加本企业的所有者权益。具体进行会计处理时：借记"长期股权投资——其他权益变动"科目，贷记"资本公积——其他资本公积"科目。

（3）根据审核无误的记账凭证，会计人员登记 "长期股权投资"明细账和"资本公积"明细账。

※**工作成果**

借：长期股权投资——其他权益变动	180 000
贷：资本公积——其他资本公积	180 000

资本公积的来源渠道有哪些？它与实收资本和盈余公积的区别是什么？

项目四　留存收益的核算

相关知识

（一）留存收益的概念

留存收益是指企业从历年实现的利润中提取或形成的、留存于企业的内部积累，包括盈余公积和未分配利润两部分。

（二）留存收益的构成

1. 盈余公积

盈余公积是指企业按照有关规定从净利润中提取的积累资金。盈余公积包括法定盈余公积和任意盈余公积两部分。法定盈余公积是指企业按照规定的比例从净利润中提取的盈余公积，任意盈余公积是指企业按照股东会或股东大会决议提取的盈余公积。

注意： 根据《公司法》的有关规定，公司制企业应当按净利润的 10% 提取法定盈余公积，法定盈余公积达到注册资本的 50% 时，可以不再提取。

企业提取的盈余公积经过批准可以用于弥补亏损，转增注册资本或派送现金股利或利润。

2. 未分配利润

未分配利润是指企业实现的净利润，经过弥补亏损、提取盈余公积和向投资者分配后留存在企业的历年结存的利润。

企业取得的利润应按如下顺序进行分配：（1）提取法定盈余公积；（2）提取任意盈余公积；（3）向投资者分配利润。

工作任务

留存收益的会计处理

（一）科目设置

1. "盈余公积"科目

企业为了核算盈余公积的增减变动情况，应该设置"盈余公积"科目进行核算，该科目属于所有者权益类，贷方登记盈余公积增加的金额，借方登记盈余公积的减少金额，余额在贷方，表示盈余公积的结存数额。

2. "利润分配"科目

企业为了核算利润的实现及分配情况，应该设置"利润分配"科目进行核算，该科目属于所有者权益类，贷方登记企业实现的净利润，借方登记进行分配的金额，期末如果是贷方余额，表示累计未分配的利润，如果是借方余额，表示累计未弥补的亏损。该科目应设置"利润分配——提取法定盈余公积""利润分配——提取任意盈余公积""利润分配——应付现金股利或利润""利润分配——盈余公积补亏"和"利润分配——未分配利润"等明细科目进行明细核算。

（二）账务处理

1. 留存收益增加

（1）盈余公积的提取。企业按规定提取盈余公积时，应进行如下会计处理：
借：利润分配——提取法定盈余公积
　　　　　　——提取任意盈余公积
　贷：盈余公积——法定盈余公积
　　　　　　——任意盈余公积
（2）未分配利润的增加。年末结转企业实现的净利润，应进行如下会计处理：
借：本年利润
　贷：利润分配——未分配利润

【任务 11-13】 提取法定盈余公积业务

※工作资料

致远股份有限公司 2012 年实现净利润 1 000 000 元，按 10%提取法定盈余公积，公司股东大会决定按净利润的 30%发放现金股利，假定不考虑其他因素。

※工作行动

（1）根据本年度实现的净利润计算应提取的盈余公积数额：1 000 000×10%=100 000（元）。

（2）根据董事会决议计算应分配的现金股利数额：1 000 000×30%=300 000（元）。

（3）编制记账凭证：

① 年末应该将本年度实现的净利润转入"利润分配——未分配利润"科目，在"利润分配"中进行各项分配事项。因为本年度该企业是盈利，所以应借记"本年利润"，贷记"利润分配——未分配利润"，转入的金额为"本年利润"科目的期末余额。

② 提取盈余公积属于利润分配的内容，应借记"利润分配——提取法定盈余公积"，贷记"盈余公积"，金额为本年度净利润的 10%，即 100 000 元。

③ 向投资者分配现金股利也属于利润分配的内容，应借记"利润分配——应付现金股利"，贷记"应付股利"，金额为 300 000 元。

④ 利润分配后，需要将所有分配的金额转入"利润分配——未分配利润"科目，以计

算企业最终剩余的未分配利润数额。结转时，借记"利润分配——未分配利润"科目，贷记"利润分配——提取法定盈余公积""利润分配——应付现金股利"科目。

（4）根据审核无误的记账凭证，会计人员登记"本年利润""盈余公积""应付利润""利润分配——未分配利润""利润分配——提取法定盈余公积""利润分配——应付现金股利"明细账。

※工作成果

（1）结转本年利润

借：本年利润 1 000 000

　　贷：利润分配——未分配利润 1 000 000

（2）提取法定盈余公积

借：利润分配——提取法定盈余公积 100 000

　　贷：盈余公积——法定盈余公积 100 000

（3）向投资者发放现金股利

借：利润分配——应付现金股利 300 000

　　贷：应付股利 300 000

（4）结转利润分配各明细科目余额

借：利润分配——未分配利润 400 000

　　贷：利润分配——提取法定盈余公积 100 000

　　　　　　　——应付现金股利 300 000

2. 留存收益使用或减少

留存收益是所有者权益的一个组成部分，包括盈余公积和未分配利润两部分。

（1）盈余公积弥补亏损

企业发生的亏损可以用以后实现的利润弥补，也可以用盈余公积弥补。如果用盈余公积弥补企业发生的亏损，企业应做如下的会计处理：

借：盈余公积

　　贷：利润分配——盈余公积补亏

（2）盈余公积转增资本

盈余公积除了可以弥补企业发生的亏损，还可以在办理增资手续后，用于转增资本。但转增资本后，留存的盈余公积不得少于注册资本的 25%。公司制企业经股东大会决议，用盈余公积转增资本时，应做如下会计处理：

借：盈余公积

　　贷：股本

（3）盈余公积发放现金股利和利润

公司制企业经股东大会决议，可以按规定用盈余公积发放现金股利和利润。股东大会做出用盈余公积发放现金股利和利润的决议时，应做如下会计处理：

借：盈余公积

　　贷：应付股利

（4）未分配利润的减少

如果企业当年发生净亏损，年末将"本年利润"科目余额转入"利润分配——未分配利润"科目时，做如下会计处理：

借：利润分配——未分配利润

　　贷：本年利润

【任务 11-14】 盈余公积转增资本业务

※工作资料

2012 年 5 月 31 日经股东大会批准，华为股份有限公司为扩大经营规模，用盈余公积转增股本 500 000 元，所有相关手续已经办妥，假定不考虑其他因素。

※工作行动

（1）审核股东大会决议及转增资本的相关文件和手续。

（2）根据审核无误的原始凭证编制记账凭证：借记"盈余公积"，贷记"股本"科目，金额为股东大会批准转增的实际金额。

（3）根据编制好的记账凭证，会计人员登记"盈余公积"和"股本"明细账。

※工作成果

借：盈余公积　　　　　　　　　　　　　　　　　　　　　　　　　500 000

　　贷：股本　　　　　　　　　　　　　　　　　　　　　　　　　　500 000

【任务 11-15】 用盈余公积派发现金股利业务

※工作资料

恒兴股份有限公司 2011 年实现净利润 800 000 元。2012 年 2 月经股东大会批准，决定派发现金股利 900 000 元，其中 800 000 元动用 2011 年实现的净利润，剩余部分动用盈余公积，假定不考虑其他因素。

※工作行动

（1）审核股东大会决议和应发现金股利金额，核实"盈余公积"科目余额。

（2）根据审核股东大会决议编制记账凭证：借记"利润分配——应付现金股利""盈余公积"，贷记"应付股利"科目，金额为股东大会批准的相关金额。

（3）根据编制好的记账凭证，会计人员登记"盈余公积""利润分配——应付现金股利"和"应付股利"明细账。

※工作成果

借：利润分配——应付现金股利　　　　　　　　　　　　　　　　　800 000

　　盈余公积　　　　　　　　　　　　　　　　　　　　　　　　　100 000

　　贷：应付股利　　　　　　　　　　　　　　　　　　　　　　　　900 000

【任务 11-16】 用盈余公积弥补以前年度亏损业务

※工作资料

联合中成股份有限公司 2011 年发生亏损 600 000 元。2012 年 2 月经股东大会批准，用以前年度提取的盈余公积弥补 2011 年亏损 600 000 元。假定不考虑其他因素。

※工作行动

（1）审核股东大会决议，核实"盈余公积"科目余额。

（2）根据审核股东大会决议编制记账凭证：借记"盈余公积"，贷记"利润分配——盈余公积补亏"科目，金额为股东大会批准的弥补亏损金额。

（3）根据编制好的记账凭证，会计人员登记"盈余公积"和"利润分配——盈余公积补亏"明细账。

※工作成果

借：盈余公积　　　　　　　　　　　　　　　　　　　　　　　600 000

　　贷：利润分配——盈余公积补亏　　　　　　　　　　　　　　600 000

　　法定盈余公积与任意盈余公积的区别是什么？引起盈余公积减少的因素有哪些？

单元十二　收入的核算

学习目标

● **知识目标**

掌握收入的概念、特点及分类·

掌握销售商品收入的确认与计量，取得销售商品收入、结转销售商品成本的会计处理

熟悉提供劳务的工作过程，掌握提供劳务收入的确认和计量

掌握完工百分比法确认提供劳务收入的会计处理

掌握让渡资产使用权的使用费收入的确认与计量及会计处理

● **能力目标**

能准确把握销售商品收入的确认条件和计量原则，判断不同结算方式下销售商品收入确认的时间，正确确定涉及商业折扣、现金折扣、销售折让时销售商品收入金额

会进行销售与收款的会计处理

能够在分析提供劳务工作过程的基础上，正确进行劳务收入的确认和计量，会采用完工百分比法进行提供劳务收入的会计处理

能够在分析让渡资产使用权的使用费收入业务的基础上，正确进行让渡资产使用权的使用费收入的确认和计量及会计处理

企业在一定时期内，因各种交易或事项会形成各种经济利益的流入，统称为收入，即广义的收入概念。本单元所讲的收入是狭义的收入概念。

项目一　收 入 认 知

一、收入的概念及特点

（一）收入的概念

收入是指企业在日常活动中形成的、会导致所有者权益增加的、与所有者投入资本无关的经济利益的总流入。

在此，我们要注意区分收益、收入、利得的概念。企业在会计期间内形成的会导致所有者权益增加的、与所有者投入资本无关的经济利益的总流入为收益。收益由收入和利得

两部分构成，收入是企业在日常活动中形成的、会导致所有者权益增加的、与所有者投入资本无关的经济利益的总流入。利得是企业在非日常活动中形成的、会导致所有者权益增加的、与所有者投入资本无关的经济利益的流入。

（二）收入的特点

1. 收入是企业在日常活动中形成的经济利益的总流入。"日常活动"是指企业为完成其经营目标所从事的经常性活动以及与之相关的活动。比如，工业企业制造并销售产品、商品流通企业销售商品、保险公司签发保单、咨询公司提供咨询服务、软件企业为客户开发软件、安装公司提供安装服务、商业银行对外贷款、租赁公司出租资产等，均属于企业为完成其经营目标所从事的经常性活动，由此产生的经济利益的总流入构成收入。工业企业转让无形资产使用权、出售不需用原材料等，属于与经常性活动相关的活动，由此产生的经济利益的总流入也构成收入。企业处置固定资产、无形资产等活动，不是企业为完成其经营目标所从事的经常性活动，也不属于与经常性活动相关的活动，由此产生的经济利益的总流入不构成收入，应当确认为营业外收入。

2. 收入会导致所有者权益增加。收入可能表现为企业资产的增加，也可能表现为企业负债的减少，或两者兼而有之。因为资产减去负债等于所有者权益，故收入会导致所有者权益增加。这里的收入是收入本身，而不是收入减去与之相配比的费用后的净额，收入减去与之相配比的费用后的净额既可能导致所有者权益增加，也可能导致所有者权益减少。

3. 收入与所有者投入资本无关。所有者投入资本属于所有者权益的组成部分，不构成收入。

4. 收入只包括本企业经济利益的流入，不包括代第三方收取的款项。企业代第三方收取的款项，应当作为负债处理，不应当确认为收入。

二、收入的分类

（一）按企业从事日常活动的性质不同分类

收入按企业从事日常活动的性质不同分为销售商品收入、提供劳务收入和让渡资产使用权收入。

1. 销售商品收入。销售商品收入是企业销售商品实现的收入。包括：销售生产的产品、为转售而购进的商品实现的收入，以及销售其他存货如材料、包装物等实现的收入。

2. 提供劳务收入。提供劳务收入指企业提供劳务实现的收入。包括：企业通过提供旅游、运输、饮食、广告、咨询、代理、培训、产品安装等劳务所实现的收入。

3. 让渡资产使用权收入。让渡资产使用权收入是指企业通过让渡资产使用权实现的收入。包括金融企业对外贷款形成的利息收入以及同业之间发生往来形成的利息收入，企业转让无形资产如商标权、专利权、专营权、版权等资产的使用权形成的使用费收入，企业对外出租固定资产收取的租金、进行债权投资收取的利息、进行股权投资取得的现金股利等。

（二）按企业经营业务的主次不同分类

收入按企业经营业务的主次不同分为主营业务收入和其他业务收入。

1. 主营业务收入

主营业务收入是指企业为完成其经营目标所从事的经常性活动实现的收入。不同行业企业的主营业务收入所包括的内容不同，比如工业企业的主营业务收入主要包括销售商品、自制半成品、代制品、代修品、提供工业性劳务等实现的收入；商业企业的主营业务收入主要包括销售商品实现的收入；咨询公司的主营业务收入主要包括提供咨询服务实现的收入；安装公司的主营业务收入主要包括提供安装服务实现的收入。

2. 其他业务收入

其他业务收入是指企业为完成其经营目标所从事的与经常性活动相关的活动实现的收入。其他业务收入属于企业日常活动中次要交易实现的收入，不同行业企业的其他业务收入所包括的内容不同，比如工业企业的其他业务收入主要包括对外销售材料、对外出租包装物、商品或固定资产、对外转让无形资产使用权、对外进行权益性投资取得现金股利或债权性投资取得利息、提供非工业性劳务等实现的收入。

 如何正确理解收入的概念？收入具有哪些特点？如何进行分类？

项目二　销售商品收入的核算

（一）商品销售收入的确认

销售商品收入同时满足下列条件的，才能予以确认：

1. 企业已将商品所有权上的主要风险和报酬转移给购货方。企业已将商品所有权上的主要风险和报酬转移给购货方，是指与商品所有权有关的主要风险和报酬同时转移。与商品所有权有关的风险，是指商品可能发生减值或毁损等形成的损失；与商品所有权有关的报酬，是指商品价值增值或通过使用商品等产生的经济利益。判断企业是否已将商品所有权上的主要风险和报酬转移给购货方，应当关注交易的实质，并结合所有权凭证的转移进行判断。通常情况下，转移商品所有权凭证并交付实物后，商品所有权上的主要风险和报酬随之转移，如大多数零售商品。某些情况下，转移商品所有权凭证但未交付实物，商品所有权上的主要风险和报酬随之转移，企业只保留了次要风险和报酬，如交款提货方式销售商品，有时，已交付实物但未转移商品所有权凭证，商品所有权上的主要风险和报酬未随之转移，如采用支付手续费方式委托代销的商品。

2. 企业既没有保留通常与所有权相联系的继续管理权，也没有对已售出的商品实施有效控制。如果企业在商品销售后保留了与商品所有权相联系的继续管理权或能够继续对商品实施有效控制，销售交易不能成立，不应确认收入。如售后租回。

3. 收入的金额能够可靠地计量。收入能否可靠的计量，是确认收入的基本前提，收入不能可靠计量，则无法确认收入。

4. 相关的经济利益很可能流入企业。在销售商品的交易中，与交易相关的经济利益即为销售商品的价款。销售商品的价款能否收回，是收入确认的一个重要条件，企业在销售商品时，如估计价款收回的可能性不大，即使收入确认的其他条件均已满足，也不应当确认收入。一般情况下，企业售出的商品符合合同规定的要求，并已将发票账单交付买方，买方也承诺付款，即表明销售商品的价款能够收回。如企业判断价款不能收回，应提供可靠的证据。

5. 相关的已发生或将发生的成本能够可靠地计量。根据收入和费用配比原则，与同一项经营活动有关的收入和成本应在同一会计期间予以确认，因此，如果成本不能可靠计量，相关的收入就不能确认。这时若已收到价款，则收到的价款应确认为一项负债。

在实际工作中，因商品销售方式和货款结算方式不同，商品销售收入可按以下原则确认（有证据表明不满足收入确认条件的除外）：

（1）销售商品采用托收承付方式的，在办妥托收手续时确认收入。

（2）销售商品采用预收款方式的，在发出商品时确认收入，预收的货款应确认为负债。

（3）销售商品需要安装和检验的，在购买方接受商品以及安装和检验完毕前，不确认收入，待安装和检验完毕时确认收入。如果安装程序比较简单，可在发出商品时确认收入。

（4）销售商品采用以旧换新方式的，销售的商品应当按照销售商品收入确认条件确认收入，回收的商品作为购进商品处理。

（5）销售商品采用支付手续费方式委托代销的，在收到代销清单时确认收入。

（6）采用售后回购方式销售商品的，收到的款项应确认为负债；回购价格大于原售价的，差额应在回购期间按期计提利息，计入财务费用。有确凿证据表明售后回购交易满足销售商品收入确认条件的，销售的商品按售价确认收入，回购的商品作为购进商品处理。

（7）采用售后租回方式销售商品的，收到的款项应确认为负债；售价与资产账面价值之间的差额，应当采用合理的方法进行分摊，作为折旧费用或租金费用的调整。有确凿证据表明认定为经营租赁的售后租回交易是按照公允价值达成的，销售的商品按售价确认收入，并按账面价值结转成本。

（二）商品销售收入的计量

企业销售商品满足收入确认条件时，应当按照已收或应收合同或协议价款的公允价值确定销售商品收入金额。从购货方已收或应收的合同或协议价款，通常为公允价值。但已收或应收的合同或协议价款不公允的除外。

涉及商业折扣、现金折扣、销售折让时销售商品收入金额的确定方法如下：

销售商品涉及商业折扣的，应当按照扣除商业折扣后的金额确定销售商品收入金额。销售商品涉及现金折扣的，应当按照扣除现金折扣前的金额确定销售商品收入金额。现金折扣在实际发生时计入当期损益。在计算现金折扣时还应注意销售方是按不包含增值税的价款提供现金折扣还是按包含增值税的价款提供现金折扣，两种情况下购买方享有的折扣金额不同。

销售折让，是指企业因售出商品的质量不合格等原因而在售价上给予的减让。企业已经确认销售商品收入的售出商品发生销售折让的，应当在发生时冲减当期销售商品收入。销售折让属于资产负债表日后事项的，适用《企业会计准则第 29 号——资产负债表日后事项》。

工作任务

销售商品的账务处理

（一）科目设置

1. "主营业务收入"科目

"主营业务收入"账户属于损益类科目，核算企业根据收入准则确认的销售商品、提供劳务等主营业务的收入。贷方登记以实现的主营业务收入；借方登记销售退回、销售折让对销售收入的冲减额；余额在贷方，表示本期累计实现的主营业务收入净额。期末，应将本科目的余额转入"本年利润"科目，结转后本账户应无余额。本科目应当按照主营业务的种类进行明细核算。

2. "主营业务成本"科目

"主营业务成本"账户属于损益类科目，核算企业根据收入准则确认销售商品、提供劳务等主营业务收入时应结转的成本。借方登记已售出商品结转的成本；贷方登记销货退回商品的成本；余额在借方，表示本期累计的主营业务成本。期末，应将木科目的余额转入"本年利润"科目，结转后本科目应无余额。本科目应当按照主营业务的种类进行明细核算。

3. "发出商品"科目

企业为了单独反映已经发出但不符合销售商品收入确认条件的商品成本，应设置"发出商品"科目进行核算。"发出商品"科目属于资产类账户，核算企业商品销售不满足收入确认条件但已发出商品的成本。借方登记不满足收入确认条件但已发出商品的成本；贷方登记发出商品满足收入确认条件时，应结转的销售成本；发出商品发生退回，应冲回的商品成本；余额在借方，反映企业发出商品的成本。本账户应当按照购货单位及商品类别和品种进行明细核算。

（二）账务处理

企业在进行销售商品的会计处理中，首先要考虑销售商品收入是否符合收入确认条件，满足收入确认条件的，应及时确认收入并结转相关销售成本。企业销售商品实现的销售收入，应按照实际收到或应收的价款，借记"银行存款""应收账款""应收票据"等科目，按销售收入的金额，贷记"主营业务收入"科目，按专用发票上注明的增值税额，贷记"应交税费——应交增值税（销项税额）"科目。

在收入确认的同时或当月月末，企业应根据销售各种商品的实际成本，计算应结转的主营业务成本，借记"主营业务成本"科目，贷记"库存商品"科目。采用计划成本或售价核算库存商品的，平时的营业成本按计划成本或售价结转，月末，还应结转本月销售商品应分摊的产品成本差异或商品进销差价。

1. 交款提货销售商品

交款提货销售商品是指购买方已根据企业开出的发票账单支付货款并取得提货单的销售方式。在这种方式下，购货方支付货款取得提货单，无论货物是否提走，销售方通常应在开出发票账单收到货款时确认收入。企业尚未交付商品，销售方保留的是商品所有权上的次要风险和报酬，商品所有权上的主要风险和报酬已经转移给购货方，通常应在开出发票账单收到货款时确认收入。

【任务 12-1】 交款提货销售商品业务

※工作资料

2012 年 11 月 12 日润华有限责任公司销售给华纳有限责任公司电冰箱一批，增值税专用发票上注明销售货款 20 000 元，增值税 3 400 元，价税合计 23 400 元，收到转账支票一张，已办妥进账手续。货物已由购买方自行提走。该批电冰箱的生产成本为 15 000 元。

※工作行动

（1）财会部门审核增值税专用发票、银行进账单等原始单据。

（2）根据销售商品收入的确认条件，判断能否确认收入。

（3）财会部门根据核对无误的增值税专用发票、银行进账单，编制记账凭证。

（4）根据提货单，编制结转销售成本的记账凭证。

（5）根据记账凭证，登记 "银行存款"日记账、主营业务收入、主营业务成本、库存商品、应交税费明细账。

※工作成果

借：银行存款　　　　　　　　　　　　　　　　　　　　　　　　23 400
　　贷：主营业务收入　　　　　　　　　　　　　　　　　　　200 000
　　　　应交税费——应交增值税（销项税额）　　　　　　　　　3 400
借：主营业务成本　　　　　　　　　　　　　　　　　　　　　　15 000
　　贷：库存商品　　　　　　　　　　　　　　　　　　　　　　15 000

2. 采用托收承付、委托收款结算方式销售商品

通常情况下销售商品采用托收承付、委托收款结算方式的，无证据表明不满足收入确认条件的情况下，在办妥托收手续时确认收入。

【任务 12-2】 采用托收承付结算方式销售商品

※**工作资料**

2012 年 11 月 20 日华贸有限责任公司销售给华邦公司电脑 200 台，增值税专用发票上注明销售货款 1 200 000 元，增值税 204 000 元，价税合计 1 404 000 元，商品发出，以转账支票支付代垫运费 2 000 元，当日向银行办妥托收手续。该批商品的生产成本为 800 000 元。

※**工作行动**

（1）财会部门审核增值税专用发票、支票存根、托收承付结算凭证（回单）等原始单据。

（2）根据销售商品收入的确认条件，判断能否确认收入。

（3）财会部门根据核对无误的原始凭证编制记账凭证。

（4）根据发货单，编制结转销售成本的记账凭证。

（5）收回上述款项时，根据托收承付结算凭证（收款通知），编制记账凭证。

（6）根据记账凭证，登记 "银行存款" 日记账、主营业务收入、主营业务成本、库存商品、应交税费明细账。

※**工作成果**

借：应收账款——甲企业   1 406 000

    贷：主营业务收入   1 200 000

        应交税费——应交增值税（销项税额）   204 000

        银行存款   2 000

借：主营业务成本   800 000

    贷：库存商品——电脑   800 000

借：银行存款   1 406 000

    贷：应收账款——甲企业   1 406 000

3. 已经发出但不符合销售商品收入确认条件的商品

对于不满足收入确认条件的发出商品，应按发出商品的实际成本（或进价）或计划成本（或售价），借记 "发出商品" 账户，贷记 "库存商品" 科目。发出商品满足收入确认条件时，应结转销售成本，借记 "主营业务成本" 科目，贷记 "发出商品" 账户。采用计划成本或售价核算的，还应结转应分摊的产品成本差异或商品进销差价，实际成本大于计划成本的差异，借记 "主营业务成本" 科目，贷记 "产品成本差异" 科目；实际成本小于计划成本的差异或商品进销差价，借记 "产品成本差异" 或 "商品进销差价" 科目，贷记 "主营业务成本" 科目。

发出商品如发生退回，应按退回商品的实际成本（或进价）或计划成本（或售价），借记 "库存商品" 科目，贷记 "发出商品" 账户。

发出商品不符合收入确认条件时，如果销售该商品的纳税义务已经发生，比如已经开出增值税专用发票，则应确认应交的增值税销项税额，借记 "应收账款" 等科目，贷记 "应交税费——应交增值税（销项税额）"科目。如果纳税义务没有发生则不需进行上述处理。

【任务 12-3】 不符合收入确认条件的商品销售业务

※工作资料

2012 年 11 月 22 日华光有限责任公司向外地光明公司销售电视机一批，增值税专用发票上注明的销售价格为 500 000 元，增值税为 85 000 元，以托收承付结算方式进行结算。A 商品的实际成本为 420 000 元。A 商品已经发出，以转账支票支付代垫运费 2 000 元，并已向银行办委托收手续。甲公司在销售时已知乙企业资金周转发生暂时困难，但为了减少库存积压，同时也为了维持与乙企业长期以来建立的商业关系，将商品销售给了乙企业。

※工作行动

（1）财会部门审核增值税专用发票、支票存根、托收承付结算凭证（回单）等原始单据。

（2）根据销售商品收入的确认条件，判断能否确认收入。

（3）根据发货单，编制结转发出商品成本的记账凭证。由于 A 商品已经发出，故应将 A 商品的成本转入"发出商品"账户。

（4）假定甲公司纳税义务已经发生，甲公司应根据增值税专用发票、支票存根编制记账凭证。发出商品时，如支付了代垫运费，应借记"应收账款"科目，贷记"银行存款"科目。

（5）假定五个月后，乙企业的经营情况有所好转，并承诺近期付款，甲企业可以确认收入，并同时结转成本，根据托收承付结算凭证（回单）、付款承诺书等，编制记账凭证。

（6）收到款项时，根据托收承付结算凭证（收款通知），编制记账凭证。

（7）根据记账凭证，登记 "银行存款"日记账、主营业务收入、主营业务成本、库存商品、应交税费明细账。

※工作成果

```
借：发出商品                                    420 000
  贷：库存商品——A 商品                            420 000
```
发出商品如发生退回，应按退回商品的实际成本（或进价）或计划成本（或售价），借记"库存商品"科目，贷记"发出商品"账户。
```
借：应收账款——乙企业                             87 000
  贷：应交税费——应交增值税（销项税额）              85 000
     银行存款                                     2 000
```
如果纳税义务没有发生，则只需做支付代垫运费的账务处理。
```
借：应收账款——乙企业                            500 000
  贷：主营业务收入                               500 000
借：主营业务成本                                420 000
  贷：发出商品                                   420 000
借：银行存款                                    587 000
  贷：应收账款——乙企业                           587 000
```

4. 销售折让

销售折让是指企业因售出商品质量不合格等原因而在售价上给予的减让。对于企业在销售收入确认以后发生的销售折让，应在实际发生时冲减当期的商品销售收入。发生销售折让时，按应冲减的销售商品收入金额，借记"主营业务收入"科目，按增值税专用发票上注明的应冲减的增值税销项税额，借记"应交税费——应交增值税（销项税额）"科目，按实际支付或应退还的价款，贷记"银行存款""应收账款"等科目。如果发生销售折让时企业尚未确认销售商品收入，则应在确认销售商品收入时直接按扣除销售折让后的金额确认。

【任务 12-4】 发生销售折让业务

※**工作资料**

润丰有限责任公司向华宜公司销售服装一批，增值税专用发票上的售价为 100 000 元，增值税额 17 000 元，款项已收到。商品售出后，买方发现商品质量不符合合同的规定，经双方协商，给予买方价格上 3% 的折让。

※**工作行动**

（1）财会部门审核增值税专用发票等原始单据。

（2）根据销售商品收入的确认条件，判断能否确认收入。

（3）销货发生时，根据增值税专用发票、银行进账单编制记账凭证。

（4）发生销售折让，退回款项时，根据进货退出及索取折让证明单、开出的红字增值税专用发票、支票存根编制记账凭证。

（5）根据记账凭证，登记 "银行存款"日记账、主营业务收入、主营业务成本、应交税费明细账。

※**工作成果**

借：银行存款	117 000
贷：主营业务收入	100 000
应交税金——应交增值税（销项税额）	17 000
借：主营业务收入	3 000
应交税金——应交增值税（销项税额）	510
贷：银行存款	3 510

5. 销售退回的处理

销售退回，是指企业售出的商品由于质量、品种不符合要求等原因而发生的退货。发生销售退回业务时，企业应收回原开出的增值税专用发票并注明"作废"字样，或取得购货方提供的有效证明（购货方当地主管税务机关开具的进货退出证明单），据此开出红字专用发票，作为扣减当期销项税额和进行有关账务处理的凭证。发生商品销售退回应当分别不同情况作出不同的处理：

（1）未确认销售收入的商品退回

尚未确认销售商品收入的售出商品发生销售退回的，根据商品红字"出库单"，按照退回商品的实际成本，作如下分录：

借：库存商品——××商品

　　贷：发出商品

（2）已确认销售收入的商品退回

已确认销售收入的售出商品发生销售退回的，除属于资产负债表日后事项外，一般应在发生时冲减当期销售商品收入，同时冲减当期销售商品成本，如按规定允许扣减增值税税额的，应同时冲减已确认的应交增值税销项税额，如该项销售退回已发生现金折扣的，应同时调整相关财务费用的金额。

已确认收入的售出商品发生销售退回时，按应冲减的销售商品收入金额，借记"主营业务收入"科目，按增值税专用发票上注明的应冲减的增值税销项税额，借记"应交税费——应交增值税（销项税额）"科目，按实际支付或应退还的价款，贷记"银行存款""应收账款"等科目，如已发生现金折扣的，还应按相关财务费用的调整金额，贷记"财务费用"科目，同时按退回的商品成本，借记"库存商品"科目，贷记"主营业务成本"科目。

销售退回属于资产负债表日后事项的，适用《企业会计准则第29号——资产负债表日后事项》。

【任务 12-5】 发生销售退回业务

※工作资料

首信有限责任公司上月向利华公司销售电话机 200 个，每个不含税售价 120 元，增值税税率 17%，尚未收取价税款项合计 28 080 元。由于有 10 个存在质量问题，经协商同意退货，对方提供了退货的有效证明。企业开出红字增值税专用发票，货款 1 200 元，增值税额 204 元。该电话机每个实际成本 80 元。电话机已收回并验收入库。收回扣除退货款后的款项。

※工作行动

（1）根据进货退出及索取折让证明单、开出红字增值税专用发票。并据以编制记账凭证。按应冲减的销售商品收入金额，借记"主营业务收入"科目，按增值税专用发票上注明的应冲减的增值税销项税额，借记"应交税费——应交增值税（销项税额）"科目，按实际支付或应退还的价款，贷记"应收账款"科目。

（2）根据红字发货单，冲销已经结转的销售成本，按退回的商品成本，借记"库存商品"科目，贷记"主营业务成本"科目。

（3）收回扣除退货款后的款项，根据银行进账单编制记账凭证。

（4）根据记账凭证，登记"银行存款"日记账、主营业务收入、主营业务成本、应交税费、库存商品明细账。

※工作成果

借：主营业务收入 　　　　　　　　　　　　　　　　　　　　　　　　1 200

　　应交税费——应交增值税（销项税额） 　　　　　　　　　　　　　　204

贷：应收账款		1 404
借：库存商品	800	
贷：主营业务成本		800
借：银行存款	26 676	
贷：应收账款		26 676

6. 预收款方式销售商品

预收款方式销售商品，销售方在商品尚未售出时，按合同或协议约定先行向购货方收取款项，这时，商品并未发出，商品所有权上的主要风险和报酬并未转移给买方，不能确认收入，预收的货款应属于一项负债。销售方通常应在按合同或协议约定发出商品时确认收入。

预收款方式销售商品，企业向购货单位预收的款项，借记"银行存款"科目，贷记"预收账款"科目；销售实现时，按实现的收入和应交的增值税销项税额，借记"预收账款"科目，按实现的营业收入，贷记"主营业务收入"科目，按专用发票上注明的增值税额，贷记"应交税费——应交增值税（销项税额）"等科目。购货单位补付的款项，借记"银行存款"科目，贷记"预收账款"科目；退回多付的款项，做与收到购货单位补付的款项相反的会计分录。预收账款情况不多的，也可将预收的款项直接记入"应收账款"科目。

【任务 12-6】 预收货款销售商品

※工作资料

普瑞有限责任公司与瑞丰公司订有销售合同，向瑞丰公司销售机床一批，2012 年 5 月 28 日预收瑞丰公司货款 80 000 元，2012 年 8 月 28 日交付机床 40 台，每台 5 000 元，增值税率 17%，并补收剩余款项。该批机床实际成本 180 000 元。

※工作行动

（1）收到甲公司预付款项，根据银行信汇凭证（收账通知）编制记账凭证。借记"银行存款"科目，贷记"预收账款"科目。

（2）按合同或协议约定交付产品，根据增值税专用发票、发货单编制记账凭证。按实现的收入和应交的增值税销项税额，借记"预收账款"科目，按实现的营业收入，贷记"主营业务收入"科目，按专用发票上注明的增值税额，贷记"应交税费——应交增值税（销项税额）"科目，并结转销售成本。

（3）补收剩余款项，根据银行信汇凭证（收账通知），借记"银行存款"科目，贷记"预收账款"科目。

（4）根据记账凭证，登记"银行存款"日记账、主营业务收入、主营业务成本、应交税费、库存商品、预收账款明细账。

※工作成果

2012 年 5 月 28 日：

借：银行存款   80 000
  贷：预收账款——甲公司   80 000

2012 年 8 月 28 日：

借：预收账款——甲公司   234 000
  贷：主营业务收入   200 000
    应交税费——应交增值税（销项税额）   34 000

借：主营业务成本   180 000
  贷：库存商品   180 000

借：银行存款   154 000
  贷：预收账款——甲公司   154 000

7. 委托代销商品

（1）委托代销商品的方式

委托代销商品有两种方式：视同买断方式和支付手续费方式。

① 视同买断方式。

视同买断方式是由委托方和受托方签订协议，委托方委托受托方代其销售商品，按协议价收取代销商品的货款，受托方自定实际售价，赚得实际售价与协议价之间差价的销售方式。如果委托方和受托方签订的协议中标明，将来受托方无法将受托商品卖出，可以将商品退回委托方，或者，将来受托方代销商品出现亏损，可以要求委托方予以补偿。在这种情况下，委托方在发出商品时，商品所有权上的主要风险和报酬并未转移给受托方，不应确认销售商品收入，而应在受托方将商品卖出，向委托方开具代销清单，委托方收到代销清单时，确认销售商品收入。

② 支付手续费方式。

采用支付手续费方式委托代销商品是指委托方和受托方签订合同或协议，受托方按照合同或协议规定的价格销售代销商品，委托方根据合同或协议约定向受托方计算支付代销手续费的销售方式。在这种销售方式下，委托方在发出商品时，商品所有权上的主要风险和报酬并未转移给受托方，不应确认销售商品收入，而应在收到受托方开出的代销清单时，确认销售商品收入，同时将应支付的代销手续费计入销售费用。受托方应在代销商品销售后，按合同或协议约定的方法计算确定代销手续费，确认劳务收入。

（2）账户设置

委托代销商品，委托方为了反映已经发出但尚未确认销售收入的商品成本，可以设置"发出商品"或"委托代销商品"科目进行核算。受托方可以设置"代理业务资产"或"受托代销商品""代理业务负债"或"受托代销商品款"等科目对受托代销商品进行核算。

"委托代销商品"科目属于资产类科目。核算委托方已经发出但尚未确认销售收入的商品成本。借方登记发出代销商品的成本；贷方登记收到代销清单，结转的已销商品的成本；余额在借方，表示委托代销已发出尚未售出的商品成本。"委托代销商品"科目按照受托单位进行明细核算。企业可以用"发出商品"科目替代"委托代销商品"科目。

"受托代销商品"科目，属于资产类科目。核算受托方收到的受托代销商品成本。借方登记收到的受托代销商品成本；贷方登记受托方销售商品后，结转的受托代销商品成本；期末余额在借方，表示受托代销商品成本。企业也可以用"代理业务资产"科目核算受托代销商品成本。

"受托代销商品款"科目，属于负债类科目。核算支付手续费方式代销商品，受托方收到代销商品未结算的货款。贷方登记收到代销商品未结算的货款；借方登记售出商品后结算的代销商品款；余额在贷方，表示尚未结算的代销商品款。企业也可以用"代理业务负债"科目进行核算。

（3）账务处理

① 视同买断方式。

委托方发出委托代销商品时，借记"委托代销商品"科目，贷记"库存商品"科目。收到受托方开具的代销清单时，根据代销清单上注明的已销商品情况，按应收的款项，借记"应收账款"科目，按合同或协议价确定的销售收入金额，贷记"主营业务收入"科目，按应交的增值税销项税额，贷记"应交税费——应交增值税（销项税额）"科目，同时结转已销商品的成本，借记"主营业务成本"科目，贷记"委托代销商品"科目。收到货款时，借记"银行存款"科目，贷记"应收账款"科目。

受托方收到受托代销的商品，按合同协议价格，借记"受托代销商品"科目，贷记"受托代销商品款"科目。售出代销商品后，按实际收到或应收的金额，借记"银行存款""应收账款"科目，按实际售价确定的销售收入金额，贷记"主营业务收入"科目，按应交的增值税销项税额，贷记"应交税费——应交增值税（销项税额）"科目，同时结转已销商品的成本，借记"主营业务成本"科目，贷记"受托代销商品"科目。收到委托方开出的增值税专业发票，按合同协议价格支付代销商品款，借记"受托代销商品款""应交税费——应交增值税（进项税额）"科目，贷记"银行存款"科目。

② 支付手续费方式。

委托方发出委托代销商品时，借记"委托代销商品"科目，贷记"库存商品"科目。收到受托方开具的代销清单时，根据代销清单上注明的已销商品情况，按应收的款项，借记"应收账款"科目，按合同或协议价确定的销售收入金额，贷记"主营业务收入"科目，按应交的增值税销项税额，贷记"应交税费——应交增值税（销项税额）"科目，同时结转已销商品的成本，借记"主营业务成本"科目，贷记"委托代销商品"科目，委托方计算确定的代销手续费，借记"销售费用"科目，贷记"应收账款"科目。收到扣除手续费后的货款时，借记"银行存款"科目，贷记"应收账款"科目。

受托方收到受托代销的商品，按约定的价格，借记"受托代销商品"科目，贷记"受托代销商品款"科目。售出代销商品后，按实际收到或应收的金额，借记"银行存款""应收账款"科目，贷记"受托代销商品"科目。计算代销手续费收入，借记"受托代销商品款"科目，贷记"其他业务收入"科目。结清代销商品款时，借记"受托代销商品款"科目，贷记"银行存款"科目。

【任务 12-7】 采用支付手续费方式委托代销商品业务

※工作资料

大华有限责任公司与光华公司签订委托代销合同，合同约定大华有限责任公司委托光华公司代销 A 商品 2 000 件，以每件 500 元的价格对外销售，大华有限责任公司按售价（不含税）的 10%向光华公司支付手续费。大华有限责任公司发出代销商品，A 商品成本每件 420 元。光华公司将 A 商品售出，开出的增值税专用发票上注明价款 1 000 000 元，增值税 170 000 元，收到款项，并给大华有限责任公司开出代销清单。大华有限责任公司收到代销清单后，给光华公司开出相同金额的增值税专用发票。光华公司按扣除手续费后的金额支付代销商品款。

※工作行动

大华有限责任公司（委托方）：

（1）按照委托代销合同发出代销商品，根据发货单编制发出商品委托代销的记账凭证，借记"委托代销商品"科目，贷记"库存商品"科目。

（2）收到光华公司开来的代销清单，给光华公司开出增值税专用发票，编制确认收入、结转委托代销商品成本的记账凭证。借记"应收账款"科目，贷记"主营业务收入""应交税费——应交增值税（销项税额）"科目。同时，借记"主营业务成本"科目，贷记"委托代销商品"科目。

（3）按售价（不含税）的 10%计算扣除的手续费，编制确认费用的记账凭证，借记"销售费用"科目，贷记"应收账款"科目。

（4）收到扣除手续费后的货款，根据银行进账单编制收取货款的记账凭证。

（5）根据审核无误的记账凭证，登记"银行存款"日记账、"委托代销商品""库存商品""应收账款""主营业务收入""主营业务成本""销售费用"明细账。

光华公司（受托方）：

（1）收到受托代销的商品，根据商品入库单编制收到受托代销商品的记账凭证，借记"受托代销商品"科目，贷记"受托代销商品款"科目。

（2）售出代销商品，根据增值税专用发票、银行进账单、发货单编制记账凭证。借记"银行存款"科目，贷记"受托代销商品""应交税费——应交增值税（销项税额）"科目。

（3）开出代销清单交给委托方，并从委托方取得增值税专用发票，编制记账凭证。借记"应交税费——应交增值税（进项税额）"科目，贷记"应付账款——大华有限责任公司"科目；同时结转受托代销商品款，借记"受托代销商品款"科目，贷记"应付账款——大华有限责任公司"科目。

（4）计算代销手续费收入，按扣除手续费后的金额支付代销商品款，根据支票存根编制记账凭证。借记"应付账款——大华有限责任公司"科目，贷记"银行存款""其他业务收入"科目。

（5）根据审核无误的记账凭证，登记"银行存款"日记账、"受托代销商品"明细账、"受托代销商品款"明细账、"应付账款"明细账、"其他业务收入"明细账。

※工作成果

大华有限责任公司（委托方）：

（1）借：委托代销商品		840 000
贷：库存商品		840 000
（2）借：应收账款		1 170 000
贷：主营业务收入		1 000 000
应交税费——应交增值税（销项税额）		170 000
借：主营业务成本		840 000
贷：委托代销商品		840 000
（3）借：销售费用		100 000
贷：应收账款		100 000
（4）借：银行存款		1 070 000
贷：应收账款		1 070 000

光华公司（受托方）：

（1）借：受托代销商品		1 000 000
贷：受托代销商品款		1 000 000
（2）借：银行存款		1 170 000
贷：受托代销商品		1 000 000
应交税费——应交增值税（销项税额）		170 000
（3）借：应交税费——应交增值税（进项税额）		170 000
贷：应付账款		170 000
借：受托代销商品款		1 000 000
贷：应付账款		1 000 000
（4）借：应付账款		1 170 000
贷：银行存款		1 070 000
其他业务收入		100 000

销售商品收入的确认条件是什么？在涉及商业折扣、现金折扣、销售折让时，如何确定销售商品收入的金额？

项目三　提供劳务收入的核算

相关知识

（一）提供劳务收入的确认和计量

1. 同一会计期间内开始并完成的劳务收入的确认和计量

同一会计期间内开始并完成的劳务应在提供劳务交易完成时确认收入。确认的金额通常为从接受劳务方已收或应收的合同或协议价款。确认原则可参照销售商品收入的确认原则。

2. 劳务的开始和完成分属不同的会计期间，劳务收入的确认和计量

（1）提供劳务交易结果能够可靠估计

企业在资产负债表日提供劳务交易的结果能够可靠估计的，应当采用完工百分比法确认提供劳务收入。提供劳务交易的结果能够可靠估计，是指同时满足下列条件：

① 收入的金额能够可靠地计量。收入的金额能够可靠地计量是指提供劳务收入的总额能够合理地估计。企业应当按照从接受劳务方已收或应收的合同或协议价款确定提供劳务收入总额，但已收或应收的合同或协议价款不公允的除外。如果，经过双方协商调整了合同或协议价款，企业应及时调整提供劳务收入总额。

② 相关的经济利益很可能流入企业。相关的经济利益很可能流入企业是指提供劳务收入总额收回的可能性大于不能收回的可能性。企业在确定相关的经济利益能否流入企业时，应当主要考虑接受劳务方的信誉、以前的经验以及双方就结算方式和期限达成的合同或协议条款等因素。

③ 交易的完工进度能够可靠地确定。

④ 交易中已发生和将发生的成本能够可靠地计量。

（2）提供劳务交易结果不能可靠估计

劳务的开始和完成分属不同的会计期间，且企业在资产负债表日提供劳务交易结果不能可靠估计的，不能采用完工百分比法确认提供劳务收入。企业根据预计已经发生的劳务成本能否得到补偿，分别予以确认与计量。

① 已经发生的劳务成本预计全部能够得到补偿，应按已经发生的劳务成本金额确认提供劳务收入，并按相同的金额结转劳务成本。由于确认的收入与成本相等，没有利润形成。

② 已经发生的劳务成本预计部分能够得到补偿，应按能够得到补偿的劳务成本金额确认提供劳务收入，并按已经发生的劳务成本结转成本。确认的收入与成本的差额，计入当期损益。

③ 已经发生的劳务成本预计全部不能得到补偿，应将已经发生的劳务成本计入当期损益，不确认提供劳务收入。

（二）提供劳务收入确认条件的具体应用

企业提供的劳务有多种形式，下列提供劳务满足收入确认条件的，应按规定确认收入：

1. 安装费，在资产负债表日根据安装的完工进度确认收入。安装工作是商品销售附带条件的，安装费在确认商品销售实现时确认收入。

2. 宣传媒介的收费，在相关的广告或商业行为开始出现于公众面前时确认收入。广告的制作费，在资产负债表日根据制作广告的完工进度确认收入。

3. 为特定客户开发软件的收费，在资产负债表日根据开发的完工进度确认收入。

4. 包括在商品售价内可区分的服务费，在提供服务的期间内分期确认收入。

5. 艺术表演、招待宴会和其他特殊活动的收费，在相关活动发生时确认收入。收费涉

及几项活动的，预收的款项应合理分配给每项活动，分别确认收入。

6. 申请入会费和会员费只允许取得会籍，所有其他服务或商品都要另行收费的，在款项收回不存在重大不确定性时确认收入。申请入会费和会员费能使会员在会员期内得到各种服务或商品，或者以低于非会员的价格销售商品或提供服务的，在整个受益期内分期确认收入。

7. 属于提供设备和其他有形资产的特许权费，在交付资产或转移资产所有权时确认收入；属于提供初始及后续服务的特许权费，在提供服务时确认收入。

8. 长期为客户提供重复的劳务收取的劳务费，在相关劳务活动发生时确认收入。

 劳务的开始和完成分属不同的会计期间如何进行劳务收入的确认和计量？

工作任务

劳务收入的账务处理

（一）科目设置

企业对外提供劳务发生的支出，应设置"劳务成本"科目进行核算。"劳务成本"科目属于成本类科目，借方归集对外提供劳务发生的支出；贷方结转劳务成本；期末余额在借方，反映企业尚未完成或尚未结转的劳务成本。本科目应当按照提供劳务种类进行明细核算。

企业对外提供劳务所实现的收入以及结转的相关成本，如属于企业的主营业务，应通过"主营业务收入""主营业务成本"等科目核算；如属于主营业务以外的其他经营活动，应通过"其他业务收入""其他业务成本"等科目核算。

企业如发生预收劳务款，应通过"预收账款"科目进行核算。

（二）完工百分比法

完工百分比法，是指按照提供劳务交易的完工进度确认收入与费用的方法。企业应当在资产负债表日按照提供劳务收入总额乘完工进度扣除以前会计期间累计已确认提供劳务收入后的金额，确认当期提供劳务收入；同时，按照提供劳务估计总成本乘完工进度扣除以前会计期间累计已确认劳务成本后的金额，结转当期劳务成本。用公式表示如下：

本期确认的提供劳务收入=本期确认的收入劳务总收入 × 本期末止劳务的完工进度
－以前期间已确认的收入

本期确认的提供劳务成本=本期确认的费用劳务总成本 × 本期末止劳务的完工进度
－以前期间已确认的费用

企业确定提供劳务交易的完工进度，可以选用下列方法：

（1）已完工作的测量：由专业测量师对已经提供的劳务进行测量，计算提供劳务的完工进度。

（2）已经提供的劳务占应提供劳务总量的比例：以劳务量为标准，已经提供的劳务占应提供劳务总量的比例为提供劳务交易的完工进度。

（3）已经发生的成本占估计总成本的比例：以劳务成本为标准，已经发生的成本占估计总成本的比例为提供劳务交易的完工进度。

采用完工百分比法确认劳务收入及相关的费用，企业应在为提供劳务发生相关支出时，借记"劳务成本"科目，贷记"银行存款""应付职工薪酬""原材料"等科目，劳务完成确认劳务收入时，按确定的收入金额，借记"应收账款""银行存款"等科目，贷记"主营业务收入"等科目。同时结转相关劳务成本，借记"主营业务成本"等科目，贷记"劳务成本"科目。

【任务 12-8】跨年度劳务合同——采用完工百分比法对 2010 年提供劳务进行处理

※工作资料

科华有限责任公司为一软件开发公司，2010 年 7 月 1 日与华邦公司签订了一项软件开发合同，科华有限责任公司为华邦公司开发一项软件，合同约定开发期为两年，总收入 200 万元，分三次收款，第一次在项目开始时收取总收入的 30%，第二次在项目中期收取总收入的 50%，第三次在项目结束时收取总收入的 20%。甲公司估计该项软件开发成本为 160 万元（假设均为开发人员薪酬），各年度实际发生的软件开发成本为：2010 年 40 万元、2011 年 90 万元、2012 年 30 万元。经专业测量师测量，至 2010 年末，软件完成进度为 20%，至 2011 年末，软件完成进度为 80%，至 2012 年 6 月 30 日，软件全部完成。

※工作行动

（1）根据银行进账单（回单），编制预收劳务款项业务的记账凭证。企业预收劳务款，应借记"银行存款"科目，贷记"预收账款"科目。

（2）根据实际发生劳务成本相关原始凭证，编制记账凭证。甲公司在开发软件过程中发生相关支出时，借记"劳务成本"科目，贷记"银行存款""应付职工薪酬""原材料"等科目。

（3）2010 年末确定本期末止提供劳务交易的完工进度。企业确定提供劳务交易的完工进度。

（4）确认本期的劳务收入和劳务成本，编制记账凭证，按确定的收入金额，借记"预收账款""银行存款"等科目，贷记"主营业务收入"等科目。同时，借记"主营业务成本"等科目，贷记"劳务成本"科目。

（5）根据记账凭证，登记"银行存款"日记账、劳务成本、预收账款、主营业务收入、主营业务成本、应付职工薪酬明细账。

※工作成果

2010 年：

预收劳务款项，根据银行进账单（回单）：

借：银行存款		400 000
贷：预收账款		400 000

实际发生劳务成本，根据职工薪酬分配表：

借：劳务成本　　　　　　　　　　　　　　　　　　　400 000
　　贷：应付职工薪酬　　　　　　　　　　　　　　　　　　400 000
年末确认劳务收入并结转劳务成本，根据劳务完成进度测算表：
本期确认的提供劳务收入=200×30%－0=60（万元）
本期确认的提供劳务成本=160×30%－0=48（万元）

借：预收账款　　　　　　　　　　　　　　　　　　　600 000
　　贷：主营业务收入　　　　　　　　　　　　　　　　　　600 000
借：主营业务成本　　　　　　　　　　　　　　　　　480 000
　　贷：劳务成本　　　　　　　　　　　　　　　　　　　　480 000

【任务 12-9】跨年度劳务合同——采用完工百分比法对 2011 年提供劳务进行处理

※工作资料

见【任务 12-8】资料。

※工作行动

（1）根据银行进账单（回单），编制预收劳务款项业务的记账凭证。

（2）根据实际发生劳务成本相关原始凭证，编制记账凭证。

（3）2011 年末确定本期末止提供劳务交易的完工进度。

（4）确认本期的劳务收入和劳务成本。

（5）编制确认本期劳务收入和劳务成本的记账凭证。

（6）根据记账凭证，登记 "银行存款" 日记账、劳务成本、预收账款、主营业务收入、主营业务成本、应付职工薪酬明细账。

※工作成果

预收劳务款项，根据银行进账单（回单）：

借：银行存款　　　　　　　　　　　　　　　　　　1 000 000
　　贷：预收账款　　　　　　　　　　　　　　　　　　　1 000 000
实际发生劳务成本，根据职工薪酬分配表：

借：劳务成本　　　　　　　　　　　　　　　　　　　900 000
　　贷：应付职工薪酬　　　　　　　　　　　　　　　　　　900 000
年末确认劳务收入并结转劳务成本，根据劳务完成进度测算表：
本期确认的提供劳务收入=200×80%－60=100（万元）
本期确认的提供劳务成本=160×80%－48=80（万元）

借：预收账款　　　　　　　　　　　　　　　　　　1 000 000
　　贷：主营业务收入　　　　　　　　　　　　　　　　　1 000 000
借：主营业务成本　　　　　　　　　　　　　　　　　800 000
　　贷：劳务成本　　　　　　　　　　　　　　　　　　　　800 000

【任务 12-10】 跨年度劳务合同——采用完工百分比法对 2012 年提供劳务进行处理

※工作资料

见【任务 12-8】资料。

※工作行动

（1）根据实际发生劳务成本相关原始凭证，编制记账凭证。

（2）2012 年 6 月 30 日确认本期的劳务收入和劳务成本。

（3）编制确认本期劳务收入和劳务成本的记账凭证。

（4）根据银行进账单（回单），编制收取剩余劳务款项业务的记账凭证。

（5）根据记账凭证，登记 "银行存款" 日记账、劳务成本、预收账款、主营业务收入、主营业务成本、应付职工薪酬明细账。

※工作成果

实际发生劳务成本，根据职工薪酬分配表：

借：劳务成本 300 000

　贷：应付职工薪酬 300 000

项目结束时确认劳务收入、结转劳务成本，根据劳务结算表、发票：

本期确认的提供劳务收入=200－60－100=40 万元

本期确认的提供劳务成本=160－48－80=32 万元

借：预收账款 400 000

　贷：主营业务收入 400 000

借：主营业务成本 320 000

　贷：劳务成本 320 000

收取剩余劳务款项，根据银行进账单（回单）：

借：银行存款 600 000

　贷：预收账款 600 000

注意：企业与其他企业签订的合同或协议包括销售商品和提供劳务时，销售商品部分和提供劳务部分能够区分且能够单独计量的，应当将销售商品的部分作为销售商品处理，将提供劳务的部分作为提供劳务处理。

销售商品部分和提供劳务部分不能够区分，或虽能区分但不能够单独计量的，应当将销售商品部分和提供劳务部分全部作为销售商品处理。

项目四　让渡资产使用权收入的核算

相关知识

让渡资产使用权收入主要包括企业转让无形资产等资产的使用权形成的使用费收入、

出租固定资产取得的租金、进行债权投资收取的利息、进行股权投资取得的现金股利等。在此只阐述让渡资产使用权的使用费收入，出租固定资产取得的租金、进行债权投资收取的利息、进行股权投资取得的现金股利等在其他相关单元介绍。

让渡资产使用权的使用费收入同时满足下列条件的才能予以确认：

1. 相关的经济利益很可能流入企业。企业应当根据对方企业的信誉和生产经营情况、双方就结算方式和期限达成的合同或协议条款等因素判断让渡资产使用权的使用费收入金额是否很可能收回，如果企业估计使用费收入金额收回的可能性不大，就不应确认收入。

2. 收入的金额能够可靠地计量。当让渡资产使用权的使用费收入金额能够可靠估计时企业才能确认收入。

让渡资产使用权的使用费收入金额，应按照有关合同或协议约定的收费时间和方法计算确定。

工作任务

让渡资产使用权的使用费收入的会计处理

企业让渡资产使用权业务如属于企业的主营业务，应通过"主营业务收入""主营业务成本"等科目核算；如属于主营业务以外的其他经营活动，应通过"其他业务收入""其他业务成本"等科目核算。

当让渡资产使用权业务属于主营业务以外的其他经营活动，企业确认让渡资产使用权的使用费收入时，按确定的收入金额，借记"银行存款""应收账款"等科目，贷记"其他业务收入"科目；企业对所让渡资产计提摊销以及所发生的与让渡资产有关的支出等，借记"其他业务成本"科目，贷记"累计摊销"等科目。

【任务 12-11】 转让专利使用权的使用费收入业务

※工作资料

甲制造企业向 A 公司转让一项专利的使用权，转让期为五年，一次性收取使用费 600 000 元，已经收到转账支票并送存银行。营业税税率为 5%。根据合同规定，甲企业免费向 A 公司提供咨询服务，本期发生咨询人员工资 5 000 元。本期该项专利摊销额为 60 000 元。

※工作行动

（1）根据专利转让合同，收到的银行进账单（回单），编制收取转让专利使用权的使用费收入业务的记账凭证。按确定的收入金额，借记"银行存款"科目，贷记"其他业务收入"科目。

（2）计算应缴营业税，编制应缴营业税的记账凭证。借记"其他业务成本"科目，贷记"应交税费——应交营业税"等科目。

（3）让渡资产所发生的有关支出，如咨询人员薪酬，根据工资分配表编制记账凭证。借记"其他业务成本"科目，贷记"应付职工薪酬"等科目。

（4）编制所让渡资产计提摊销的记账凭证。借记"其他业务成本"科目，贷记"累计摊销"科目。

（5）根据记账凭证，登记"银行存款"日记账、其他业务收入、其他业务成本、应交税费——应交营业税、应付职工薪酬明细账。

※工作成果

取得使用费收入：

借：银行存款	600 000
贷：其他业务收入	600 000

计算应缴纳的营业税：

应缴纳的营业税=600 000×5%=30 000（元）

借：其他业务成本	30 000
贷：应交税费——应交营业税	30 000

分配咨询人员工资：

借：其他业务成本	5 000
贷：应付职工薪酬	5 000

计提摊销：

借：其他业务成本	60 000
贷：累计摊销	60 000

单元十三　费　用

企业在一定时期内，因各种交易或事项会形成各种经济利益的流出，统称为费用，即广义的费用概念。本单元所讲的费用是狭义的费用概念。

项目一　费　用　认　知

一、费用的概念及特点

费用是指企业在日常活动中发生的、会导致所有者权益减少的、与向所有者分配利润无关的经济利益的总流出。

费用具有以下特点：

（一）费用是企业在日常活动中发生的经济利益的总流出

日常活动是指企业为完成其经营目标所从事的经常性活动以及与之相关的其他活动。工业企业制造并销售产品、商业企业购买并销售商品、咨询公司提供咨询服务、软件开发企业为客户开发软件、安装公司提供安装服务、租赁公司出租资产等活动中发生的经济利益的总流出构成费用。工业企业对外出售不需用的原材料结转的材料成本等也构成费用。

费用形成于企业日常活动的特征使其与产生于非日常活动的损失相区分。企业从事或发生的某些活动或事项也能导致经济利益流出企业，但不属于企业的日常活动。例如企业处置固定资产、无形资产等非流动资产，因违约支付罚款，对外捐赠，因自然灾害等非常原因造成财产毁损等，这些活动或事项形成的经济利益的总流出属于企业的损失而不是费用。

（二）费用会导致企业所有者权益减少

费用既可能表现为资产的减少，如减少银行存款、库存商品等；也可能表现为负债的增加，如增加应付职工薪酬、应交税费（应交营业税、消费税等）等。根据"资产-负债=所有者权益"的会计等式，费用一定会导致企业所有者权益的减少。

企业经营管理中的某些支出并不减少企业的所有者权益，也就不构成费用。例如，企业以银行存款偿还一项负债，只是一项资产或负债的等额减少，对所有者权益没有影响，因此不构成企业的费用。

（三）费用与向所有者分配利润无关

费用的发生会导致经济利益的流出，从而导致资产的减少或者负债的增加，其表现形式包括现金或者现金等价物的减少，存货、固定资产和无形资产等的消耗等。企业向所有者分配利润或股利也会导致经济利益的流出，但属于向投资者投资的回报，不构成企业的费用。

二、费用的确认

（一）费用的确认原则

企业在生产经营过程中耗费的各种资产，依据何种标准将其确认为费用直接关系企业在一定会计期间的损益计算，为了正确地对费用进行会计确认和计量，应当合理确定其确认的标准，即费用的确认原则。费用的确认原则主要包括权责发生制、配比和划分收益性支出与资本性支出三项原则。

1. 权责发生制原则

按照权责发生制原则来确认某一会计期间的费用是正确计算费用的前提条件。在持续经营和会计分期的会计假设下，企业发生的人、财、物等各种消耗都可以通过资金运动的特有形式表现出来，并要求分别归属于某一特定的会计期间，这样就产生费用何时确认以及归属于某一特定会计期间的问题。会计上有两种标准可供选择，即权责发生制和收付实现制。为了准确核算费用，合理确定当期损益，企业一般选择权责发生制进行核算。在这一原则下，应对费用作合理分析：有的费用虽然发生在会计当期，但从其归属来看不一定属于本期，如预付的下年度的订报费；有的费用虽然不是发生在会计当期，但从其归属来看应当属于本会计期间，如按季或按年支付的银行利息等。

2. 配比原则

企业要生存发展，就必须取得必要收入，而收入又以企业资产的消耗为前提。企业的费用与收入之间存在着一种因果关系。因此，会计上必须把收入与费用配比，否则，收入和费用都将失去本质含义。只有将收入与费用进行配比，才能计算出在某一会计期间企业的盈亏状况。在费用确认时，一定要注意费用和收入的因果配比，保持收入与费用在会计期间的一致性，对于为几个会计期间收入而付出的费用，应当按照受益期间进行合理的分配，计入各自的会计期间。

3. 划分收益性支出与资本性支出原则

所谓收益性支出是指资产的耗费仅与本会计期间有关，而资本性支出是指资产的耗费与若干会计期间相关。这一原则实际上是上述两个原则的具体化，在进行费用的确认时，必须遵循该原则，按照资产耗费的影响的会计期间进行归集、分配。

（二）费用的确认条件

费用的确认除了应当符合定义外，还应当满足严格的条件，即费用只有在经济利益很可能流出从而导致企业资产减少或者负债增加，且经济利益的流出额能够可靠计量时才能予以确认。即费用的确认应当满足以下条件：

1. 与费用相关的经济利益应当很可能流出企业

从费用的定义看，费用会导致经济利益流出企业，但流出的经济利益具有不确定性。因此，费用的确认应当与经济利益流出的不确定程度的判断相结合。如果有确凿证据表明，有关的经济利益很可能流出企业，就应当将其作为费用予以确认；反之，导致经济利益流出企业的可能性已不复存在，就不符合费用的确认条件，不应作为费用予以确认。

2. 经济利益流出企业的结果会导致资产的减少或者负债的增加

一般而言，费用的增加往往是对企业资产的消耗，会引起企业资产的减少。这可具体表现为企业现实的货币资金支出或非货币资金支出，也可以是过去或预期货币资金支出或非货币资金支出。例如，企业在产品销售中用现金或银行存款支付应由企业负担的运输费、装卸费、广告费等，会导致企业货币资金的直接减少，属于企业的销售费用；企业将商品销售给顾客，属于企业库存商品这种资产的直接减少。费用的增加也可能是由于负债的增加。例如，上述企业销售商品时，未支付货币或非货币资金，而是增加了企业的应付账款。

3. 经济利益的流出能够可靠计量

费用的确认在考虑到经济利益流出企业的可能性时，对于未来流出的经济利益的金额应当能够可靠地计量。

三、费用的计量

费用的计量是指对费用发生额的确认。费用的计量通常取决于资产的计量。费用的发生往往是对企业资产的消耗，根据费用所消耗的资产的价值，就能确定费用的金额。企业的资产能采用不同的计量属性，因此，对于由资产消耗转化而来的费用的计量又取决于资产的计量属性。企业一般采用历史成本法计量资产的价值，因此，费用通常也采用历史成本计量。因为一般而言，费用发生所消耗资产的价值都有一个确切的金额，即在资产交易或事项发生时企业实际支出额，这可以直接作为费用计量的依据。例如，企业用银行存款支付了销售的广告费，可以依据有关记账凭证直接确认为当期的费用。由于企业的资产成本是采用多种计量属性的，当资产的计量属性发生变化以后，费用的计量属性也要随之改变。

四、费用包含的内容

费用包括企业日常活动所产生的经济利益的总流出，主要指企业为取得营业收入进行产品销售等营业活动所发生的企业货币资金的流出，具体包括成本费用和期间费用。这些费用的发生与企业日常经营活动关系密切，是与企业一定会计期间经营成果有直接关系的经济利益流出，最终会导致企业所有者权益减少。

（一）成本费用

企业为生产产品、提供劳务等发生的可归属于产品成本、劳务成本等的费用，应当在确认产品销售收入、劳务收入等时，将已销售产品、已提供劳务的成本等计入当期损益。成本费用包括主营业务成本、其他业务成本、营业税金及附加等。

（二）期间费用

期间费用是指企业日常活动发生的不能计入特定核算对象的成本，而应计入发生当期损益的费用。期间费用发生时直接计入当期损益。期间费用包括销售费用、管理费用和财务费用。

 什么是费用？费用有哪些特点？如何区别费用与损失？

项目二　营业成本的核算

> **相关知识**

营业成本是指企业为生产产品、提供劳务等发生的可归属于产品成本、劳务成本等的费用，应当在确认产品销售收入、劳务收入等时，将已销售产品、已提供劳务的成本等计入当期损益。

营业成本包括主营业务成本和其他业务成本。

主营业务成本是指企业销售商品、提供劳务等经常性活动所发生的成本。

其他业务成本是指企业确认的除主营业务活动以外的其他经营活动所发生的支出。其他业务成本包括销售材料的成本、出租固定资产的折旧额、出租无形资产的摊销额、出租包装物的成本或摊销额等。投资性房地产采用成本模式计量的，其所计提的折旧额或摊销额，也构成其他业务成本。

工作任务

营业成本的账务处理

（一）主营业务成本

企业应当设置"主营业务成本"科目，核算企业因销售商品、提供劳务或让渡资产使用权等日常活动而发生的实际成本，并按主营业务种类进行明细核算。企业一般在确认销售商品、提供劳务等主营业务收入时，或在月末将已销售商品、已提供劳务的成本结转入主营业务成本，借记"主营业务成本"账户，贷记"库存商品""劳务成本"账户；期末应将"主营业务成本"账户余额结转入"本年利润"账户，借记"本年利润"账户，贷记"主营业务成本"账户，结转后该科目无余额。

【任务 13-1】 商品销售成本的结转

※工作资料

2012 年 6 月 20 日宏达公司向博宇公司销售一批产品，开出的增值税专用发票上注明售价为 200 000 元，增值税额为 34 000 元；宏达公司已收到博宇公司支付的货款 234 000 元，并将提货单送交博宇公司；该批产品成本为 180 000 元。

※工作行动

（1）财会部门取得增值税专用发票、银行进账单等原始单据。

（2）财会部门根据审核无误的增值税专用发票、银行进账单，编制记账凭证，确认主营业务收入。

（3）根据提货单，编制结转销售成本的记账凭证。

（4）根据记账凭证，登记 "银行存款"日记账、主营业务收入、主营业务成本、库存商品、应交税费明细账。

※工作成果

借：银行存款		234 000
贷：主营业务收入		200 000
应交税费——应交增值税（销项税额）		34 000
借：主营业务成本		180 000
贷：库存商品		180 000

（二）其他业务成本

企业应当设置"其他业务成本"科目，核算企业确认的除主营业务活动以外的其他经营活动所发生的支出，并按其他业务成本的种类进行明细核算。企业发生或结转其他业务成本时，借记"其他业务成本"账户，贷记"原材料""周转材料""累计折旧""累计摊销""银行存款"等账户；期末应将"其他业务成本"账户余额结转入"本年利润"账户，借记

"本年利润"账户，贷记"其他业务成本"账户，结转后该科目无余额。

【任务 13-2】 企业销售原材料成本的结转

※**工作资料**

2012 年 9 月 2 日，宏达公司销售一批原材料，开具的增值税专用发票上注明的售价为 10 000 元，增值税为 1 700 元，款项已采用支票收取。该批原材料的实际成本为 6 000 元。

※**工作行动**

（1）财会部门开出增值税专用发票、填制银行进账单等原始单据。

（2）会计根据审核无误的原始凭证，编制记账凭证，确认其他业务收入。

（3）根据材料出库单，编制结转销售成本的记账凭证。

（4）根据记账凭证，登记 "银行存款"日记账，和其他业务收入、其他业务成本、原材料、应交税费等明细账。

※**工作成果**

借：银行存款   11 700
  贷：其他业务收入   10 000
      应交税费——应交增值税（销项税额）   1 700
借：其他业务成本   6 000
  贷：原材料   6 000

 其他业务成本属于营业成本吗？包括哪些内容？

项目三 营业税金及附加的核算

相关知识

营业税金及附加是指企业经营活动应负担的相关税费，包括营业税、消费税、城市维护建设税、教育费附加和资源税等。

营业税是对提供应税劳务、转让无形资产或销售不动产所征收的一种税。其中，应税劳务是指交通运输、建筑安装、金融保险、邮电通讯、旅游服务和文化娱乐业所提供的劳务；转让无形资产是指转让无形资产的所有权或使用权；销售不动产是指非房产单位有偿转让不动产的所有权和使用权，以及将不动产无偿赠与他人的行为。

消费税是对生产、委托加工及进口应税消费品（主要指烟、酒、化妆品、高档次及高能耗的消费品）征收的一种税。消费税的计税方法主要有从价定率、从量定额及从价定率和从量定额复合计税三种。从价定率是根据商品销售价格和规定的税率计算应交消费税；从量定率是根据商品销售数量和规定的单位税额计算应交的消费税；复合计税是二者的结合。

城市维护建设税（以下简称城建税）和教育费附加是对从事生产经营活动的单位和个

人，以其实际缴纳的增值税、消费税、营业税为依据，按纳税人所在地适用的不同税率计算征收的一种税。

资源税是对在我国境内开采国家规定的矿产资源和生产用盐单位、个人征收的一种税，按应税数量和规定的单位税额计算。如开采石油、煤炭、天然气企业需按开采的数量计算缴纳资源税。

工作任务

营业税金及附加的账务处理

企业应当设置"营业税金及附加"科目，核算企业经营活动发生的营业税、消费税、城市维护建设税、资源税和教育费附加等相关税费。与投资性房地产相关的房产税、土地使用税也在本科目核算。企业按规定计算确定的与经营活动相关的税费，借记本科目，贷记"应交税费"等科目。期末，应将本科目余额转入"本年利润"科目，结转后本科目应无余额。

【任务 13-3】 营业税金及附加的确认

※工作资料

翔宇公司 2012 年 2 月 1 日取得应纳消费税的产品销售收入 3 000 000 元，该产品适用的消费税税率为 25%。

※工作行动

（1）填制税费计算单计算应交消费税额 750 000 元（3 000 000×25%）；

（2）根据税费计算单编制记账凭证，销售应交消费税的商品，其应缴纳的消费税记入"营业税金及附加"科目；

（3）根据记账凭证登记营业税金及附加及应交税费的明细账。

※工作成果

借：营业税金及附加   750 000

  贷：应交税费——应交消费税   750 000

注意：企业收到返还的消费税、营业税等原记入"营业税金及附加"科目的各种税金，应按实际收到的金额，借记"银行存款"科目，贷记"营业税金及附加"科目。

项目四　期间费用的核算

（一）期间费用的概念

期间费用是指企业日常活动发生的不能计入特定核算对象的成本，而应计入发生当期损益的费用。

　　期间费用是企业日常活动中所发生的经济利益的流出。之所以不计入一定的成本核算对象，主要是因为期间费用是为组织和管理企业整个经营活动所发生的费用，与可以确定一定成本核算对象的材料采购、成品生产等支出没有直接关系，因而期间费用不计入有关核算对象的成本，而是直接计入当期损益。

（二）期间费用的内容

　　期间费用包括销售费用、管理费用和财务费用。

1. 销售费用

　　销售费用是指企业销售商品和材料、提供劳务的过程中发生的各种费用，包括保险费、包装费、展览费和广告费、商品维修费、预计产品质量保证损失、运输费、装卸费等以及为销售本企业商品而专设的销售机构（含销售网点、售后服务网点等）的职工薪酬、业务费、折旧费等经营费用。企业发生的与专设销售机构相关的固定资产修理费用等后续支出属于销售费用。

　　销售费用是与企业销售商品活动有关的费用，但不包括销售商品本身的成本和劳务成本。销售的产品的成本属于"主营业务成本"，提供劳务所发生的成本属于"劳务成本"。

2. 管理费用

　　管理费用是指企业为组织和管理企业生产经营发生的各种费用，包括企业董事会和行政管理部门在企业的经营管理中发生的，或者应由企业统一负担的公司经费（包括行政管理部门职工工资、修理费、物料消耗、低值易耗品摊销、办公费和差旅费等）、工会经费、待业保险费、劳动保险费、董事会会费（包括董事会成员津贴、会议费和差旅费等）、聘请中介机构费、咨询费（含顾问费）、诉讼费、业务招待费、房产税、车船使用税、土地使用税、印花税、技术转让费、矿产资源补偿费、研究费用、排污费以及企业生产车间和行政管理部门发生的固定资产修理费用等。

3. 财务费用

　　财务费用是指企业为筹集生产经营所需资金等而发生的筹资费用，包括利息支出（减利息收入）、汇兑损益以及相关的手续费、企业发生或收到的现金折扣等。

工作任务

期间费用的账务处理

1. 销售费用

　　企业应通过"销售费用"账户核算销售费用的发生和结转情况。"销售费用"账户应当按照费用项目进行明细核算。企业销售商品和材料、提供劳务的过程中发生的保险费、包装费、展览费和广告费、运输费、装卸费等，借记"销售费用"账户，贷记"库存现金"

"银行存款"等账户。企业为销售本企业商品而专设的销售机构（含销售网点、售后服务网点等）的职工薪酬、业务费、折旧费等经营费用，借记"销售费用"账户，贷记"应付职工薪酬""银行存款""累计折旧"等账户。企业发生的与专设销售机构相关的固定资产修理费用等后续支出，应在发生时借记"销售费用"账户，贷记"原材料""应付职工薪酬""银行存款"等账户。期末应将"销售费用"账户余额转入"本年利润"账户，借记"本年利润"账户，贷记"销售费用"账户。结转后"销售费用"账户应无余额。

【任务 13-4】 销售费用的核算

※工作资料

宏达公司 2012 年 3 月 1 日为宣传新产品发生广告费 90 000 元，均用银行存款支付。

※工作行动

（1）出纳开出转账支票支付广告费，取得广告费发票。

（2）根据转账支票存根和广告费发票填制记账凭证。广告费属于企业的销售费用，应记入"销售费用"科目。

（3）根据记账凭证登记"销售费用"明细账，由出纳登记"银行存款"日记账。

※工作成果

借：销售费用——广告费　　　　　　　　　　　　　　　　　90 000

　　贷：银行存款　　　　　　　　　　　　　　　　　　　　　　90 000

2. 管理费用

企业应通过"管理费用"账户核算管理费用的发生和结转情况。"管理费用"账户应当按照费用项目进行明细核算。企业发生管理费用时，借记"管理费用"账户，贷记"库存现金""银行存款""应付职工薪酬""累计折旧"等账户。期末应将"管理费用"账户余额转入"本年利润"账户，借记"本年利润"账户，贷记"管理费用"账户。结转后"管理费用"账户应无余额。

商品流通企业管理费用不多的，可不设本科目，本科目的核算内容可并入"销售费用"科目核算。

【任务 13-5】 管理费用的核算

※工作资料

2012 年 3 月 23 日，北京美传服装制造公司用现金 900 元购买办公用品。

※工作行动

（1）企业支付现金购买办公用品，取得购货发票。

（2）根据审核无误的原始凭证编制记账凭证。购买办公用品属于企业的管理费用，应记入"管理费用——办公用品费"科目。

（3）根据记账凭证，登记"管理费用"明细账，由出纳登记"库存现金"日记账。

※工作成果

借：管理费用——办公用品费   900

    贷：库存现金   900

3. 财务费用

企业应通过"财务费用"账户核算财务费用包括利息支出（减利息收入）、汇兑差额以及相关的手续费、企业发生的现金折扣或收到的现金折扣等的发生和结转情况。"财务费用"账户应当按照费用项目进行明细核算。企业发生的财务费用，借记"财务费用"账户，贷记"银行存款""未确认融资费用""应收账款"等账户。发生的应冲减财务费用的利息收入、汇兑差额、现金折扣，借记"银行存款""应付账款"等账户，贷记"财务费用"账户。期末，应将"财务费用"账户余额转入"本年利润"账户，结转后"财务费用"账户应无余额。

注意： 为购建或生产满足资本化条件的资产发生的应予资本化借款费用，在"在建工程""制造费用"等账户核算，不在"财务费用"账户核算。

【任务 13-6】 财务费用的核算

※工作资料

宏达公司 2012 年 5 月 31 日用银行存款支付本月应负担的短期借款利息 64 000 元。

※工作行动

（1）企业支付短期借款利息，取得银行的付款通知。

（2）根据审核无误的原始凭证填制记账凭证。短期借款利息属于企业的财务费用，应记入"财务费用"科目。

（3）根据记账凭证登记"财务费用"明细账，由出纳登记"银行存款"日记账。

※工作成果

借：财务费用——利息支出   64 000

    贷：银行存款   64 000

单元十四　利润的核算

学习目标

- **知识目标**

  掌握利润的构成内容

  掌握营业外收入和营业外支出的核算

  掌握应交所得税的计算

  理解结转本年利润的方法

  掌握结转本年利润的会计处理

- **能力目标**

  能够说明利润的构成内容

  能够对发生的营业外收入和营业外支出业务进行会计处理

  能够计算应交所得税并进行会计处理

  能够进行结转本年利润的会计处理

利润是企业经营活动和资金运用的结果，是企业经营活动的目的。企业实现的利润必须按照国家的法律规定进行利润分配（或亏损弥补）。本章主要介绍企业期末计算利润总额、净利润的知识。

项目一　利润的认知

一、利润的概念及特征

利润是指企业在一定会计期间的经营成果，利润包括收入减去费用后的净额、直接计入当期利润的利得和损失等。直接计入当期利润的利得和损失，是指应当计入当期损益、会导致所有者权益发生增减变动的、与所有者投入资本或者向所有者分配利润无关的利得或者损失。

二、利润的构成

（一）营业利润

营业利润是企业一定会计期间日常活动取得的收入减去费用后的净额。计算公式如下：
营业利润=营业收入-营业成本-营业税金及附加-销售费用-管理费用-财务费用-资产减值损失+公允价值变动收益（-公允价值变动损失）+投资收益（-投资损失）

其中：

1. 营业收入是主营业务收入和其他业务收入之和。
2. 营业成本是主营业务成本和其他业务成本之和。
3. 资产减值损失是指企业计提各项资产减值准备所形成的损失。
4. 公允价值变动收益或损失是指企业交易性金融资产等公允价值变动形成的应计入当期损益的利得或损失。
5. 投资收益或损失是指企业以各种方式对外投资所取得的收益或发生的损失。

（二）利润总额

利润总额为税前利润总额，它是营业利润加营业外收入减营业外支出后的金额。计算公式如下：

利润总额=营业利润+营业外收入-营业外支出

其中：

1. 营业外收入是指企业发生的与其日常活动无直接关系的各项利得。
2. 营业外支出是指企业发生的与其日常活动无直接关系的各项损失。

（三）净利润

净利润是税后净利润，它是利润总额减去所得税费用后的净额。计算公式如下：

净利润=利润总额-所得税费用

其中，所得税费用是指企业确认的应从当期利润总额中扣除的所得税费用。

 什么是利润？如何计算营业利润、利润总额、净利润？

项目二　营业外收支的核算

相关知识

营业外收支是指企业发生的与日常经营活动无直接关系的各项收入和支出。这些收入和支出发生时，前后无关联性，彼此孤立，不存在收入和费用的配比问题，偶发性很强，如自然灾害、罚没利得、罚款支出等非正常经营活动产生的收入或损失。营业外收支对企业的利润总额及净利润会产生一定的影响。

（一）营业外收入的内容

营业外收入指企业发生的与其经营活动无直接关系的各项净收入，主要包括处置非流动资产利得（包括固定资产处置利得和无形资产出售利得）、非货币性资产交换利得、债务重组利得、罚没利得、捐赠利得、政府补助利得、确实无法支付而按规定程序经批准后转作营业外收入的应付款项等。具体内容如下：

（1）处置非流动资产利得包括固定资产处置利得和无形资产出售利得。固定资产处置利得指企业处置固定资产所取得的收入（含价款、残值收入）扣除处置固定资产的账面价值、清理费用及相关税费后的净收益。出售无形资产利得指企业出售无形资产所取得的收入减去出售无形资产的账面价值及相关税费后的净收益。

（2）非货币性资产交换利得指企业在进行非货币性交易时按规定应确认的收益。

（3）债务重组利得指企业在进行债务重组时按规定应确认的收益。

（4）罚没利得是指企业取得的对方违反国家有关行政管理法规按照规定支付的罚款。包括因供应单位不履行合同而向其收取的赔款，因购买单位不履行合同、协议支付货款而向其收取的赔偿金、违约金等各种形式的罚款收入。

（5）捐赠利得指企业接受捐赠产生的利得。

（6）政府补助利得指企业从政府无偿取得货币性资产或非货币性资产产生的利得。

（7）确实无法支付而按规定程序经批准后转作营业外收入的应付款项主要是指债权人单位变更登记或撤销等无法支付的应付款项等。

（二）营业外支出的内容

营业外支出指企业发生的与其经营活动无直接关系的各项净支出，包括处置非流动资产损失（包括固定资产处置损失和无形资产出售损失）、非货币性资产交换损失、债务重组损失、盘亏损失、罚款支出、捐赠支出、非常损失等。具体内容如下：

（1）处置非流动资产损失包括固定资产处置损失和无形资产出售损失。固定资产处置损失指企业处置多余的、闲置的、不需用的固定资产获得的收入不足以抵补处置费用和固定资产净值所发生的损失。无形资产出售损失指企业出售无形资产所取得的收入减去出售无形资产的账面价值及相关税费后的净损失。

（2）非货币性资产交换损失指企业在进行非货币性交易时按规定应确认的损失。

（3）债务重组损失指按照债务重组会计处理规定应计入营业外支出的债务重组损失。

（4）盘亏损失指对固定资产盘亏、毁损处理时，查明原因，按照确定的损失，应计入营业外支出的金额。

（5）罚款支出指企业因未履行经济合同、协议而向其他单位支付的赔偿金、违约金、罚息及被没收的财物损失、违法经营罚款和违反税法支付的滞纳金、罚款等支出。

（6）捐赠支出指各种公益救济性捐赠及非公益救济性捐赠等。

（7）非常损失是指自然灾害造成的各项资产净损失（扣除保险赔偿及残值）。

工作任务

营业外收支的会计处理

（一）营业外收入的会计处理

1. 科目设置

企业应设置"营业外收入"科目核算营业外收入的取得及结转情况。该科目为损益类科目。贷方登记取得的营业外收入，借方登记期末结转的营业外收入，结转后本科目应无余额。本科目应当按照营业外收入项目进行明细核算。

2. 账务处理

企业发生的营业外收入，借记"现金""银行存款""应付账款""待处理财产损溢""固定资产清理"等科目，贷记"营业外收入"科目。期末，应将"营业外收入"科目余额转入"本年利润"科目，借记"营业外收入"科目，贷记"本年利润"科目。

【任务 14-1】　处置非流动资产利得等

※工作资料

甲企业本期发生下列营业外收入：（1）经批准将确实无法支付的其他应付款 600 元，转作营业外收入；（2）出售一项专利技术，实际收到 1 200 000 元，按 5%计算应交营业税。该项专利技术的账面余额为 1 000 000 元，已计提的累计摊销额为 400 000 元，未计提减值准备；（3）收到罚款收入 1 000 元，送存银行。

※工作行动

（1）根据领导批复的处理意见，编制记账凭证，注销该笔"其他应付款"，转入"营业外收入"。

（2）审核发票及收款凭据无误后，根据出售专利技术收到的收款凭据借记"银行存款"科目；根据"累计摊销"明细账的金额和"无形资产"科目余额，注销专利技术的账面价值；根据出售所得价款，计算应交营业税；将出售所得价款扣除专利技术账面价值和应交营业税后的净收入，计入"营业外收入"科目。

（3）将收到的罚款送存银行后，根据送款单（进账单）回单编制记账凭证，作银行存款和营业外收入的增加处理。

※工作成果

借：其他应付款	600
贷：营业外收入	600
借：银行存款	1 200 000
累计摊销	400 000
贷：无形资产	1 000 000

应交税费	60 000
营业外收入	540 000
借：银行存款	1 000
贷：营业外收入	1 000

3. 政府补助的会计处理

（1）与资产相关的政府补助

根据配比原则，企业取得与资产相关的政府补助，不能全额确认为当期收益，应当随着相关资产的使用逐渐计入以后各期的收益。即首先确认为递延收益，然后自相关资产可供使用时起，在使用寿命内平均分配，计入当期营业外收入。相关资产在使用寿命结束前被处置（出售、转让、报废等），尚未分配的递延收益余额应当一次转入资产处置当期的收益，不再予以递延。

具体会计处理为：借记"银行存款"等科目，贷记"递延收益"科目。在相关资产使用寿命内分配递延收益，借记"递延收益"，贷记"营业外收入"科目。

　　　注意：（1）递延收益分配的起点是"相关资产可供使用时"，对于应计提折旧或摊销的长期资产，即为资产开始折旧或摊销的时点。（2）递延收益分配的终点是"资产使用寿命结束或资产被处置时（孰早）"。

【任务 14-2】 与资产相关的政府补助业务

※工作资料

某企业 2012 年 1 月 1 日，收到政府财政拨款 200 万元，要求用于购买大型科研设备一台，并规定如果该笔款项有结余，留给企业自行支配。2007 年 2 月 1 日，该企业购入不需要安装的大型科研设备一套，实际成本 180 万元，使用寿命 5 年。

※工作行动

（1）2012 年 1 月 1 日企业收到财政拨款 200 万元时，根据收款通知，首先确认递延收益，作银行存款和递延收益增加。

（2）2012 年 2 月 1 日购买设备并验收使用时，按取得的发票及固定资产验收单作固定资产增加和银行存款减少。

（3）将财政拨款结余的 20 万元，从"递延收益"科目转出，确认为营业外收入。

（4）从设备购入使用的次月开始，每月末分配递延收益 30 000 元，确认为营业外收入。

※工作成果

借：银行存款	2 000 000
贷：递延收益	2 000 000
借：固定资产	1 800 000
贷：银行存款	1 800 000
借：递延收益	200 000

贷：营业外收入	200 000
借：递延收益	30 000
贷：营业外收入	30 000

（2）与收益相关的政府补助

与收益相关的政府补助通常以银行转账的方式拨付，应当在实际收到时按照到账的实际金额确认和计量。例如，按照有关规定对企业先征后返的增值税，企业应当在实际收到返还的增值税税款时将其确认为收益，而不应当在确认应付增值税时确认应收税款返还款。只有存在确凿证据表明该项补助是按照固定的定额标准拨付的，才可以在这项补助成为应收款时予以确认并按照应收的金额计量。例如，按照储备量和补助定额计算和拨付给企业的储备粮存储费用补贴，可以按照实际储备量和补贴定额计算应收政府补助款。

与收益相关的政府补助，用于补偿企业以后期间的相关费用或损失的，在取得时应先确认为递延收益，并在确认相关费用的期间，计入当期损益。即按收到或应收的金额，借记"银行存款"等科目，贷记"递延收益"科目。在发生相关费用或损失的未来期间，按应补偿的金额，借记"递延收益"科目，贷记"营业外收入"科目。

用于补偿企业已发生的相关费用或损失的，取得时直接计入当期损益，即按收到或应收的金额，借记"银行存款"等科目，贷记"营业外收入"科目。

已确认的政府补助需要返还，如果存在相关递延收益，冲减相关递延收益账面余额，超出部分计入当期营业外收入；如果不存在相关递延收益，直接计入当期营业外收入。

注意：在有些情况下，企业可能不容易分清与收益相关的政府补助是用于补偿已发生费用，还是用于补偿以后将发生费用。根据重要性原则，企业可以将与收益相关的政府补助直接计入当期营业外收入，对于金额较大的补助，可以分期计入营业外收入。

【任务 14-3】 与收益相关的政府补助业务

※**工作资料**

某化工厂为治理环境污染与某公司签订治理协议，需支付 60 万元治理费用，其中政府补助 40 万元。

※**工作行动**

（1）化工厂按协议支付 600 000 元款项时，根据相关协议文件及付款凭证，编制记账凭证，直接确认为管理费用。

（2）收到政府补助 400 000 元款项时，根据收款凭证，作银行存款和营业外收入增加。

※**工作成果**

借：管理费用	600 000
贷：银行存款	60 000
借：银行存款	400 000
贷：营业外收入	40 000

（二）营业外支出的会计处理

1. 科目设置

企业应通过"营业外支出"科目核算营业外支出的发生及结转情况。该科目为损益类科目。借方登记发生的营业外支出，贷方登记期末结转的营业外支出，结转后本科目应无余额。本科目应当按照营业外支出项目进行明细核算。

2. 账务处理

企业发生的营业外支出，借记本科目，贷记"待处理财产损溢""现金""银行存款""固定资产清理"等科目。期末，应将本科目余额转入"本年利润"科目，借记"本年利润"科目，贷记"营业外支出"科目。

【任务 14-4】 营业外支出的账务处理

※工作资料

甲企业本期发生下列营业外支出：（1）出售一项专利技术，实际收到 800 000 元，按 5%计算应交营业税。该项专利技术的账面余额为 1 000 000 元，已计提的累计摊销额为 100 000 元，未计提减值准备；（2）因未履行经济合同、协议，以银行存款向其他单位支付赔偿金 20 000 元；（3）向灾区捐赠救灾款 1 000 000 元。

※工作行动

（1）审核发票及收款凭据无误后，根据出售专利技术收到的收款凭据借记"银行存款"科目；根据"累计摊销"明细账的金额和"无形资产"科目余额，注销专利技术的账面价值；根据出售所得价款，计算应交营业税；将出售所得价款扣除专利技术账面价值和应交营业税后的净损失，计入"营业外支出"科目。

（2）根据相关罚款文件及付款凭证编制记账凭证，作银行存款减少和营业外支出增加处理。

（3）根据相关捐赠文件及付款凭证编制记账凭证，作银行存款减少和营业外支出增加处理。

※工作成果

借：银行存款	800 000
累计摊销	100 000
营业外支出	140 000
贷：无形资产	1 000 000
应交税费——应交营业税	40 000
借：营业外支出	20 000
贷：银行存款	20 000
借：营业外支出	1 000 000
贷：银行存款	1 000 000

 营业外收入和营业外支出有无对应关系？为什么？

项目三　所得税费用的核算

（一）所得税费用的概念

企业的所得税费用或收益等于当期所得税以及递延所得税费用或收益之和。其中当期所得税是指当期应交所得税。

（二）应交所得税的计算

应交所得税是根据税法规定的以企业应纳税所得额的一定比例上交的一种税金。应纳税所得额是在企业税前会计利润即利润总额的基础上调整确定的。具体步骤如下：

1. 将税前会计利润调整为应纳税所得额

计算公式为：应纳税所得额=税前会计利润+纳税调整增加额-纳税调整减少额

纳税调整增加项目主要包括税法规定允许扣除项目中企业已计入当期费用但超过税法规定扣除标准的金额（如超过税法规定标准的工资支出、业务招待费支出）以及已计入当期损失但税法规定不允许扣除项目的金额（如税收滞纳金、罚款罚金、非公益救济性捐赠支出等）。

纳税调整减少项目主要包括企业已计入收益但税法规定予以免税的项目，如国债利息收入等。

2. 计算应交所得税税额

计算公式为：应交所得税=应纳税所得额×所得税税率

所得税费用的会计处理

（一）科目设置

企业应设置"所得税费用"科目以核算企业根据所得税准则确认的应从当期利润总额中扣除的所得税费用。该科目应按"当期所得税费用""递延所得税费用"进行明细核算。它属于损益类科目。

（二）所得税费用的账务处理

1. 资产负债表日，企业按照税法计算确定的当期应交所得税金额，借记本科目（当期所得税费用），贷记"应交税费——应交所得税"科目。

2. 在确认相关资产、负债时，根据所得税准则应予确认的递延所得税资产，借记"递延所得税资产"科目，贷记"递延所得税费用""资本公积——其他资本公积"等科目；应予确认的递延所得税负债，借记"递延所得税费用""资本公积——其他资本公积"等科目，贷记"递延所得税负债"科目。

3. 资产负债表日，根据所得税准则应予确认的递延所得税资产大于"递延所得税资产"科目余额的差额，借记"递延所得税资产"科目，贷记"递延所得税费用""资本公积——其他资本公积"等科目；应予确认的递延所得税资产小于"递延所得税资产"科目余额的差额，做相反的会计分录。

企业应予确认的递延所得税负债的变动，应当比照上述原则调整"递延所得税负债"科目及有关科目。

4. 期末，应将本科目的余额转入"本年利润"科目，结转后本科目应无余额。

【任务 14-5】 应交所得税的计算

※工作资料

华厦公司 2007 年度按企业会计准则计算的税前会计利润为 20 600 000 元，其中包括本年确认的国库券利息收入 150 000 元。当年按税法核定的全年计税工资为 1 000 000 元，全年实发工资为 1 200 000 元；公司当年直接对外捐赠金额为 250 000 元，但税法不允许在税前扣除。经查，该公司当年因未按期缴纳税款被税务机关征收滞纳罚金 100 000 元，并已计入当期损益。假定公司全年无其他纳税调整因素，其适用所得税税率为 25%。

※工作行动及成果

本例中，华厦公司本年确认的国库券利息收入，该项收入已计入会计应税利润，但按税法规定是免税的，属于纳税调整减少项目。

华厦公司应调整增加应纳税所得额的因素主要有三个：一是已计入当期费用但超过税法规定标准的工资支出；二是企业当年直接对外的捐赠支出，按税法规定不予扣除；三是已从会计利润中扣除但按税法规定不允许扣除的税款滞纳金。

纳税调整增加额=超标准工资支出（1 200 000 - 1 000 000）+ 税收滞纳金（100 000）+ 不允许扣除的捐赠支出（250 000）=550 000（元）

纳税调整减少额=国库券利息收入（150 000 元）

应纳税所得额=税前会计利润 + 纳税调整增加额 - 纳税调整减少额

=20 600 000 + 550 000-150 000

=21 000 000（元）

应交所得税=应纳税所得额×所得税税率

=21 000 000×25%

=5 250 000（元）

【任务 14-6】 所得税费用的计算及账务处理

※工作资料

华夏公司递延所得税负债年初数为 450 000 元，年末数为 300 000 元，递延所得税资产年初数为 350 000 元，年末数为 100 000 元。假定递延所得税资产和负债的增减变化全部计入当期所得税费用。华夏公司当期应缴所得税为 5 250 000 元。

※工作行动

（1）华夏公司根据"递延所得税资产"和"递延所得税负债"科目年初、年末余额，编制所得税费用计算表，所得税费用计算如下：

递延所得税费用=（300 000-450 000）+（350 000-100 000）=100 000（元）

所得税费用=当期应交所得税+递延所得税费用

$$=5\ 250\ 000 + 100\ 000$$

$$=5\ 350\ 000（元）$$

（2）根据所得税费用计算表，编制记账凭证，确认本期所得税费用 5 350 000 元，转销递延所得税资产 250 000 元，转销递延所得税负债 150 000 元，本期应交所得税 5 250 000 元。

※工作成果

借：所得税费用	5 350 000
递延所得税负债	150 000
贷：应交所得税	5 250 000
递延所得税资产	250 000

注意：执行《企业会计准则第 18 号——所得税》的企业，应采用资产负债表债务法对所得税进行核算，即应确认相关的递延所得税资产和递延所得税负债；执行《小企业会计准则》的企业，应采用应付税款法对所得税进行核算，即对所产生的递延所得税资产和递延所得税负债不予确认。

项目四　本年利润的核算

相关知识

会计期末结转本年利润的方法有表结法和账结法两种。

（一）表结法

表结法即各损益类科目每月月末只需结计出本月发生额和月末累计余额，不结转到"本年利润"科目，只有在年末时，才将全年累计余额结转入"本年利润"科目，但每月月末要将损益类科目的本月发生额合计数填入利润表的本月数栏，同时将本月末累计余额填入利润表的本年累计数栏，通过利润表计算反映各期的利润或亏损。表结法下，年中损益类科目无须结转入"本年利润"科目从而减少了转账环节和工作量，同时并不影响利润表的编制及有关损益指标的利用。

（二）账结法

账结法即每月月末均需编制转账凭证，将在账上结计出的各损益类科目的余额结转入"本年利润"科目，结转后"本年利润"科目的本月合计数反映当月实现的利润或发生的亏损，"本年利润"科目的本年累计数反映本年累计实现的利润或发生的亏损。账结法在各月均可通过"本年利润"科目提供当月及本年累计的利润或亏损额，但增加了转账环节和工作量。

工作任务

结转本年利润的会计处理

（一）科目设置

企业应设置"本年利润"科目，核算企业本年度实现的净利润（或净亏损）。期末，企业将各收益类科目的余额转入"本年利润"科目的贷方；将各成本、费用类科目的余额转入"本年利润"科目的借方。转账后，"本年利润"科目如为贷方余额，反映本年自年初开始累计实现的净利润；如为借方余额，反映本年度自年初开始累计发生的净亏损。年度终了，应将"本年利润"科目的全部累计余额，转入"利润分配——未分配利润"科目，如为净利润，借记"本年利润"科目，贷记"利润分配——未分配利润"科目；如为净亏损，作相反会计分录。年度结账后，"本年利润"科目无余额。

（二）账务处理

期末结转利润时，应将"主营业务收入""其他业务收入""营业外收入"等科目的期末余额分别转入"本年利润"科目，借记"主营业务收入""其他业务收入""营业外收入"等科目，贷记"本年利润"科目。将"主营业务成本""营业税金及附加""其他业务支出""销售费用""管理费用""财务费用""资产减值损失""营业外支出""所得税费用"等科目的期末余额分别转入"本年利润"科目，借记"本年利润"科目，贷记"主营业务成本""营业税金及附加""其他业务支出""销售费用""管理费用""财务费用""资产减值损失""营业外支出""所得税"等科目。将"公允价值变动损益""投资收益"科目的净收益，转入"本年利润"科目，借记"公允价值变动损益""投资收益"科目，贷记"本年利润"科目；如为净损失，做相反的会计分录。

年度终了，应将本年收入和支出相抵后结出的本年实现的净利润，转入"利润分配"科目，借记"本年利润"科目，贷记"利润分配——未分配利润"科目；如为净亏损，做相反的会计分录。

【任务 14-7】 结转损益

※工作资料

表 14-1

损益类科目余额表

2012 年 12 月 31 日

借方	科目名称	贷方
	主营业务收入	800 000
	其他业务收入	100 000
	营业外收入	50 000
	投资收益	20 000
5 000	公允价值变动损益	
450 000	主营业务成本	
60 000	其他业务成本	
50 000	营业税金及附加	
80 000	管理费用	
3 000	财务费用	
20 000	销售费用	
4 800	资产减值损失	
9 000	营业外支出	
72 050	所得税费用	
753 850	合计	970 000

主管：李莉　　　　　审核：　　　　　　　制单：刘小宁

※工作行动

（1）提取各损益类科目的余额（编制自制的原始凭证），编制损益类科目余额表（表 14-1）；

（2）根据损益类科目余额表，编制记账凭证，将收入类科目和费用支出类科目余额结转至本年利润科目。并登记相应账户。

注意：收入和费用结转至本年利润时，必须分别进行账务处理。

※工作成果

借：主营业务收入　　　　　　　　　　　　　　　　　　　　800 000
　　其他业务收入　　　　　　　　　　　　　　　　　　　　100 000
　　营业外收入　　　　　　　　　　　　　　　　　　　　　　50 000
　　投资收益　　　　　　　　　　　　　　　　　　　　　　　20 000
　贷：本年利润　　　　　　　　　　　　　　　　　　　　　970 000

借：本年利润	753 850
贷：主营业务成本	450 000
其他业务成本	60 000
营业税金及附加	50 000
管理费用	80 000
财务费应	3 000
销售费用	20 000
资产减值损失	4 800
公允价值变动损益	5 000
营业外支出	9 000
所得税费用	72 050

经过结转，损益类科目余额为零，本年利润科目余额为本年净利润额，如果为借方余额则为亏损。

【任务 14-8】 年终结转本年利润

※工作资料
某企业 2012 年 1—12 月损益结转后，"本年利润"科目的贷方余额为 9 850 000 元。

※工作行动
根据会计核算的要求，编制记账凭证，将"本年利润"科目的余额结转至"利润分配——未分配利润"科目。

※工作成果

| 借：本年利润 | 9 850 000 |
| 贷：利润分配——未分配利润 | 9 850 000 |

经过结转，"本年利润"科目年终余额为零，如果结转前"本年利润"科目为借方余额，则做相反的会计分录。

会计期末结转本年利润的方法有哪两种？各自的特点是什么？

单元十五　财务报表的编制

学习目标

● **知识目标**

熟悉财务报表的概念、目标和分类

了解资产负债表、利润表、现金流量表及所有者权益变动表的意义

熟悉资产负债表、利润表、现金流量表及所有者权益变动表的内容和结构

掌握资产负债表、利润表、现金流量表及所有者权益变动表的编制方法

● **能力目标**

会根据总账余额和有关明细账的余额编制资产负债表

会根据有关总账的本期发生额编制利润表

会根据资产负债表、利润表和有关会计科目明细账的记录分析计算编制现金流量表

会根据有关所有者权益各组成部分当期变动情况编制所有者权益变动表

一个企业日常发生的会计事项，基本上反映了企业在一定日期的财务状况和经营成果，但这些会计记录分散在各会计账簿中，不能集中概括地说明企业经济活动的总面貌。会计报表就是为了满足会计信息使用者对会计信息的需求，在日常会计核算的基础上定期编制的、综合反映财务状况和经营成果的书面文件。

项目一　财务报表的认知

一、财务报表的概念及其目标

财务报表，是对企业财务状况、经营成果和现金流量的结构性表述。是按照企业会计准则和会计制度的要求，遵循一定的会计方法和程序，以及规定的格式和内容编制的。财务报表提供最综合的会计信息。

在会计核算程序中，填制和审核会计凭证、登记账簿、编制财务报表是三个主要环节，企业日常发生的每一笔经济业务，都必须取得和编制会计凭证，进而登记相关的总分账和明细分类账，在每一个会计期末，根据会计凭证和会计账簿所提供的日常会计信息，进行汇总计算、加工整理，综合编制财务报表。所以，编制财务报表是会计核算体系中的一项

重要内容，是会计核算程序的终端。

　　根据《企业会计准则第 30 号——财务报表列报》的规定，财务报表至少应当包括资产负债表、利润表、现金流量表、所有者权益（或股东权益）变动表及附注。

　　企业编制财务报表的目标是向财务报告使用者提供与企业财务状况、经营成果和现金流量等有关的会计信息，反映企业管理层受托责任履行情况，有助于财务会计报告使用者作出经济决策，财务会计报告使用者包括投资者、债权人、政府及其有关部门和社会公众等。

二、财务报表的分类

　　财务报表可以按照不同的标准划分为不同的类别。

（一）按财务报表所反映的经济内容分类

　　财务报表按照所反映的经济内容分类，可分为资产负债表、利润表和现金流量表和所有者权益变动表。

　　资产负债表是反映企业在某一特定日期财务状况的报表；利润表是反映企业在一定会计期间经营成果的报表。现金流量表是反映企业一定会计期间现金和现金等价物（以下简称现金）流入和流出情况的报表。所有者权益变动表是反映企业在一定会计期所有者权益增减变动情况的报表。

（二）按财务报表报送对象分类

　　企业的财务报表按其报送对象，可分为对外财务报表和对内财务报表。

　　对外财务报表是指为满足企业外部会计信息使用者的需要而定期对外报送的财务报表。我国企业会计制度统一规定，企业对外报送的财务报表包括资产负债表、利润表、现金流量表、所有者权益变动表、分部报表和报表附注。

　　对内财务报表是指为企业内部经营管理的需要而定期编制的财务报表，如各种成本报表。我国企业会计制度规定，企业内部管理需要的财务报表由企业自行规定。

（三）按财务报表报送时期分类

　　我国企业会计制度统一规定，企业的财务报表分为年度、半年度、季度和月度财务报表。

　　年度财务报表简称年报，是企业的年度决算报表，主要包括资产负债表、利润表、现金流量表、所有者权益变动表和附注。

　　中期财务报表是指短于一个完整的会计年度的报告期间的报表，包括月度、季度和半年度财务报表。中期财务报表至少应包括资产负债表、利润表、现金流量表和附注，其格式和内容应与年度财务报表相一致，但与年度财务报表相比，中期财务报表中的附注披露可以适当从略。

（四）按财务报表反映经济内容的状态分类

　　财务报表按反映经济内容的状态，可分为静态的财务报表和动态的财务报表。

　　静态财务报表是指财务报表所反映的内容在某一时点上处于相对稳定状态，是按照有关账户的期末余额填制的，如资产负债表。静态财务报表又可以称之为时点报表。

动态财务报表是指财务报表所反映的内容在某一时期内处于发展变化的状态，是按照有关账户的本期发生额填制的，如利润表和现金流量表和所有者权益变动表。动态财务报表又可以称之为时期报表。

（五）按财务报表编制主体分类

财务报表按照编制主体的不同，可分为个别财务报表和合并财务报表。

个别财务报表是指由企业在自身会计核算的基础上，对账簿记录进行加工而编制的财务报表，它主要用以反映企业自身的财务状况、经营成果和现金流量情况。

合并财务报表是指以母公司合资公司组成的企业集团为会计主体，根据母公司和所属子公司的财务报表，由母公司编制的综合反映企业集团的财务状况、经营成果和现金流量的财务报表。

　财务报表的主要内容包括哪些？如何进行分类？

项目二　资产负债表的编制

相关知识

（一）资产负债表的概念

资产负债表是反映企业在某一特定日期（月末、季末、年末）财务状况的报表。它好比一张静态照片，是企业报表编制日财务构成的一张快照。为报表使用者提供如下信息：

（1）在某一特定日期企业所拥有或控制的资产总额及构成情况。

（2）在某一特定日期企业所承担的负债总额及构成情况。

（3）在某一特定日期企业所有者对净资产的要求权及构成情况。

通过资产负债表可以了解企业生产经营能力，分析企业的偿债能力及资本保值增值情况，评价企业的财务实力和财务弹性，预测企业未来的财务状况发展趋势。

资产负债表编制的理论依据是会计恒等式，即"资产=负债+所有者权益"。

（二）资产负债表的内容和结构

1. 资产负债表的内容

资产负债表反映企业的资产、负债及所有者权益三方面的基本内容。

（1）资产

资产是指由于过去的交易或事项形成，并由企业在某一特定日期所拥有或控制的，预期会给企业带来经济利益的资源。

资产按其流动性的强弱分为流动资产和非流动资产两大类，在资产负债表中加以列示。

① 流动资产项目。流动资产是指预计在一个正常营业周期中变现、出售或耗用，或者主要为交易目的而持有，或者预计在资产负债表日起一年内（含一年）变现的资产，或者自资产负债表日起一年内交换其他资产或清偿负债的能力不受限制的现金或现金等价物。

资产负债表中列示的流动资产项目通常包括货币资金、交易性金融资产、应收票据、应收账款、预付款项、应收利息、应收股利、其他应收款、存货和一年内到期的非流动资产等。

② 非流动资产项目。非流动资产是指流动资产以外的资产。

资产负债表中列示的非流动资产项目通常包括长期股权投资、固定资产、在建工程、工程物资、固定资产清理、无形资产、开发支出、长期待摊费用以及其他非流动资产等。

（2）负债

负债是指企业在某一特定日期所承担的，预期会导致经济利益流出企业的现实义务。

负债按其偿还期的长短分为流动负债和非流动负债两大类，在资产负债表中加以列示。

① 流动负债项目。流动负债是指预计在一个正常的营业周期中清偿，或者主要为交易目的而持有，或者自资产负债表日起一年内（含一年）到期应予以清偿，或者企业无权自主地将清偿推迟到资产负债表日后一年以上的负债。

资产负债表中列示的流动负债项目通常包括短期借款、应付票据、应付账款、预收账款、应付职工薪酬、应付税费、应付利息、应付股利、其他应付款、一年内到期的非流动负债等。

② 非流动负债项目。非流动负债是指流动负债以外的负债。

资产负债表中列示的非流动负债项目通常包括长期借款、应付债券和其他非流动负债等。

（3）所有者权益

所有者权益是指企业资产扣除负债后的剩余权益，反映企业在某一特定日期股东（投资者）拥有的净资产的总额。

资产负债表中列示的所有者权益项目通常包括实收资本（或股本）、资本公积、盈余公积和未分配利润。

由于资产负债表是依据会计等式编制的，资产负债表中各项目填列完毕后，资产总计应等于负债和所有者权益总计。

2. 资产负债表的结构

资产负债表由表头、正表两部分组成。

（1）表头部分

资产负债表的表头部分包括：编制单位的名称、编表日期、报表编号和金额单位。

编制单位名称表明该资产负债表反映的是哪一个单位的财务状况。

编表日期表明该资产负债表所反映的某一单位的财务状况是哪一特定时点的财务状况。所谓特定时点的财务状况是指某年某月某日的经营活动结束后的财务状况。

报表编号是指企业会计制度中对各种会计报表的统一编号。资产负债表的编号为"会企 01 表"。

金额单位表明资产负债表中各项目中所填列数字的货币金额单位。企业会计制度中规定，会计报表中各项目数字的金额要统一用人民币元来反映。

（2）正表部分

资产负债表的正表有报告式和账户式两种格式。报告式资产负债表为上下结构，上半部分列示资产，下半部分列示负债和所有者权益。账户式资产负债表为左右结构，左方列示资产，右方列示负债及所有者权益。我国企业会计制度规定，资产负债表采用账户式。账户式资产负债表如表 15-1 所示。

表 15-1

资产负债表

会企 01 表

编制单位：　　　　　　　　　　年　月　日　　　　　　　　　　单位：元

资产	负债及所有者权益
流动资产： ……	流动负债： ……
非流动资产： ……	非流动负债： …… 所有者权益： ……
资产总计	负债及所有者权益

3. 资产负债表的格式

《企业会计准则第 30 号——财务报表列报》应用指南中规定的资产负债表的格式如表 15-7 所示。

（三）资产负债表的编制要求

为了充分发挥资产负债表的作用，保证资产负债表所提供的信息能够满足有关各方的需要，在编制资产负债表时一定要做到数字真实、计算准确、内容完整、编报及时。

工作任务

编制资产负债表

（一）表头部分

首先要填明编制单位。另外，资产负债表要反映一定时点上企业的资产、负债、所有者权益的构成情况，表中的数字要根据资产类、负债类、所有者权益类账户的期末余额填列，所以，表头部分的编表时间应填明某年某月某日。

（二）正表部分

我国企业会计准则规定，财务报表应采用前后期对比的方式编制。因此，资产负债表中设置年初余额和期末余额两栏数据，以便于报表使用者对有关项目前后两期的数字进行比较，从而对有关项目的变化和发展做出分析和评价。

"年初余额"一般应为上一年的"期末余额"，"年初余额"栏中各项目的数字应根据上年年末资产负债表中的"期末余额"填列。如果上年度资产负债表规定的各个项目的名称和内容与本年度不一致，应对上年年末资产负债表各项目的名称和数字，按照本年度的规定进行调整，填入本表"年初余额"栏内。

"期末余额"栏中各项目的数字应根据本期期末各有关总账账户及所属的明细账户的余额填列。其中，大多数项目根据有关总账账户及所属的明细账户的余额直接填列，也有一些项目根据有关总账账户及所属的明细账户的余额计算分析之后填列。

下面具体介绍资产负债表期末余额栏中各项目数字的填列方法。

1. 根据有关总账科目的期末余额填列

资产负债表中，有些项目是根据有关总账科目的期末余额直接填列的，如"交易性金融资产""短期借款""应付票据""应付职工薪酬"等项目；有些项目，是根据几个总账科目的余额计算填列的，如"货币资金"项目，应根据"库存现金""银行存款""其他货币资金"总账科目的期末余额合计填列。

2. 根据有关明细账科目的期末余额填列

资产负债表中，有些项目是根据有关明细账科目的期末余额填列的，如"应付账款"项目，应分别根据"应付账款"和"预付账款"两总账科目所属各明细科目的期末贷方余额计算填列。

3. 根据总账科目和明细账科目的期末余额分析计算填列

资产负债表中，有些项目需要根据总账科目和明细账科目的期末余额分析计算填列。如"长期借款"项目，应根据"长期借款"总账科目余额扣除"长期借款"总账所属明细账中将在资产负债表日起一年内到期，且企业不能自主地将清偿义务展期的长期借款后的金额填列。

4. 根据有关科目的余额减去其备抵科目余额后的净额填列

资产负债表中，有些项目需要根据有关科目的余额减去其备抵科目余额后的净额填列。如"应收账款""长期股权投资"等项目，应根据"应收账款""长期股权投资"等科目的余额，减去"坏账准备""长期股权投资减值准备"等科目余额后的净额填列；"固定资产"项目，应根据"固定资产"科目的余额减去"累计折旧""固定资产减值准备"科目余额后的净额填列；"无形资产"项目，应根据"无形资产"科目的余额，减去"累计摊销""无形资产减值准备"科目余额后的净额填列。

5. 综合运用上述填列方法分析填列

如资产负债表中的"存货"项目，要根据"原材料""库存商品""委托加工物资""周转材料""材料采购""在途物资""发出商品""材料成本差异"等总账科目余额的分析汇总数，再减去"存货跌价准备"科目余额后的金额填列。

资产负债表中资产、负债、所有者权益各主要项目的填列说明如下。

（1）资产项目的填列说明

◆ "货币资金"项目，反映企业库存现金、银行结算户存款、外埠存款、银行汇票存款、银行本票存款、信用卡存款、信用证保证金存款等的合计数。本项目应根据"库存现金""银行存款""其他货币资金"总账科目的期末余额合计填列。

◆ "交易性金融资产"项目，反映企业持有的，以公允价值计量，且其变动计入当期损益的，为交易目的所持有的债券投资、股票投资、基金投资、权证投资等金融资产。本项目应根据"交易性金融资产"科目的期末余额填列。

◆ "应收票据"项目，反映企业因销售商品、提供劳务等而收到的商业汇票，包括银行承兑汇票和商业承兑汇票。本项目应根据"应收票据"科目的期末余额，减去"坏账准备"科目中有关应收票据计提的坏账准备期末余额后的金额填列。

◆ "应收账款"项目，反映企业因销售商品、提供劳务等经营活动应收取的款项。本项目应根据"应收账款"和"预收账款"科目所属各明细账科目的期末借方余额合计，减去"坏账准备"科目中有关"应收账款"计提的坏账准备期末余额后的金额填列。如"应收账款"科目所属明细账户期末有贷方余额的，应在本表"预收款项"项目内填列。

◆ "预付款项"项目，反映企业按照购货合同规定预付给供应单位的款项等。本项目应根据"预付账款"和"应付账款"科目所属各明细账的期末借方余额合计数，减去"坏账准备"科目中有关预付款项计提的坏账准备期末余额后的金额填列。如"预付账款"科目所属明细账科目期末有贷方余额的，应在本表"应付账款"项目内填列。

◆ "应收利息"项目，反映企业应收取的债券投资等利息。本项目应根据"应收利息"科目的期末余额，减去"坏账准备"科目中有关应收利息计提的坏账准备期末余额后的金额填列。

◆ "应收股利"项目，反映企业应收取的现金股利和应收取其他单位分配的利润。本项目应根据"应收股利"科目的期末余额，减去"坏账准备"科目中有关应收股利计提的坏账准备期末余额后的金额填列。

◆ "其他应收款"项目，反映企业除应收票据、应收账款、预付账款、应收股利、应收利息等经营活动以外的其他各种应收、暂付的款项。本项目应根据"其他应收款"科目的期末余额，减去"坏账准备"科目中有关其他应收款计提的坏账准备期末余额后的金额填列。

◆ "存货"项目，反映企业期末在库、在途和在加工中的各种存货的可变现净值。本项目应根据"材料采购""原材料""周转材料""库存商品""委托加工物资""委托代销商品""生产成本"等科目的期末余额合计，减去"受托代销商品款""存货跌价准备"账户期末余额后的金额填列。材料采用计划成本核算，以及库存商品采用计划成本核算或售价核算的企业，还应按加或减材料成本差异、商品进销差价后的金额填列。

◆ "一年内到期的非流动资产"项目，反映企业将于一年内到期的非流动资产项目金额。本项目应根据有关科目的期末余额填列。

◆ "长期股权投资"项目，反映企业持有的对子公司、联营企业和合营企业的长期股权投资。本项目应根据"长期股权投资"科目的期末余额，减去"长期股权投资减值准备"

科目的期末余额后的金额填列。

◆"固定资产"项目，反映企业各种固定资产原价减去累计折旧和累计减值准备后的净额。本项目应根据"固定资产"科目的期末余额，减去"累计折旧"和"固定资产减值准备"科目期末余额后的金额填列。

◆"在建工程"项目，反映企业期末各项未完工程的实际支出，包括交付安装的设备价值、未完建筑安装工程已经耗用的材料、工资和费用支出、预付出包工程的价款等的可收回金额。本项目应根据"在建工程"科目的期末余额，减去"在建工程减值准备"科目期末余额后的金额填列。

◆"工程物资"项目，反映企业尚未使用的各种工程物资的实际成本。本项目应根据"工程物资"科目的期末余额填列。

◆"固定资产清理"项目，反映企业因出售、毁损、报废等原因转入清理但尚未清理完毕的固定资产的净值，以及固定资产清理过程中所发生的清理费用和变价收入等各项金额的差额。本项目应根据"固定资产清理"科目的期末借方余额填列。如"固定资产清理"科目期末为贷方余额，以"－"号填列。

◆"无形资产"项目，反映企业持有的无形资产，包括专利权、非专利技术、商标权、著作权、土地使用权等。本项目应根据"无形资产"科目的期末余额，减去"累计摊销"和"无形资产减值准备"科目期末余额后的金额填列。

◆"开发支出"项目，反映企业开发无形资产过程中能够资本化形成无形资产成本的支出部分。本项目应根据"研发支出"科目中所属"资本化支出"明细账的期末余额填列。

◆"长期待摊费用"项目，反映企业已经发生但应由本期和以后各期负担的分摊期限在一年以上的各种费用。长期待摊费用中在一年内（含一年）摊销的部分，在资产负债表"一年内到期的非流动资产"项目填列。本项目应根据"长期待摊费用"科目的期末余额，减去将于一年内（含一年）摊销的数额后的金额填列。

◆"其他非流定资产"项目，反映企业除长期股权投资、固定资产、在建工程、工程物资、无形资产等以外的其他非流动资产。本项目应根据有关科目的期末余额填列。

（2）负债项目的填列说明

◆"短期借款"项目，反映企业向银行或其他金融机构等介入的期限在一年以下（含一年）的各种借款。本项目应根据"短期借款"科目的期末余额填列。

◆"应付票据"项目，反映企业购买材料、商品和接受劳务供应等而开出、承兑的商业汇票，包括银行承兑汇票和商业承兑汇票。本项目应根据"应付票据"科目的期末余额填列。

◆"应付账款"项目，反映企业因购买材料、商品和接受劳务供应等经营活动应支付的款项。本项目应根据"应付账款"和"预付账款"科目所属各明细账的期末贷方余额合计数填列；如"应付账款"科目所属明细账期末有借方余额的，应在资产负债表"预付款项"项目内填列。

◆"预收款项"项目，反映企业按照购货合同规定预付给供应单位的款项。本项目应根据"预收账款"和"应收账款"科目所属各明细账的期末贷方余额合计数填列。如"预收账款"科目所属明细账期末有借方余额的，应在资产负债表"应收账款"项目内填列。

◆ "应付职工薪酬"项目，反映企业根据有关规定应付给职工的工资、职工福利、社会保险费、住房公积金、工会经费、职工教育经费、非货币性福利、辞退福利等各种薪酬。外商投资企业按规定从净利润中提取的职工奖励及福利基金，也在本项目列示。

◆ "应交税费"项目，反映企业按照税法规定计算应缴纳的各种税费，包括增值税、消费税、营业税、所得税、资源税、土地增值税、城市维护建设税、房产税、土地使用税、车船使用税、教育费附加、矿产资源补偿费等。企业代扣代交的个人所得税，也通过本项目列示。企业所交纳的税金不需要预计应交数的，如印花税、耕地占用税等，不在本项目列示。本项目应根据 "应交税费"科目的期末贷方余额填列；如 "应交税费"科目期末为借方余额，应以 "-"号填列。

◆ "应付利息"项目，反映企业按照规定应当支付的利息，包括分期付息到期还本的长期借款应支付的利息、企业发行的企业债券应支付的利息等。本项目应根据 "应付利息"科目的期末余额填列。

◆ "应付股利"项目，反映企业分配的现金股利或利润。企业分配的股票股利，不通过本项目列示。本项目应根据 "应付股利"科目的期末余额填列。

◆ "其他应付款"项目，反映企业除应付票据、应付账款、预收账款、应付职工薪酬、应付股利、应付利息、应交税费等经营活动以外的其他各种应付、暂收的款项。本项目应根据 "其他应付款"科目的期末余额填列。

◆ "一年内到期的非流动负债"项目，反映企业非流动负债将于资产负债表日后一年内到期部分的金额，如将于一年内偿还的长期借款。本项目应根据有关科目的期末余额填列。

◆ "长期借款"项目，反映企业向银行或其他金融机构介入的期限在一年以上（不含一年）的各种借款。本项目应根据 "长期借款"科目的期末余额填列。

◆ "应付债券"项目，反映企业为筹集长期资金而发行的债券本金和利息。本项目应根据 "应付债券"科目的期末余额填列。

◆ "其他非流动负债"项目，反映企业除长期借款、应付债券等项目以外的其他非流动负债。本项目应根据有关科目的期末余额，减去将于一年内（含一年）到期偿还数后的余额填列。非流动负债项目中将于一年内（含一年）到期的非流动负债，应在 "一年内到期的非流动负债"项目内单独反映。

（3）所有者权益项目的填列说明

◆ "实收资本（或股本）"项目，反映企业各投资者实际投入的资本（或股本）总额。本项目应根据 "实收资本（或股本）"科目的期末余额填列。

◆ "资本公积"项目，反映企业资本公积的期末余额。本项目应根据 "资本公积"科目的期末余额填列。

◆ "盈余公积"项目，反映企业资本公积的期末余额。本项目应根据 "盈余公积"科目的期末余额填列。

◆ "未分配利润"项目，反映企业尚未分配的利润。本项目应根据 "本年利润"科目和 "利润分配"科目的余额计算填列。未弥补的亏损在本项目内以 "-"号填列。

【任务 15-1】 编制方达股份有限公司 2012 年资产负债表

※工作资料

1. 方达股份有限公司基本情况

方达股份有限公司为增值税的一般纳税人，适用的增值税率为 17%，所得税率为 25%，A、B 两种材料采用计划成本计价，库存商品的发出采用先进先出法计算成本，产品销售成本随时结转，该公司生产甲、乙两种产品，甲产品月初在产品 36 件，在产品成本 19 800元，本月投产 950 件，月末完工 900 件；乙产品期初没有在产品，本月投产 600 件，月末全部完工，月末采用生产工时比例法分配制造费用，采用约当产量法计算完工产品成本，企业只对应收账款计提坏账准备，其他资产没有计提减值准备。该公司采用记账凭证核算程序进行会计处理。

2. 该公司 2012 年 12 月 1 日有关总账账户的期初余额如表 15-2 所示。

表 15-2

方达公司总分类账户余额表

2012 年 12 月 1 日

单位：元

账户名称	借或贷	期初数	期末数	账户名称	借或贷	期初数	期末数
库存现金	借	3 000		短期借款	贷	750 000	
银行存款	借	1 843 000		应付票据	贷	135 000	
其他货币资金	借	4 000		应付账款	贷	426 800	
交易性金融资产	借	190 000		其他应付款	贷	60 000	
应收票据	借	20 000		应交税费	贷	76 000	
应收账款	借	650 000		应付股利	贷	80 000	
坏账准备	贷	0		应付利息	贷	250 000	
其他应收款	借	10 000		应付职工薪酬	贷	0	
材料采购	借	185 000		长期借款	贷	2 000 000	
原材料	借	600 000		应付债券	贷	627 500	
周转材料	借	13 000		长期应付款	贷	286 000	
材料成本差异	贷	6 000		实收资本	贷	2 500 000	
生产成本	借	19 800		资本公积	贷	200 000	
库存商品	借	1 276 500		盈余公积	贷	258 000	
长期股权投资	借	145 000		利润分配	贷	135 900	
固定资产	借	2 500 000					
累计折旧	贷	250 000					
工程物资	借	0					
在建工程	借	361 900					
无形资产	借	220 000					
累计摊销	贷	0					
合计	借	7 785 200		合计	贷	7 785 200	

3. 该公司 2012 年 12 月 1 日几个主要明细账户的期初余额如下：

应收账款——万方公司：650 000 元

应付账款——瑞达公司：426 800 元

材料采购——B 材料期初结存数量 4 000 千克，实际单位成本 46.25 元，共计 185 000 元

原材料——A 材料期初结存数量 6 000 千克，计划单位成本 65 元，共计 390 000 元

　　　　——B 材料期初结存数量 5 250 千克，计划单位成本 40 元，共计 210 000 元

材料成本差异——原材料（节约差异）6 000 元

生产成本——甲产品 19 800 元

库存商品——甲产品 2130 件，单位成本 550 元，共计 1 171 500 元

　　　　——乙产品 150 件，单位成本 700 元，共计 105 000 元

4. 2012 年 12 月份该公司发生如下经济业务：

（1）12 月 1 日，用银行存款支付应付瑞达公司货款 200 000 元。

（2）12 月 2 日，销售给万方公司甲产品一批，数量 2 000 件，单价 1 000 元，共计售价 2 000 000 元，增值税额 340 000 元，销售产品实际单位成本 550 元，总成本 1 100 000 元，销售款项已存入银行。

（3）12 月 4 日，购入 A 材料一批，收到的增值税专用发票上注明数量 5 000 千克，单价 70 元，共计价款 350 000 元，增值税进项税额 59 500 元，材料尚未验收入库，价税款用银行存款支付。

（4）12 月 5 日，公司将交易性资产（短期股票投资）兑现 285 000 元，该项投资的成本为 190 000 元，未发生公允价值变动。

（5）12 月 10 日，收到上月采购 B 材料一批，数量 4 000 千克，实际单位成本 46.25 元，实际总成本 185 000 元，计划单位成本 40 元，计划总成本 160 000 元，材料已验收入库，货款已于上月支付。

（6）12 月 15 日，用银行存款支付到期不带息商业承兑汇票款 100 000 元。

（7）12 月 16 日，从银行借入三年期借款，9 000 000 元，借款已存入银行存款。

（8）12 月 17 日，从银行提取现金 20 000 元以备日常使用。

（9）12 月 20 日，管理部门购买办公用品 5 000 元，以现金支付。

（10）12 月 22 日，购入不需安装 01#数控机床一台，收到的增值税专用发票上所列价款为 5 000 000 元，增值税进项税额为 850 000 元，包装及运输费 20 000 元，上述款项已用银行存款支付。

（11）12 月 24 日，出售一台不需用 02#数控机床，设备原价 500 000 元，已提折旧 150 000 元，收到价款 300 000 元。已经清理完毕。

（12）12 月 25 日，用银行存款归还短期借款本金 750 000 元，利息 37 500 元已预提。

（13）12 月 26 日，生产甲产品领用 A 材料 4 000 千克，计划单位成本 65 元，计划总成本 260 000 元；生产乙产品领用 B 材料 6 000 千克，计划单位成本 40 元，计划总成本 240 000 元。

（14）12 月 27 日，向大明公司销售乙产品 100 件，单位售价 1 400 元，总售价 140 000 元，增值税销项税额 23 800 元，销售产品实际单位成本 700 元，实际总成本 70 000 元，货

款尚未收回。

（15）12 月 28 日，购入工程物资一批，增值税发票所列价税款合计为 1 400 000 元，以转账支票支付。

（16）12 月 29 日，用银行存款支付职工工资，403 000 元。

（17）12 月 31 日，分配工资，其中，甲产品生产工人 165 000 元，乙产品生产工人 115 500 元，车间管理人员 17 500 元，行政管理人员 35 000 元，在建工程人员 70 000 元。

（18）12 月 31 日，计提职工福利费 56 420 元，其中甲产品生产工人 23 100 元，乙产品生产工人 16 170 元，车间管理人员 2 450 元，行政管理人员 4 900 元，在建工程人员 9 800 元。

（19）12 月 31 日，结转领用原材料应分摊的材料成本差异，材料成本差异率为 3%。

（20）12 月 31 日，计提固定资产折旧 100 000 元，其中生产车间 70 000 元，管理部门 20 000 元，销售部门 10 000 元。

（21）12 月 31 日，用银行存款支付产品广告费 20 000 元。

（22）12 月 31 日，计提无形资产摊销 22 000 元。

（23）12 月 31 日，计算应计入本期损益的长期借款利息 500 000 元，长期借款为分期付息。

（24）12 月 31 日，以银行存款支付长期借款利息 500 000 元。

（25）12 月 31 日，按生产工时比例法分配结转本月发生的制造费用 89 950 元，甲产品本月生产工时 200 小时，乙产品本月生产工时 150 小时。

（26）12 月 31 日，按约当产量法计算结转完工入库产品的生产成本，其中甲产品完工 900 件，总成本 491 460.5 元，乙产品完工 600 件，总成本 417 420 元。

（27）12 月 31 日，本期销售产品应交纳的教育费附加为 8 295 元。

（28）12 月 31 日，用银行存款交纳增值税 297 500 元，教育费附加 8 295 元，所得税 35 000 元。

（29）12 月 31 日，按应收账款余额的 3% 计提坏账准备金 24 414 元。

（30）12 月 31 日，将各损益类科目余额转入本年利润。

（31）12 月 31 日，计算并结转应交所得税，无纳税调整项目。

（32）12 月 31 日，按净利润的 10% 提取法定盈余公积金，分配普通股现金股利 80 000 元。

（33）12 月 31 日，将利润分配各明细账的余额转入"未分配利润"明细科目，并结转本期净利润。

5. 该公司 2012 年 12 月份记账凭证如表 15-3 所示。

表 15-3

记账凭证

单位：元

2012 年		凭证号数	摘要	一级科目	明细科目	借方金额	贷方金额
月	日						
12	1	银付 01	支付货款	应付账款	瑞达公司	200 000	
				银行存款			200 000

续表

2012 年 月	日	凭证号数	摘要	一级科目	明细科目	借方金额	贷方金额
12	2	银收 01	销售甲产品	银行存款		2 340 000	
				主营业务收入	甲产品		2 000 000
				应交税费	应交增值税（销项税额）		340 000
12	2	转 01	结转产品销售成本	主营业务成本	甲产品	1 100 000	
				库存商品	甲产品		1 100 000
12	4	银付 02	采购 A 材料	材料采购	A 材料	350 000	
				应交税费	应交增值税（进项税额）	59 500	
				银行存款			409 500
12	5	银收 02	出售交易性金融资产	银行存款		285 000	
				交易性金融资产			190 000
				投资收益			95 000
12	10	转 02	B 材料验收入库	原材料	B 材料	160 000	
				材料成本差异	原材料	25 000	
				材料采购	B 材料		185 000
12	15	银付 03	支付商业承兑汇票款	应付票据		100 000	
				银行存款			100 000
12	16	银收 03	借入长期借款	银行存款		9 000 000	
				长期借款			9 000 000
12	17	银付 04	提取现金	库存现金		20 000	
				银行存款			20 000
12	20	现付 01	购买办公用品	管理费用	办公费	5 000	
				库存现金			5 000
12	22	银付 05	购入 01#数控车床	固定资产	01#数控车床	5 870 000	
				银行存款			5 870 000
12	24	转 03	出售 02#数控车床	固定资产清理	02#数控车床	350 000	
				累计折旧		150 000	
				固定资产	02#数控车床		500 000
12	24	银收 04	出售 02#数控车床价款	银行存款		300 000	

续表

2012 年 月	日	凭证号数	摘要	一级科目	明细科目	借方金额	贷方金额
				固定资产清理	02#数控车床		300 000
12	24	转 04	结转出售 02#车床损失	营业外支出	非流动资产处置损失	50 000	
				固定置产清理	02#数控车床		50 000
12	25	银付 06	归还短期借款本息	短期借款		750 000	
				应付利息		37 500	
				银行存款			787 500
12	26	转 05	生产产品领用材料	生产成本	甲产品	260 000	
					乙产品	240 000	
				原材料	A 材料		260 000
					B 材料		240 000
12	27	转 06	销售乙产品	应收账款	大明公司	163 800	
				主营业务收入	乙产品		140 000
				应交税费	应交增值税（销项税额）		23 800
12	27	转 07	结转产品销售成本	主营业务成本	乙产品	70 000	
				库存商品	乙产品		70 000
12	28	银付 07	购买工程物资	工程物资		1 400 000	
				银行存款			1 400 000
12	29	银付 08	支付工资	应付职工薪酬	工资	403 000	
				银行存款			403 000
12	31	转 08	分配工资	生产成本	甲产品	165 000	
					乙产品	115 500	
				制造费用	工资	17 500	
				管理费用	工资	35 000	
				在建工程	工资	70 000	
				应付职工薪酬	工资		403 000
12	31	转 09	计提职工福利费	生产成本	甲产品	23 100	
					乙产品	16 170	
				制造费用	福利费	2 450	
				管理费用	福利费	4 900	
				在建工程	福利费	9 800	
				应付职工薪酬	福利费		56 420

2012年 月	2012年 日	凭证号数	摘要	一级科目	明细科目	借方金额	贷方金额
12	31	转010	结转发出材料负担材料成本差异	生产成本	甲产品	7 800	
					乙产品	7 200	
				材料成本差异	原材料		15 000
12	31	转011	计提折旧	制造费用	折旧费	70 000	
				管理费用	折旧费	20 000	
				销售费用	折旧费	10 000	
				累计折旧			100 000
12	31	银付09	支付广告费	销售费用	广告费	20 000	
				银行存款			20 000
12	31	转012	无形资产摊销	管理费用	无形资产摊销	22 000	
				累计摊销			22 000
12	31	转013	计提借款利息	财务费用	利息费	500 000	
				应付利息			500 000
12	31	银付010	支付借款利息	应付利息		500 000	
				银行存款			500 000
12	31	转014	分配结转制造费用	生产成本	甲产品	51 400	
					乙产品	38 550	
				制造费用			89 950
12	31	转015	结转完工产品成本	库存商品	甲产品	491 460.50	
					乙产品	417 420	
				生产成本	甲产品		491 460.50
					乙产品		417 420
12	31	转016	计算应交教育费附加	营业税金及附加		8 295	
				应交税费	应交教育费附加		8 295
12	31	银付011	交纳税费	应交税费	应交增值税（已交税金）	297 500	
					应交教育费附加	8 295	
					应交所得税	35 000	
				银行存款			340 795
12	31	转017	计提坏账准备	资产减值损失	坏账准备	24 414	
				坏账准备			24 414

2012 年 月	2012 年 日	凭证号数	摘要	一级科目	明细科目	借方金额	贷方金额
12	31	转 018	结转当期损益	主营业务收入	甲产品	2 000 000	
					乙产品	140 000	
				投资收益		95 000	
				本年利润			2 235 000
12	31	转 019	结转当期损益	本年利润		1 869 609	
				主营业务成本	甲产品		1 100 000
					乙产品		70 000
				销售费用			30 000
				营业税金及附加			8 295
				管理费用			86 900
				财务费用			500 000
				资产减值损失			24 414
				营业外支出			50 000
12	31	转 020	计算所得税	所得税费用		91 347.75	
				应交税费	应交所得税		91 347.75
12	31	转 021	结转所得税费用	本年利润		91 347.75	
				所得税费用			91 347.75
12	31	转 022	提取法定盈余公积	利润分配	提取法定盈余公积	27 404.33	
				盈余公积	法定盈余公积		27 404.33
12	31	转 023	分配现金股利	利润分配	应付普通股股利	80 000	
				应付股利			80 000
12	31	转 024	结转利润分配明细账	利润分配	未分配利润	107 404.33	
				利润分配	提取法定盈余公积		27 404.33
				利润分配	应付普通股股利		80 000
12	31	转 025	结转本期净利润	本年利润		274 043.25	
				利润分配	未分配利润		274 043.25

6. 计算和编制完毕的总分类账户试算平衡表如表 15-4 所示。（该公司 2012 年 12 月份账簿登记过程略。经核对账证相符、账实相符）

表 15-4

总分类账户试算平衡表

编制单位：方达公司　　　　　　　　　　2012 年 12 月　　　　　　　　　　单位：元

会计科目	期初余额		本期发生额		期末余额	
	借方	贷方	借方	贷方	借方	贷方
库存现金	3 000		20 000	5 000	18 000	
银行存款	1 843 000		11 925 000	10 050 795	3 717 205	
其他货币资金	4 000				4 000	
交易性金融资产	190 000			190 000	0	
应收票据	20 000				20 000	
应收账款	650 000		163 800		813 800	
坏账准备		0		24 414		24 414
其他应收款	10 000				10 000	
材料采购	185 000		350 000	185 000	350 000	
原材料	600 000		160 000	500 000	260 000	
周转材料	13 000				13 000	
材料成本差异	6 000		25 000	15 000	4 000	
制造费用	0		89 950	89 950	0	
生产成本	19 800		924 720	908 880.50	35 639.50	
库存商品	1 276 500		908 880.50	1 170 000	1 015 380.50	
长期股权投资	145 000				145 000	
固定资产	2 500 000		5 870 000	500 000	7 870 000	
累计折旧		250 000	150 000	100 000		200 000
固定资产清理	0		350 000	350 000	0	
工程物资	0		1 400 000		1 400 000	
在建工程	361 900		79 800		441 700	
无形资产	220 000				220 000	
累计摊销		0		22 000		22 000
短期借款		750 000	750 000			0
应付票据		135 000	100 000			35 000
应付账款		426 800	200 000			226 800
其他应付款		60 000				60 000
应交税费		76 000	400 295	463 442.75		139 147.75
应付股利		80 000		80 000		160 000
应付利息			250 000	537 500	500 000	212 500

续表

会计科目	期初余额 借方	期初余额 贷方	本期发生额 借方	本期发生额 贷方	期末余额 借方	期末余额 贷方
应付职工薪酬		0	403 000	459 420		56 420
长期借款		2 000 000		9 000 000		11 000 000
应付债券		627 500				627 500
长期应付款		286 000				286 000
实收资本		2 500 000				2 500 000
资本公积		200 000				200 000
盈余公积		258 000		27 404.33		285 404.33
本年利润		0	2 235 000	2 235 000		0
利润分配		135 900	214 808.66	381 447.58		302 538.92
主营业务收入		0	2 140 000	2 140 000		0
投资收益		0	95 000	95 000		0
主营业务成本	0		1 170 000	1 170 000	0	
营业税金及附加	0		8 295	8 295	0	
销售费用	0		30 000	30 000	0	
管理费用	0		86 900	86 900	0	
财务费用	0		500 000	500 000	0	
资产减值损失	0		24 414	24 414	0	
营业外支出	0		50 000	50 000	0	
所得税费用	0		91 347.75	91 347.75	0	
合计	8 041 200	8 041 200	31 453 710.91	31 453 710.91	16 337 725	16 337 725

7. 该公司 2012 年 12 月份计算和编制完毕的总账与所属明细账本期发生额及余额对照表如表 15-5 所示。

表 15-5

总账与所属明细账本期发生额及余额对照表

编制单位：方达公司 2012 年 12 月 31 日 单位：元

总分类账	明细账	期初余额 借方	期初余额 贷方	本期发生额 借方	本期发生额 贷方	期末余额 借方	期末余额 贷方
应收账款	万方公司	650 000		0		650 000	
	大明公司	0		163 800		163 800	
	合计	650 000		163 800		813 800	
原材料	A 材料	390 000		0	260 000	130 000	
	B 材料	210 000		160 000	240 000	130 000	
	合计	600 000		160 000	500 000	260 000	

续表

总分类账	明细账	期初余额		本期发生额		期末余额	
		借方	贷方	借方	贷方	借方	贷方
生产成本	甲产品	19 800		507 300	491 460.50	35 639.50	
	乙产品	0		417 420	417 420	0	
	合计	19 800		924 720	908 880.50	35 639.50	
库存商品	甲产品	1 171 500		491 460.50	1 100 000	562 960.50	
	乙产品	105 000		417 420	70 000	452 420	
	合计	1 276 500		908 880.50	1 170 000	1 015 380.50	

（注：其他总账与其所属明细账的核对方法同上，不再一一列举。）

8. 该公司 2012 年 12 月份所有总账账户期初期末余额如表 15-6 所示。

表 15-6

方达公司总分类账户余额表

2012 年 12 月 31 日　　　　　　　　单位：元

账户名称	借或贷	期初数	期末数	账户名称	借或贷	期初数	期末数数
库存现金	借	3 000	18 000	短期借款	贷	750 000	0
银行存款	借	1 843 000	3 717 205	应付票据	贷	135 000	35 000
其他货币资金	借	4 000	4 000	应付账款	贷	426 800	226 800
交易性金融资产	借	190 000	0	其他应付款	贷	60 000	60 000
应收票据	借	20 000	20 000	应交税费	贷	76 000	139 147.75
应收账款	借	650 000	813 800	应付股利	贷	80 000	160 000
坏账准备	贷	0	24 414	应付利息	贷	250 000	212 500
其他应收款	借	10 000	10 000	应付职工薪酬	贷	0	56 420
材料采购	借	185 000	350 000	长期借款	贷	2 000 000	11 000 000
原材料	借	600 000	260 000	应付债券	贷	627 500	627 500
周转材料	借	13 000	13 000	长期应付款	贷	286 000	286 000
材料成本差异	贷	6 000	（借）4 000	实收资本	贷	2 500 000	2 500 000
生产成本	借	19 800	35 639.50	资本公积	贷	200 000	200 000
库存商品	借	1 276 500	101 5380.50	盈余公积	贷	258 000	285 404.33
长期股权投资	借	145 000	145 000	利润分配	贷	135 900	302 538.92
固定资产	借	2 500 000	7 870 000				
累计折旧	贷	250 000	200 000				
工程物资	借	0	1 400 000				
在建工程	借	361 900	441 700				
无形资产	借	220 000	220 000				
累计摊销	贷	0	22 000				
合计	借	7 785 200	16 091 311	合计	贷	7 785 200	16 091 311

※工作行动

根据本任务中有关账户的期末余额编制方达公司2012年12月份资产负债表，填列表头和正表中的各个项目。

（1）由于企业只对应收账款计提坏账准备，其他资产没有计提减值准备。而且企业没有预收预付款业务，所以"应收票据""其他应收款""长期股权投资""在建工程""工程物资""短期借款""应付票据""应付职工薪酬""应交税费""应付利息""应付股利""其他应付款""长期借款""应付债券""长期应付款""实收资本""资本公积""盈余公积"等项目都要根据各总账科目的期末余额（表15-6）直接填列（填列过程略）。

（2）"货币资金"项目，根据库存现金、银行存款和其他货币资金三个总账科目的期末余额（见表15-6）合计填列，即18 000 + 3 717 205 + 4 000 = 3 739 205（元）。

（3）"应收账款"项目，根据应收账款总账科目所属"万方公司"和"大明公司"明细科目的期末借方余额（见表15-5）合计，减去"坏账准备"的期末贷方余额（见表15-6）之后的金额填列，即650 000 + 163 800 − 24 414 = 789 386（元）。

（4）"存货"项目，根据"材料采购""原材料""周转材料""材料成本差异""生产成本""库存商品"等科目的期末借方余额（见表15-6）合计填列，即350 000 + 260 000 + 13 000 + 4 000 + 35 639.50 + 1 015 380.50 = 1 678 020（元）。

（5）"固定资产"项目，根据"固定资产"科目的期末余额，减去"累计折旧"科目期末余额（见表15-6）后的金额填列，即7 870 000 − 200 000 = 7 670 000（元）。

（6）"应付账款"项目，根据"应付账款"总账科目所属各明细账科目的期末贷方余额填列。本任务"应付账款"只有一个"瑞达公司"明细账（表15-3），所以直接根据其贷方余额226 800元填列即可。

（7）"未分配利润"项目，根据"本年利润"科目和"利润分配"科目的余额（表15-6）计算填列，本任务中"本年利润"无余额，该项目直接根据"利润分配"科目的贷方余额302 538.92元填列。

※工作成果

方达公司2012年12月31日编制完毕的资产负债表如表15-7所示。

表15-7

资产负债表

会企01表

编制单位：方达公司　　　　　　　　　2012 年 12 月 31 日　　　　　　　　　单位：元

资产	期末余额	年初余额	负债及所有者权益（股东权益）	期末余额	年初余额
流动资产：		略	流动负债：		略
货币资金	3 739 205		短期借款	0	
交易性金融资产			交易性金融资产		
应收票据	20 000		应付票据	35 000	
应收账款	789 386		应付账款	226 800	
预付款项			预收款项		

续表

资产	期末余额	年初余额	负债及所有者权益（股东权益）	期末余额	年初余额
应收利息			应付职工薪酬	56 420	
应收股利			应交税费	139 147.75	
其他应收款	10 000		应付利息	212 500	
存货	1678020		应付股利	160 000	
一年内到期的非流动资产			其他应付款	60 000	
其他流动资产			一年内到期的非流动负债		
流动资产合计	6 236 611		其他流动负债		
非流动资产			流动负债合计	889 867.75	
可供出售金融资产					
持有至到期投资			长期借款	11 000 000	
长期应收款			应付债券	627 500	
长期股权投资	145 000		长期应付款	286 000	
投资性房地产			专项应付款		
固定资产	7 670 000		预计负债		
在建工程	441 700		递延所得税负债		
工程物资	1 400 000		其他非流动负债		
固定资产清理			非流动负债合计	11 913 500	
生产性生物资产					
油气资产					
无形资产	198 000		实收资本（或股本）	2 500 000	
开发支出			资本公积	200 000	
商誉			减：库存股		
长期待摊费用			盈余公积	285 404.33	
递延所得税资产			未分配利润	302 538.92	
其他非流动资产			所有者权益（或股东权益）合计	3 287 943.25	
非流动资产合计	9 854 700				
资产总计	16 091 311		负债和所有者权益（或股东权益）总计	16 091 311	

 资产负债表可以提供哪些信息？它的编制依据和编制原理是什么？包括哪些主要项目？

项目三　利润表的编制

相关知识

（一）利润表的概念

利润表是反映企业一定会计期间（月份、季度、年度）经营成果的报表。它记录了一个企业在一段时间内的经营业绩，能为报表使用者提供如下信息：

（1）企业一定期间收入的实现情况。

（2）企业一定期间与收入相关的费用、成本情况。

（3）企业一定期间的利润或亏损情况。

（4）每股收益情况。

通过利润表，可以了解企业的盈利水平，评价企业的获利能力，考核管理人员的经营业绩，预测未来的发展趋势，有助于报表使用者作出经济决策。

利润表反映企业的经营成果，而企业的经营成果是通过动态的会计等式，即"收入-费用=利润"加以列示的。该等式是利润表编制的理论依据。

（二）利润表的内容和结构

1. 利润表的内容

（1）营业收入

营业收入是企业正常的经营活动取得的收入，包括主营业务收入和其他业务收入。

（2）营业利润

营业利润是以营业收入为基础，减去营业成本、营业税金及附加、销售费用、管理费用、财务费用、资产减值损失，加上公允价值变动收益（减去公允价值变动损失）和投资收益（减去投资损失）后的结果。

（3）利润总额

利润总额是以营业利润为基础，加上营业外收入，减去营业外支出后的结果。

（4）净利润

净利润又称税后利润，是上交所得税之前的利润总额扣除应交纳的所得税费用之后的结果。

（5）每股收益

普通股或潜在普通股已公开交易的企业，以及正处于公开发行普通股或潜在普通股过程中的企业，还要在利润表中列示每股收益信息，包括基本每股收益和稀释每股收益。

2. 利润表的结构

（1）表头部分

利润表的表头包括编制单位的名称、编表时间、报表编号和金额单位。

编制单位名称表明该利润表反映的是哪一个单位的经营成果。

编表时间表明该利润表所反映的某一单位的经营成果是哪一特定会计期间的经营成果。

所谓特定会计期间的经营成果，是指自某年某月的经营活动开始至某年某月的经营活动结束后的经营成果。

报表编号是指企业会计制度中对各种会计报表的统一编号。利润表的报表编号为"会企02表"。

金额单位表明利润表中各项目所填列数字的货币金额单位。企业会计制度中规定，利润表中各项目数字的金额要统一用人民币元来反映。

（2）正表部分

利润表的正表有单步式利润表和多步式利润表两种格式。单步式利润表以当期所取得的收入、收益的合计数减去当期所发生的费用、成本的合计数，计算出当期利润。多步式利润表分步列示营业收入、营业利润、利润总额和净利润的形成过程。我国企业会计制度规定，企业应采用多步式利润表。

多步式利润表列报具体步骤如下：

第一步：列示营业收入，以主营业务收入和其他业务收入为基础，两者相加计算出营业收入。

第二步：列示营业利润，以营业收入为基础，减去营业成本、营业税金及附加、销售费用、管理费用、财务费用、资产减值损失，加上公允价值变动收益（减去公允价值变动损失）和投资收益（减去投资损失），计算出营业利润。

第三步：列示利润总额，以营业利润为基础，加上营业外收入，减去营业外支出，计算出利润总额。

第四步：列示净利润，用利润总额减去所得税费用，计算出净利润（税后利润）。

第五步：列示每股收益。普通股或潜在普通股已公开交易的企业，以及正处于公开发行普通股或潜在普通股过程中的企业，要在利润表中列示每股收益信息，包括基本每股收益和稀释每股收益。

3. 利润表的格式

《企业会计准则第30号——财务报表列报》应用指南中规定的利润表的格式如表15-9所示。

（三）利润表的编制要求

利润表是按照所有损益类账户的本期发生额编制的，其具体的编制要求同资产负债表一样，要做到数字真实、计算准确、内容完整、编报及时，从而准确地反映企业在某个会计期间真实的经营成果，反映企业真实的利润水平。

工作任务

编制利润表

（一）表头部分

首先要填明编制单位。另外，利润表反映企业在一定会计期间内利润（或亏损）的实际情况，表中数字应根据有关账户在某一会计期间的本期发生额填列，所以，表头部分的编表时间应填明某年某月，如果是年度利润表，编表时间应填明某年度。

（二）正表部分

正表中"本期金额"栏应分为"本期金额"和"年初至本期末累计发生额"两栏，分别填列各项目本中期（月、季或半年）实际发生额，以及自年初起至本中期（月、季或半年）末止的累计实际发生额。"上期金额"栏应分为"上年可比本中期金额"和"上年初至可比本中期末累计发生额"两栏，应根据上年可比本中期利润表"本期金额"下对应的两栏数字分别填列。上年度利润表与本年度利润表的项目名称和内容不一致的，应对上年度利润表项目的名称和数字按本年度的规定进行调整。年终结账时，由于全年的收入和支出已全部转入"本年利润"账户，并且通过收支对比结出本年净利润的数额，因此，应将年度利润表中的"净利润"数字，与"本年利润"科目结转到"利润分配——未分配利润"科目的数字相核对，检查账簿记录和报表编制的正确性。

利润表"本期金额"和"上期金额"栏内各项数字，除"每股收益"项目外，应当按照相关科目的发生额分析填列。

利润表中各主要项目的填列说明如下。

1."营业收入"项目，反映企业经营主要业务和其他业务所确定的收入总额。本项目应根据"主营业务收入"和"其他业务收入"科目的发生额分析填列。

2."营业成本"项目，反映企业经营主要业务和其他业务所确定的成本总额。本项目应根据"主营业务成本"和"其他业务成本"科目的发生额分析填列。

3."营业税金及附加"项目，反映企业经营业务应负担的消费税、营业税、城市维护建设税、资源税、土地增值税和教育费附加等。本项目应根据"营业税金及附加"科目的发生额分析填列。

4."销售费用"项目，反映企业在销售商品过程中发生的包装费、广告费等费用和为销售本企业商品而专设的销售机构的职工薪酬、业务费等经营费用。本项目应根据"销售费用"科目的发生额分析填列。

5."管理费用"项目，反映企业为组织和管理生产经营发生的管理费用。本项目应根据"管理费用"科目的发生额分析填列。

6."财务费用"项目，反映企业为筹集生产经营所需要的资金等而发生的筹资费用。本项目应根据"财务费用"科目的发生额分析填列。

7."资产减值损失"项目，反映企业各项资产发生的减值损失。本项目应根据"资产减值损失"科目的发生额分析填列。

8."公允价值变动收益"项目，反映企业应当计入当期损益的资产或负债公允价值变动收益。本项目应根据"公允价值变动损益"科目的发生额分析填列。

9."投资收益"项目，反映企业以各种方式对外投资所取得的收益。本项目应根据"投资收益"科目的发生额分析填列。如为投资损失，本项目以"-"号填列。

10."营业利润"项目，反映企业实现的营业利润。如为亏损，本项目以"-"号填列。

11."营业外收入"项目，反映企业发生的与经营活动无直接关系的各项收入。本项目应根据"营业外收入"科目的发生额分析填列。

12."营业外支出"项目，反映企业发生的与经营活动无直接关系的各项支出。本项目应根据"营业外支出"科目的发生额分析填列。

13."利润总额"项目，反映企业实现的利润。如为亏损，本项目以"-"号填列。

14."所得税费用"项目，反映企业应当从当期利润总额中扣除的所得税费用。本项目应根据"所得税费用"科目的发生额分析填列。

15."净利润"项目，反映企业实现的净利润。如为亏损，本项目应以"-"号填列。

16."基本每股收益"和"稀释每股收益"项目，反映普通股或潜在普通股已公开交易的企业，以及正处在公开发行普通股或潜在普通股过程中的企业的每股收益信息。即普通股股东每持有一股所能享有的企业利润或需承担的企业亏损。其具体的计算和列报参见《企业会计准则第 34 号——每股收益》，不作为本教材学习内容。

17."其他综合收益"项目，反映企业根据企业会计准则规定未在损益中确认的各项利得和损失扣除所得税影响后的净额。

18."综合收益总额"项目，反映企业净利润与其他综合收益的合计金额。

【任务 15-2】 编制方达股份有限公司 2012 年 12 月利润表

※工作资料

（1）沿用【任务 15-1】中方达公司经过对账和结账的所有总账和明细账记录。

（2）2012 年 12 月份方达公司所有损益类科目本期发生额如表 15-8 所示。

表 15-8

方达公司损益类科目本期发生额

2012 年 12 月　　　　　　　　　　　　单位：元

科目名称	借方发生额	贷方发生额
主营业务收入		2 140 000
主营业务成本	1 170 000	
营业税金及附加	8 295	
销售费用	30 000	
管理费用	86 900	
财务费用	500 000	

续表

科目名称	借方发生额	贷方发生额
资产减值损失	24 414	
投资收益		95 000
营业外支出	50 000	
所得税费用	91 347.75	

※工作行动

根据本任务中有关账户的本期发生额（如表 15-8 所示）编制方达公司 2012 年 12 月份利润表，填列表头和正表中的各个项目。

（1）"营业收入"项目，应根据"主营业务收入"和"其他业务收入"科目的发生额分析填列。由于本任务中无其他业务收入，所以只根据"主营业务收入"科目的发生额分析填列即可，即 2 140 000 元。

（2）"营业成本"项目，应根据"主营业务成本"和"其他业务成本"科目的发生额分析填列。由于本任务中无其他业务成本，所以只根据"主营业务成本"科目的发生额分析填列即可，即 1 170 000 元。

（3）"营业税金及附加""销售费用""管理费用""财务费用""资产减值损失""投资收益""营业外支出""所得税费用"等项目，应根据"营业税金及附加""销售费用""管理费用""财务费用""资产减值损失""投资收益""营业外支出""所得税费用"科目的发生额直接分析填列（填列过程略）。

（4）"营业利润"项目按"营业收入−营业成本−销售费用−管理费用−财务费用−资产减值损失+投资收益=营业利润"的计算结果填列，即 2 140 000−1 170 000−8 295−30 000−86 900−500 000−24 414+95 000=415 391（元）。

（5）"利润总额"项目按"营业利润+营业外收入−营业外支出=利润总额"的计算结果填列，即 415 391−50 000=365 391（元）。

（6）"净利润"项目按"利润总额−所得税费用=净利润"的计算结果填列，即 365 391−91 347.75=274 043.25（元）。

※工作成果

方达公司 2012 年 12 月份编制完毕的利润表如表 15-9 所示。

表 15-9

利润表

会企 02 表

编制单位：方达公司　　　　　　　　　　2012 年 12 月　　　　　　　　　　单位：元

项目	本期金额	上期金额
一、营业收入	2 140 000	略
减：营业成本	1 170 000	
营业税金及附加	8 295	
销售费用	30 000	
管理费用	86 900	

续表

项目	本期金额	上期金额
财务费用	500 000	
资产减值损失	24 414	
加：公允价值变动收益（损失以"-"填列）		
投资收益（损失以"-"填列）	95 000	
其中：对联营企业和合营企业的投资收益		
二、营业利润（亏损以"-"填列）	415 391	
加：营业外收入		
减：营业外支出	50 000	
其中：非流动资产处置损失		
三、利润总额（亏损总额以"-"填列）	365 391	
减：所得税费用	91 347.75	
四、净利润（净亏损以"-"填列）	274 043.25	
五、每股收益	（略）	
（一）基本每股收益		
（二）稀释每股收益		
六、其他综合收益	（略）	
七、综合收益总额	（略）	

 利润表的编制依据和编制原理是什么？包括哪些主要内容？

项目四　现金流量表的编制

相关知识

（一）现金流量表的概念和编制基础

现金流量表是反映企业一定会计期间现金及现金等价物流入和流出及其增减变动情况的报表。现金流量表告诉我们，在满足了同一时期所有现金支出后，企业究竟获得了多少超额现金。通过现金流量表，可以了解企业现金流入、流出的原因，分析和评价企业获取现金及现金等价物的能力和支付能力，预测企业未来的现金流量。

现金流量表以现金及现金等价物为基础，按照收付实现制原则编制，将权责发生制下的营利信息调整为收付实现制下的现金流量信息，以此弥补权责发生制的局限性。

1. 现金。现金流量表中的现金，是指企业的库存现金以及企业可以随时用于支付的存款，包括库存现金、银行存款和其他货币资金（如外埠存款、银行汇票存款、银行本票存款等）等。不能随时用于支付的存款不属于现金。

2. 现金等价物。现金等价物是指企业所持有的期限短、流动性强、易于转换为已知金额现金、价值变动风险很小的投资。企业在编制现金流量表的时候，应根据具体情况，按照一贯性的原则，确定现金等价物的范围，如果有变更，应在会计报表附注中加以披露。一般情况下，现金等价物是指购买在三个月或更短时间内即到期或即可转换为现金的投资，通常包括三个月内到期的债券投资等，权益性投资变现的金额通常不确定，因而不属于现金等价物。

3. 现金流量是指企业在某一会计期间现金及现金等价物的流入和流出的数量。现金流量通常按照企业经济业务发生的性质分为三类，即经营活动产生的现金流量、投资活动产生的现金流量和筹资活动产生的现金流量。

（1）经营活动是指企业投资活动和筹资活动以外的所有交易和事项。经营活动产生的现金流量主要包括销售商品或提供劳务、购买商品或接受劳务、制造产品、支付各项税费等流入和流出的现金和现金等价物。

（2）投资活动是指企业长期资产的购建和不包括在现金等价物范围内的投资及其处置活动。投资活动产生的现金流量主要包括购建固定资产、处置子公司及其他经营单位等流入和流出的现金和现金等价物。

（3）筹资活动是指导致企业资本及债务规模和构成发生变化的活动。筹资活动产生的现金流量主要包括吸收投资、发行股票或债券、分配利润、偿还债务等流入和流出的现金和现金等价物。偿付应付账款、应付票据等商业应付款等属于经营活动，不属于筹资活动。

（二）现金流量表的内容和结构

现金流量表主要反映企业在一定会计期间现金和现金等价物的流入量和流出量。主要包括经营活动、投资活动和筹资活动三个部分产生的现金流量，每类活动又分为各具体项目，从不同角度反映企业活动的现金流入与流出，弥补了资产负债表和利润表提供信息的不足。

现金流量表的结构主要包括表头、正表和补充资料三部分。

1. 表头部分

现金流量表的表头部分包括编制单位的名称、编表时间、报表编号和金额单位。现金流量表的报表编号为"会企03表"。

2. 正表部分

正表部分是现金流量表的基本部分，主要反映现金流量的分类和每一类现金流量的流入量和流出量。

3. 补充资料

补充数据是对正表部分的补充，可以起到与主表进行核对，全面揭示企业的理财活动的作用。

现金流量表采用报告式结构，分类反映经营活动产生的现金流量、投资活动产生的现金流量和筹资活动产生的现金流量，最后汇总反映企业某一期间现金及现金等价物的净增加额。

我国企业现金流量表的格式如表 15-12 所示。

（三）现金流量表的编制要求

1. 企业应在期末编制现金流量表。
2. 现金流量表应标明企业名称、会计期间、货币单位和报表编号。
3. 现金流量表应由制表人、会计主管和单位负责人签字盖章。
4. 企业应当根据编制现金流量表的需要，做好有关现金账簿的设置等会计基础工作，有条件的企业还应设置编表所需要的有关辅助账簿。

工作任务

编制现金流量表

（一）直接法和间接法

以经营活动现金流量为例，现金流量表主表中它是采用直接法来计算填列的。直接法是按照现金收入和现金支出的主要类别来反映企业在经营活动中产生的现金流量。一般是以利润表中的营业收入为起算点，根据收付实现制的基本原理，调整与经营活动有关的项目的增减变动，计算出经营活动产生的现金流量。补充资料中该项目是采用间接法来计算填列的。间接法，是指以本期净利润为起算点，通过调整不涉及现金的收入、费用、营业外收支以及经营性应收应付等项目的增减变动，调整不属于经营活动的现金收支项目，据此计算并列报经营活动产生的现金流量的方法。

（二）工作底稿法、T 型账户法和业务分析填列法

1. 工作底稿法：采用工作底稿法编制现金流量表，是以工作底稿为手段，以资产负债表和利润表数据为基础，对每一项目进行分析并编制调整分录，从而编制现金流量表。
2. T 型账户法：采用 T 型账户法编制现金流量表是以 T 型账户为手段，以资产负债表和利润表数据为基础，对每一项目进行分析并编制调整分录，从而编制现金流量表。
3. 业务分析填列法：采用业务分析填列法是直接根据资产负债表、利润表和有关会计科目明细账的记录，分析计算出现金流量表各项目的金额，并据以编制现金流量表的一种方法。本书采用业务分析填列法编制现金流量表。

（1）表头部分

首先要填明编制单位。其次现金流量表反映企业在一定会计期间现金和现金等价物流入和流出的报表，所以，表头部分的编表时间应填明某年。

（2）正表部分

我国企业会计准则规定，财务报表应采用前后期对比的方式编制。因此，现金流量表

中设置本期金额和上期金额两栏数据，以便于报表使用者对有关项目前后两期的数字进行比较，从而对有关项目的变化和发展做出分析和评价。

"上期金额"一般应为上一年度的"本期金额"，"上期金额"栏中各项目的数字应根据上年年度现金流量表中的"本期金额"填列。如果上年度现金流量表规定的各个项目的名称和内容与本年度不一致，应对上年年末现金流量表各项目的名称和数字，按照本年度的规定进行调整，填入本表"上期金额"栏内；"本期金额"栏中各项目的数字应直接根据资产负债表、利润表和有关会计科目明细账记录，分析计算出现金流量表的金额之后填列的。

（三）现金流量表主要项目的填列说明

1. 经营活动产生的现金流量

◆ "销售商品、提供劳务收到的现金"项目，反映企业本年销售商品、提供劳务收到的现金，以及以前年度销售商品、提供劳务本年收到的现金（包括应向购买者收取的增值税销项税额）和本年预收的款项，减去本年销售本年退回商品和以前年度销售本年退回商品支付的现金。企业销售材料和代购代销业务收到的现金，也在本项目反映。

◆ "收到的税费返还"项目，反映企业收到返还的所得税、增值税、营业税、消费税、关税和教育费附加等各种税费返还款。

◆ "收到其他与经营活动有关的现金"项目，反映企业经营租赁收到的租金等其他与经营活动有关的现金流入，金额较大的应当单独列示。

◆ "购买商品、接受劳务支付的现金"项目，反映企业本年购买商品、接受劳务实际支付的现金（包括增值税进项税额），以及本年支付以前年度购买商品、接受劳务的未付款项和本年预付款项，减去本年发生的购货退回收到的现金。企业购买材料和代购代销业务支付的现金，也在本项目反映。

◆ "支付给职工以及为职工支付的现金"项目，反映企业本年实际支付给职工的工资、资金、各种津贴和补贴等职工薪酬（包括代扣代缴的职工个人所得税）。

◆ "支付的各项税费"项目，反映企业本年发生并支付、以前各年发生本年支付以及预交的各项税费，包括所得税、增值税、营业税、消费税、印花税、房产税、土地增值税、车船使用税、教育费附加等。

◆ "支付其他与经营活动有关的现金"项目，反映企业经营租赁支付的租金、支付的差旅费、业务招待费、保险费、罚款支出等其他与经营活动有关的现金流出，金额较大的应当单独列示。

2. 投资活动产生的现金流量

◆ "收回投资收到的现金"项目，反映企业出售、转让或到期收回除现金等价物以外的对其他企业长期股权投资而收到的现金，但处置子公司及其他营业单位收到的现金净额除外。

◆ "取得投资收益收到的现金"项目，反映企业除现金等价物以外的对其他企业的长期股权投资等分回的现金股利和利息等。

◆ "处置固定资产、无形资产和其他长期资产收回的现金净额"项目，反映企业出售、报废固定资产、无形资产和其他长期资产所取得的现金（包括因资产毁损而收到的保险赔偿收入），减去为处置这些资产而支付的有关费用后的净额。

◆ "处置子公司及其他营业单位收到的现金净额"项目，反映企业处置子公司及其他营业单位所取得的现金，减去相关处置费用以及子公司及其他营业单位持有的现金和现金等价物后的净额。

◆ "购建固定资产、无形资产和其他长期资产支付的现金"项目，反映企业购买、建造固定资产、取得无形资产和其他长期资产所支付的现金（含增值税款等），以及用现金支付的应由在建工程和无形资产负担的职工薪酬。

◆ "投资支付的现金"项目，反映企业取得除现金等价物以外的对其他企业的长期股权投资所支付的现金以及支付的佣金、手续费等附加费用，但取得子公司及其他营业单位支付的现金净额除外。

◆ "取得子公司及其他营业单位支付的现金净额"项目，反映企业购买子公司及其他营业单位购买出价中以现金支付的部分，减去子公司及其他营业单位持有的现金和现金等价物后的净额。

◆ "收到其他与投资活动有关的现金""支付其他与投资活动有关的现金"项目，反映企业除上述各项目以外收到或支付的其他与投资活动有关的现金，金额较大的应当单独列示。

3. 筹资活动产生的现金流量

◆ "吸收投资收到的现金"项目，反映企业以发行股票、债券等方式筹集资金实际收到的款项（发行收入减去支付的佣金等发行费用后的净额）。

◆ "取得借款收到的现金"项目，反映企业举借各种短期、长期借款而收到的现金。

◆ "偿还债务支付的现金"项目，反映企业为偿还债务本金而支付的现金。

◆ "分配股利、利润或偿付利息支付的现金"项目，反映企业实际支付的现金股利、支付给其他投资单位的利润或用现金支付的借款利息、债券利息。

◆ "收到其他与筹资活动有关的现金""支付其他与筹资活动有关的现金"项目，反映企业除上述各项目以外收到或支付的其他与筹资活动有关的现金，金额较大的应当单独列示。

4. "汇率变动对现金及现金等价物的影响"项目，反映下列项目之间的差额

◆ 企业外币现金流量折算为记账本位币时，采用现金流量发生日的即期汇率或按照系统合理的方法确定的、与现金流量发生日即期汇率近似的汇率折算的金额（编制合并现金流量表时折算境外子公司的现金流量，应当比照处理）。

◆ 企业外币现金及现金等价物净增加额按资产负债表日即期汇率折算的金额。

（四）现金流量表补充资料项目的填列说明

1. 将净利润调节为经营活动现金流量

采用间接法列报经营活动产生的现金流量时，需要对四类项目进行调整：（1）实际没

有支付现金的费用；（2）实际没有收到现金的收益；（3）不属于经营活动的损益；（4）经营性应收应付项目的增减变动。

◆ 资产减值准备。本项目反映企业本期实际计提的各项资产减值准备，包括坏账准备、存货跌价准备、长期股权投资减值准备、持有至到期投资减值准备、投资性房地产减值准备、固定资产减值准备、在建工程减值准备、无形资产减值准备、商誉减值准备、生产性生物资产减值准备、油气资产减值准备等。本项目可根据"资产减值损失"科目的记录分析填列。

◆ 固定资产折旧、油气资产折耗、生产型生物资产折旧。本项目反映企业本期累计计提的固定资产折旧、油气资产折耗、生产性生物资产折旧。本项目可根据"累计折旧""累计折耗"等科目的贷方发生额分析填列。

◆ 无形资产摊销。本项目反映企业本期累计摊入成本费用的无形资产价值。本项目可根据"累计摊销"等科目的贷方发生额分析填列。

◆ 长期待摊费用摊销。本项目反映企业本期累计摊入成本费用的长期待摊费用。本项目可根据"长期待摊费用"科目的贷方发生额分析填列。

◆ 处置固定资产、无形资产和其他长期资产的损失。本项目反映企业本期处置固定资产、无形资产和其他长期资产发生的净损失（或净收益）。如为净收益以"－"号填列。本项目可根据"营业外支出""营业外收入"等科目所属有关明细科目的记录分析填列。

◆ 固定资产报废损失。本项目反映企业本期发生的固定资产盘亏净损失。本项目可根据"营业外支出""营业外收入"等科目所属有关明细科目的记录分析填列。

◆ 公允价值变动损失。本项目反映企业持有的交易性金融资产、交易性金融负债、采用公允价值模式计量的投资性房地产等公允价值变动形成的净损失。如为净收益以"－"号填列。本项目可根据"公允价值变动损益"科目所属有关明细科目的记录分析填列。

◆ 财务费用。本项目反映企业本期实际发生的属于投资活动或筹资活动的财务费用。属于投资活动或筹资活动的部分，在计算净利润时已扣除，但这部分发生的现金流出不属于经营活动现金流量的范畴，所以，在将净利润调节为经营活动现金流量时，需要予以加回。本项目可根据"财务费用"科目的本期借方发生额分析填列，如为收益，以"－"号填列。

◆ 投资损失。本项目反映企业对外投资实际发生的投资损失减去收益后的净损失。本项目可以根据利润表"投资收益"项目的数字填列，如为投资收益，以"－"号填列。

◆ 递延所得税资产减少。本项目反映企业资产负债表"递延所得税资产"项目的期初余额与期末余额的差额。本项目可以根据"递延所得税资产"科目发生额分析填列。

◆ 递延所得税负债增加。本项目反映企业资产负债表"递延所得税负债"项目的期初余额与期末余额的差额。本项目可以根据"递延所得税负债"科目发生额分析填列。

◆ 存货的减少。本项目反映企业资产负债表"存货"项目的期初余额与期末余额的差额，期末数大于期初数的差额以"－"号填列。

◆ 经营性应收项目的减少。本项目反映企业本期经营性应收项目（包括应收票据、应收账款、预付账款、长期应收款和其他应收款等经营性应收项目中与经营活动有关的部分及应收的增值税销项税额等）的期初余额与期末余额的差额。期末数大于期初数的差额，以"－"号填列。

◆ 经营性应付项目的增加。本项目反映企业本期经营性应付项目（包括应付票据、应付账款、预收账款、应付职工薪酬、应交税费和其他应付款等经营性应付项目中与经营活动有关的部分及应付的增值税进项税额等）的期初余额与期末余额的差额。期末数小于期初数的差额，以"-"号填列。

2. 不涉及现金收支的重大投资和筹资活动

本项目反映企业一定会计期间内影响资产和负债但不形成本期现金收支的所有重大投资和筹资活动的信息。这些投资和筹资活动会对以后各期的现金流量产生重大影响，所以，应在补充资料中予以列示。

◆ 债务转为资本。本项目反映企业本期转为资本的债务金额。

◆ 一年内到期的可转换公司债券。本项目反映企业一年内到期的可转换公司债券的本息。

◆ 融资租入固定资产。本项目反映企业本期融资租入固定资产的最低租赁付款额扣除应分期计入利息费用的未确认融资费用后的净额。

3. 现金及现金等价物净变动情况

本项目反映企业一定会计期间现金及现金等价物的期末余额减去期初余额后的净增加额（或净减少额），是对现金流量表中"现金及现金等价物净增加额"项目的补充说明。本项目的金额应与现金流量表"现金及现金等价物净增加额"项目的金额核对相符。

【任务 15-3】 编制宏达股份有限公司 2012 年现金流量表

※工作资料

（1）宏达股份有限公司 2012 年度资产负债表如表 15-10 所示。

表 15-10

资产负债表

会企 01 表

编制单位：宏达股份有限公司　　　　　2012 年 12 月 31 日　　　　　单位：元

资产	期末余额	年初余额	负债及所有者权益（股东权益）	期末余额	年初余额
流动资产：			流动负债：		
货币资金	815 131	1 406 300	短期借款	50 000	300 000
交易性金融资产	0	15 000	交易性金融负债	0	0
应收票据	66 000	246 000	应付票据	100 000	200 000
应收账款	598 200	299 100	应付账款	953 800	953 800
预付款项	100 000	100 000	预收款项	0	0
应收利息	0	0	应付职工薪酬	180 000	110 000
应收股利	0	0	应交税费	226 731	36 600
其他应收款	5 000	5 000	应付利息	0	1 000

资产	期末余额	年初余额	负债及所有者权益（股东权益）	期末余额	年初余额
存货	2 484 700	2 580 000	应付股利	32 215.85	0
一年内到期的非流动资产	0	0	其他应付款	50 000	50 000
其他流动资产	100 000	100 000	一年内到期的非流动负债	0	1 000 000
流动资产合计	4 169 031	4 751 400	其他流动负债	0	0
非流动资产			流动负债合计	1 592 746.85	2 651 400
可供出售金融资产	0	0	非流动负债		
持有至到期投资	0	0	长期借款	1 160 000	600 000
长期应收款	0	0	应付债券	0	0
长期股权投资	250 000	250 000	长期应付款	0	0
投资性房地产	0	0	专项应付款	0	0
固定资产	2 201 000	1 100 000	预计负债	0	0
在建工程	428 000	1 500 000	递延所得税负债	0	0
工程物资	300 000	0	其他非流动负债	0	0
固定资产清理	0	0	非流动负债合计	1 160 000	600 000
生产性生物资产	0	0	负债合计	2 752 746.85	3 251 400
油气资产	0	0	所有者权益（或股东权益）：		
无形资产	540 000	600 000	实收资本（或股本）	5 000 000	5 000 000
开发支出	0	0	资本公积	0	0
商誉	0	0	减：库存股	0	0
长期待摊费用	0	0	盈余公积	124 770.4	100 000
递延所得税资产	7 500	0	未分配利润	218 013.75	50 000
其他非流动资产	200 000	200 000	所有者权益（或股东权益）合计	5 342 784.15	5 150 000
非流动资产合计	3 926 500	3 650 000			
资产总计	8 095 531	8 401 400	负债和所有者权益（或股东权益）总计	8 095 531	8 401 400

（2）宏达股份有限公司 2012 年度利润表如表 15-11 所示。

表 15-11

利润表

会企 02 表

编制单位：宏达股份有限公司　　　　　　　　　2012 年　　　　　　　　　单位：元

项目	本期金额	上期金额
一、营业收入	1 250 000	（略）
减：营业成本	750 000	
营业税金及附加	2 000	
销售费用	20 000	
管理费用	157 100	
财务费用	41 500	
资产减值损失	30 900	
加：公允价值变动收益（损失以"-"填列）	0	
投资收益（损失以"-"填列）	31 500	
其中：对联营企业和合营企业的投资收益	0	
二、营业利润（亏损以"-"填列）	280 000	
加：营业外收入	50 000	
减：营业外支出	19 700	
其中：非流动资产处置损失	（略）	
三、利润总额（亏损总额以"-"填列）	310 300	
减：所得税费用	85 300	
四、净利润（净亏损以"-"填列）	225 000	
五、每股收益	（略）	
（一）基本每股收益		
（二）稀释每股收益		
六、其他综合收益	（略）	
七、综合收益总额	（略）	

（3）宏达股份有限公司 2012 年度其他相关资料如下：

2012 年度利润表有关项目的明细资料如下：

① 管理费用的组成：职工薪酬 17 100 元，无形资产摊销 60 000 元，折旧费 20 000 元，支付其他费用 60 000 元。

② 财务费用的组成：计提借款利息 11 500 元，支付应收票据（银行承兑汇票）贴现利息 30 000 元。

③ 资产减值损失的组成：计提坏账准备 900 元，计提固定资产减值准备 30 000 元。上年年末坏账准备余额为 900 元。

④ 投资收益的组成：收到股息收入 30 000 元，与本金一起收回的交易性股票投资收

益 500 元，自公允价值变动损益结转投资收益 1 000 元。

⑤ 营业外收入的组成：处置固定资产净收益 50 000 元（其所处置固定资产原价为 400 000 元，累计折旧为 150 000 元，收到处置收入 300 000 元）。假定不考虑与固定资产处置有关的税费。

⑥ 营业外支出的组成：报废固定资产净损失 19 700 元（其所报废固定资产原价为 200 000 元，累计折旧为 180 000 元，支付清理费用 500 元，收到残值收入 800 元）。

⑦ 所得税费用的组成：当期所得税费用 92 800 元，递延所得税收益 7 500 元。

除上述项目外，利润表中的销售费用 20 000 元至期末已经支付。

2012 年度资产负债表有关项目的明细资料如下：

① 本期收回交易性股票投资本金 15 000 元，公允价值变动 1 000 元，同时实现投资收益 500 元。

② 存货中生产成本、制造费用的组成：职工薪酬 324 900 元，折旧费 80 000 元。

③ 应交税费的组成：本期增值税进项税额 42 466 元，增值税销项税额 212 500 元，已交增值税 100 000 元；应交所得税期末余额为 20 097 元，应交所得税期初余额为 0 元，应交税费期末数中应由在建工程负担的部分为 100 000 元。

④ 应付职工薪酬的期初数无应付在建工程人员的部分，本期支付在建工程人员职工薪酬 200 000 元。应付职工薪酬的期末数中应付在建工程人员的部分为 28 000 元。

⑤ 应付利息均为短期借款利息，其中本期计提利息 11 500 元，支付利息 12 500 元。

⑥ 本期用现金购买固定资产 101 000 元，购买工程物资 300 000 元。

⑦ 本期用现金偿还短期借款 250 000 元，偿还一年内到期的长期借款 1 000 000 元；借入长期借款 560 000 元。

※工作行动

根据本任务中有关资产负债表、利润表及相关明细资料，编制宏达股份有限公司 2012 年度现金流量表，填列表头、正表和补充资料中的各个项目。

宏达股份有限公司 2012 年度现金流量表正表中各项目金额，分析确定如下：

（1）销售商品、提供劳务收到的现金

=主营业务收入+应交税费（应交增值税销项税额）+（应收账款年初余额−应收账款期末余额）+（应收票据年初余额−应收票据期末余额）+（预收账款期末余额−预收账款年初余额）−当期计提的坏账准备−票据贴现的利息

=1 250 000+212 500+（299 100−598 200）+（246 000−66 000）−900−30 000

=1 312 500（元）

（2）购买商品、接受劳务支付的现金

=主营业务成本+应交税费（应交增值税进项税额）−（存货年初余额−存货期末余额）+（应付账款年初余额−应付账款期末余额）+（应付票据年初余额−应付票据期末余额）+（预付账款期末余额−预付账款年初余额）−当期列入生产成本、制造费用的职工薪酬−当期列入生产成本、制造费用的折旧费和固定资产修理费

=750 000+42 466−（2 580 000−2 484 700）+（953 800−953 800）+（200 000−100 000）+（100 000−100 000）−324 900−80 000

=392 266（元）

（3）支付给职工以及为职工支付的现金

=生产成本、制造费用、管理费用中职工薪酬+（应付职工薪酬年初余额－应付职工薪
　酬期末余额）－[（应付职工薪酬（在建工程）年初余额－应付职工薪酬（在建工程）
　期末余额）]

=324 900 + 17 100 + （110 000 - 180 000）- （0 - 28 000）

=300 000（元）

（4）支付的各项税费

=当期所得税费用+营业税金及附加+应交增值税（已交税金）-（应交所得税期末余
　额－应交所得税期初余额）

=92 800 + 2 000 + 100 000 - （20 097 - 0）

=174 703（元）

（5）支付其他与经营活动有关的现金

=其他管理费用+销售费用

=60 000 + 20 000

=80 000（元）

（6）收回投资收到的现金

=交易性金融资产贷方发生额+与交易性金融资产一起收回的投资收益

=16 000 + 500

=16 500（元）

（7）取得投资收益所收到的现金=收到的股息收入=30 000（元）

（8）处置固定资产收回的现金净额=300 000 + （800 - 500）=300 300（元）

（9）购建固定资产支付的现金

=用现金购买的固定资产、工程物资+支付给在建工程人员的薪酬

=101 000 + 300 000 + 200 000

=601 000（元）

（10）取得借款所收到的现金=560 000（元）

（11）偿还债务支付的现金=250 000 + 1 000 000=1 250 000（元）

（12）偿还利息支付的现金=12 500（元）

现金流量表补充资料"将净利润调节为经营活动现金流量"中各项目计算分析如下：

（1）资产减值准备=900 + 30 000=30 900（元）

（2）固定资产折旧=20 000 + 80 000=100 000（元）

（3）无形资产摊销=60 000（元）

（4）处置固定资产、无形资产和其他长期资产的损失（减：收益）=-50 000（元）

（5）固定资产报废损失=19 700（元）

（6）财务费用=11 500（元）

（7）投资损失（减：收益）=-31 500（元）

（8）递延所得税资产减少=0 - 7 500=-7 500（元）

（9）存货的减少=2 580 000 - 2 484 700=95 300（元）

（10）经营性应收项目的减少

＝（246 000－66 000）＋（299 100＋900－598 200－1 800）

＝－120 000（（元）

（11）经营性应付项目的增加

＝（100 000－200 000）＋（953 800－953 800）＋[（180 000－28 000）－110 000]

　＋[（226 731－100 000）－36 600]

＝32 131（元）

※工作成果

宏达股份有限公司 2012 年度编制完毕的现金流量表如表 15-12 所示。

表 15-12

现金流量表

会企 03 表

编制单位：宏达股份有限公司　　　　　2012 年　　　　　单位：元

项目	本期金额	上期金额
一、经营活动产生的现金流量：		略
销售商品、提供劳务收到的现金	1 312 500	
收到的税费返还	0	
收到的其他与经营活动有关的现金	0	
经营活动现金流入小计	1 312 500	
购买商品、接受劳务支付的现金	392 266	
支付给职工以及为职工支付的现金	300 000	
支付的各项税费	174 703	
支付的其他与经营活动有关的现金	80 000	
经营活动现金流出小计	1 006 361	
经营活动产生的现金流量净额	365 531	
二、投资活动产生的现金流量：		
收回投资所收到的现金	16 500	
取得投资收益所收到的现金	30 000	
处置固定资产、无形资产和其他长期资产收回的现金净额	300 300	
处置子公司及其他营业单位收到的现金净额	0	
收到的其他与投资活动有关的现金	0	
投资活动现金流入小计	346 800	
购建固定资产、无形资产和其他长期资产所支付的现金	601 000	
投资所支付的现金	0	
取得子公司及其他营业单位支付的现金净额	0	
支付的其他与投资活动有关的现金	0	
投资活动现金流出小计	601 000	

续表

项目	本期金额	上期金额
投资活动产生的现金流量净额	−254 200	
三、筹资活动产生的现金流量：		
吸收投资所收到的现金	0	
取得借款所收到的现金	560 000	
收到的其他与筹资活动有关的现金	0	
筹资活动现金流入小计	560 000	
偿还债务所支付的现金	1 250 000	
分配股利、利润或偿付利息所支付的现金	12 500	
支付的其他与筹资活动有关的现金	0	
筹资活动现金流出小计	1 262 500	
筹资活动产生的现金流量净额	−702 500	
四、汇率变动对现金及现金等价物的影响	0	
五、现金及现金等价物净增加额	−591 169	
加：期初现金及现金等价物余额	1 406 300	
六、期末现金及现金等价物余额	815 131	

表 15-13

补充资料	本期金额	上期金额
1. 将净利润调节为经营活动现金流量：		
净利润	225 000	
加：计提的资产减值准备	30 900	
固定资产折旧、油气资产折耗、生产型生物资产折旧	100 000	
无形资产摊销	60 000	
长期待摊费用摊销	0	
处置固定资产、无形资产和其他长期资产的损失（收益以"−"号填列）	−50 000	
固定资产报废损失（收益以"−"号填列）	19 700	
公允价值变动损失（收益以"−"号填列）	0	
财务费用（收益以"−"号填列）	11 500	
投资损失（收益以"−"号填列）	−31 500	
递延所得税资产减少（增加以"−"号填列）	−7 500	
递延所得税负债增加（减少以"−"号填列）	0	
存货的减少（增加以"−"号填列）	95 300	
经营性应收项目的减少（增加以"−"号填列）	−120 000	

补充资料	本期金额	上期金额
经营性应付项目的增加（减少以"－"号填列）	32 131	
其他	0	
经营活动产生的现金流量净额	365 531	
2. 不涉及现金收支的投资和筹资活动：		
债务转为资本	0	
一年内到期的可转换公司债券	0	
融资租入固定资产	0	
3. 现金及现金等价物净变动情况：		
现金的期末余额	815 131	
减：现金的期初余额	1 406 300	
加：现金等价物的期末余额	0	
减：现金等价物的期初余额	0	
现金及现金等价物净增加额	－591 169	

项目五　所有者权益变动表的编制

相关知识

（一）所有者权益变动表的概念

所有者（股东）权益变动表是反映构成企业所有者权益各组成部分当期增减变动情况的报表。通过该表提供的信息，可以了解企业实收资本、资本公积、盈余公积和未分配利润的年初余额、本年增加额、本年减少额和年末余额，分析其增减变动的原因和变化的趋势；还可以了解企业利润分配情况或亏损的弥补情况，以及企业历年滚存的未分配利润的金额，分析企业利润分配的构成是否合理，对企业的利润分配政策作出客观的评价。

（二）所有者权益变动表的结构和内容

1. 所有者权益变动表的内容

所有者权益变动表至少应当单独列示反映下列信息的项目：

（1）净利润。

（2）直接计入所有者权益的利得和损失项目及其总额。

（3）会计政策变更和差错更正的累积影响金额。

（4）所有者投入资本和向所有者分配利润等。

（5）按照规定提取的盈余公积。

（6）实收资本（或股本）、资本公积、盈余公积、未分配利润的期初和期末余额及其调节情况。

2. 所有者权益变动表的结构

为了清楚地表明构成所有者权益的各组成部分当期的增减变动情况，所有者权益变动表采用矩阵的形式列报。横向列示导致所有者权益变动的交易或事项，纵向按照所有者权益各组成部分及其总额列示交易或事项对所有者权益的影响。

3. 所有者权益变动表的格式

《企业会计准则第 30 号——财务报表列报》应用指南中规定的所有者权益变动表的格式如表 15-13 所示。

 什么是所有者权益变动表？它可以为使用者提供哪些信息？

工作任务

编制所有者权益变动表

（一）上年金额栏的填列方法

"上年年末余额"项目，反映企业上年资产负债表中实收资本（或股本）、资本公积、库存股、盈余公积、未分配利润年末余额。

（二）会计政策变更与前期差错更正

"会计政策变更""前期差错更正"项目，分别反映企业采用追溯调整法处理的会计政策变更的累积影响金额和采用追溯重述法处理的会计差错更正的累积影响金额。

（三）本年金额栏的填列方法

1. "净利润"项目，反映企业当年的净利润（或净亏损）金额。

2. "直接计入所有者权益的利得和损失"项目，反映企业当年直接计入所有者权益的利得和损失金额。

（1）"可供出售金融资产公允价值变动净额"项目，反映企业持有的可供出售金融资产当年公允价值变动的金额。

（2）"权益法下被投资单位其他所有者权益变动的影响"项目，反映企业对按照权益法核算的长期股权投资，在被投资单位除当年实现的净损益以外其他所有者权益当年变动中应享有的份额。

（3）"与计入所有者权益项目相关的所得税影响"项目，反映企业根据《企业会计准则第 18 号——所得税》规定应计入所有者权益项目的当年所得税影响金额。

3."所有者投入和减少资本"项目，反映企业当年所有者投入的资本和减少的资本。

（1）"所有者投入资本"项目，反映企业接受投资者投入形成的实收资本（或股本）和资本溢价或股本溢价。

（2）"股份支付计入所有者权益的金额"项目，反映企业处于等待期中的权益结算的股份支付当年计入资本公积的金额。

4."利润分配"项目，反映企业当年的利润分配金额。

（1）"提取盈余公积"项目，反映企业按照规定提取的盈余公积。

（2）"对所有者（或股东）的分配"项目，反映对所有者（或股东）分配的利润（或股利）金额。

5."所有者权益内部结转"项目，反映企业构成所有者权益的组成部分之间的增减变动情况。

（1）"资本公积转增资本（或股本）"项目，反映企业以资本公积转增资本（或股本）的金额。

（2）"盈余公积转增资本（或股本）"项目，反映企业以盈余公积转增资本（或股本）的金额。

（3）"盈余公积弥补亏损"项目，反映企业以盈余公积弥补亏损的金额。

【任务 15-4】 编制宏达股份有限公司 2012 年所有者权益变动表

※工作资料

（1）宏达股份有限公司 2012 年 12 月 31 日资产负债表（如表 15-10 所示）。

（2）宏达股份有限公司 2012 年度利润表（如表 15-11 所示）。

（3）宏达股份有限公司 2012 年度现金流量表（如表 15-12 所示）及相关业务明细资料。

（4）宏达股份有限公司其他资料为：提取盈余公积 24 770.4 元，向投资者分配现金股利 32 215.85 元。

※工作行动

根据本任务中有关资产负债表、利润表、现金流量表及相关明细资料，编制宏达股份有限公司 2012 年度所有者权益变动表，填列表头和正表中的各个项目。

（1）上年金额栏的填列

① 实收资本=5 000 000（元）

② 盈余公积=100 000（元）

③ 未分配利润=50 000（元）

④ 所有者权益合计=5 150 000（元）

（2）本年金额栏的填列

① 净利润=225 000（元）

② 提取盈余公积=24 770.4（元）

③ 对所有者（或股东）分配的利润=32 215.85（元）

※工作成果

宏达股份有限公司 2012 年度编制完毕的所有者权益变动表如表 15-14 所示。

表 15-14

所有者权益变动表

2012 年

编制单位：宏达股份有限公司

会企 04 表　单位：元

项目	本年金额						上年金额					
	实收资本（或股本）	资本公积	减：库存股	盈余公积	未分配利润	所有者权益合计	实收资本（或股本）	资本公积	减：库存股	盈余公积	未分配利润	所有者权益合计
一、上年年末余额	5 000 000			100 000	50 000	5 150 000						
加：会计政策变更												
前期差错更正												
二、本年年初余额	5 000 000			100 000	50 000	5 150 000						
三、本年增减变动金额（减少以"—"号填列）												
（一）净利润					225 000	225 000						
（二）直接计入所有者权益的利得和损失												
1. 可供出售金融资产公允价值变动净额												
2. 权益法下被投资单位其他所有者权益变动的影响												
3. 与计入所有者权益项目相关的所得税影响												
4. 其他												
上述（一）和（二）小计					225 000	225 000						

续表

项目	本年金额						上年金额					
	实收资本（或股本）	资本公积	减：库存股	盈余公积	未分配利润	所有者权益合计	实收资本（或股本）	资本公积	减：库存股	盈余公积	未分配利润	所有者权益合计
（三）所有者投入和减少资本												
1. 所有者投入资本												
2. 股份支付计入所有者权益的金额												
3. 其他												
（四）利润分配												
1. 提取盈余公积				24 770.40	−24 770.40	0						
2. 对所有者（或股东）的分配					−32 215.85	−32 215.85						
3. 其他												
（五）所有者权益内部结转												
1. 资本公积转增资本（或股本）												
2. 盈余公积转增资本（或股本）												
3. 盈余公积弥补亏损												
4. 其他												
四、本年年末余额	5 000 000			124 770.40	218 013.75	5 342 784.15						

项目六　报 表 附 注

一、附注的概念及作用

附注是对在资产负债表、利润表、所有者权益变动表和现金流量表等报表中列示项目的文字描述或明细资料，以及对未能在这些报表中列示项目的说明等。附注是财务报表的重要组成部分。

财务报表通过一定的格式和项目内容反映企业的财务状况、经营成果和现金流量，由于所规定的项目内容较固定，只能提供有限数量的信息。同时，列入报表的各项信息都必须符合会计要素的定义和确认标准。因此，财务报表本身所能反映的财务信息受到一定限制。财务报表附注是对报表正文信息的补充说明，提供与财务报表所反映的信息相关的其他财务信息，使财务报表的使用者充分了解企业的情况，为其决策提供更充分的信息。

二、附注的主要内容

企业应当按照规定披露附注信息，主要包括以下内容：

1. 企业的基本情况。
2. 财务报表的编制基础。
3. 遵循企业会计准则的声明。
4. 重要会计政策和会计估计。
5. 会计政策和会计估计变更以及差错更正的说明。
6. 报表重要项目的说明。
7. 其他需要说明的重要事项。

这些重要事项包括或有事项、资产负债表日后非调整事项、关联方关系及其交易等。

参 考 文 献

[1] 财政部会计司. 企业会计准则讲解（2010 版）[M]. 北京：人民出版社，2011.

[2] 财政部会计资格评价中心. 初级会计实务[M]. 北京：中国财政经济出版社，2013.

[3] 财政部会计资格评价中心. 中级会计实务[M]. 北京：经济科学出版社，2013.

[4] 陈强. 财务会计实务[M]. 北京：高等教育出版社，2012.

[5] 杨智慧. 企业会计核算与报告[M]. 北京：北京师范大学出版社，2011.

[6] 兰丽丽. 会计基础与实务[M]. 北京：中国人民大学出版社，2010.